广东海洋大学人文社会科学研究『建党100周年献礼红色著作专项』成果

『中共南路革命史料整理暨研究』系列丛书

扬帆奔大海
——黄景文纪念文集

高良坚 黄冰华 主编

中山大学出版社
·广州·

版权所有　翻印必究

图书在版编目（CIP）数据

扬帆奔大海：黄景文纪念文集/高良坚，黄冰华主编 . —广州：中山大学出版社，2021.6

（"中共南路革命史料整理暨研究"系列丛书）

ISBN 978 – 7 – 306 – 07243 – 6

Ⅰ. ①扬… Ⅱ. ①高… ②黄… Ⅲ. ①黄景文—纪念文集 Ⅳ. ①K825.2 – 53

中国版本图书馆 CIP 数据核字（2021）第 119779 号

YANGFAN BEN DAHAI: HUANG JINGWEN JINIAN WENJI

出 版 人：	王天琪
策划编辑：	曾育林
责任编辑：	曾育林
封面设计：	林绵华
责任校对：	叶　枫
责任技编：	何雅涛
出版发行：	中山大学出版社
电　　话：	编辑部 020 – 84113349, 84110776, 84110283, 84111997, 84110779
	发行部 020 – 84111998, 84111981, 84111160
地　　址：	广州市新港西路 135 号
邮　　编：	510275　　传　真：020 – 84036565
网　　址：	http://www.zsup.com.cn　　E-mail:zdcbs@mail.sysu.edu.cn
印 刷 者：	广东虎彩云印刷有限公司
规　　格：	787mm×1092mm　1/16　28.375 印张　268 千字
版次印次：	2021 年 6 月第 1 版　2023 年 3 月第 2 次印刷
定　　价：	128.00 元

如发现本书因印装质量影响阅读，请与出版社发行部联系调换

广东海洋大学人文社会科学研究"建党100周年献礼红色著作专项"重点项目"广东南路红色文化教育资源开发研究（C20111）"成果

编委会

编委会主任：曹俊明
编委会副主任：刘东超　谭北平　庞　松
委　　　员：鲁义善　欧卫军　尹　喜　陈汉能
　　　　　　郑一鸣　袁仁广　陈关怡　高良坚
　　　　　　谭月清
南路革命后人代表：周　聪　唐舒明　庞　松
　　　　　　　　　陈　东　陈　钢

总　序

习近平总书记在党史学习教育动员大会上的讲话中指出："中国革命历史是最好的营养剂，重温这部伟大历史能够受到党的初心使命、性质宗旨、理想信念的生动教育，必须铭记光辉历史、传承红色基因。"欣逢中国共产党百年华诞之际，广东海洋大学人文社会科学研究"建党100周年献礼红色著作专项"重点项目、高良坚课题组的"广东南路红色文化教育资源开发研究（C20111）"系列成果，作为中山大学出版社策划、出版的"中共南路革命史料整理暨研究"系列丛书即将问世，这是贯彻落实习近平总书记重要指示的具体行动，是传承红色文化的重要体现，也是拓展广东南路地区革命史料征集与研究的新成果，具有历史意义和现实价值，值得庆贺！

广东南路地区位于中国大陆南端、广东省西南部，与海南岛隔海相望。在新民主主义革命时期主要包括茂名、电白、信宜、化县、吴川、廉江、海康、遂溪、徐闻、阳江、阳春、钦县、防城、合浦、灵山15县（钦县、防城、合浦、灵山今属广西）和广州湾（原法租界，今湛江市区）。这是一个英雄辈出、人杰地灵的地方。

南路地区是一块洒满革命英烈鲜血的红色热土。南路人民是具有光荣革命斗争传统的英雄人民。南路革命斗争是广东人民革命和中国革命斗争的重要组成部分。早在中共创建时期，南路的青年学生和各界群众受五四运动的影响，投身反帝反封建的爱国运动。随后建立革命组织，开展革命活动。大革命时期，建立了中共南路组织和共青团组织。中共南路组织广泛发动群众，协助南征军收复了南路地区，开展工农群众运动，掀起了轰轰烈烈的革命高潮。土地革命时期，面对国民党反动派的白色恐怖，中共南路组织领导各县举行了一系列农民武装起义，以革命的义举反击国民党反动派的屠杀政策。特别是中共遂溪县委书记陈光礼率领农民自卫军退守斜阳岛（今属广西北海），实行武装割据，坚持长达5年之久，树起了南路人民不畏强暴、英勇抗争的一面鲜红旗帜。抗日战争时期，日本帝国主义发动全面侵华战争后，南路各界群众迅即掀起抗日救亡运动。雷州半岛和广州湾沦陷后，中共南路特委深入发动群众，组织抗日武装，开展敌后抗战，并以南路人民抗日游击队为基础，建立了广东南路人民抗日解放军。与此同时，中共南路特委推动国民党爱国将领举行抗日武装起义,建立了高雷民众抗日军。解放战争时期,中共南路特委遵照中共中央和中共广东区委的指示精神,领导各地党组织和革命群众开展了争取和平民主的斗争。内战爆发后,在大力发展党的组织和开展武装斗争的基础上,经中共中央批准,成立了中共粤桂边区委员会和中国人民解放军粤桂边纵队。随着解放战争的胜利发展,南路军民配合南下解放军解放了粤桂边地区。南路人民终于迎来了人民革命的伟大胜利,获得了彻底解放。

光辉历史,青山作证。中国共产党领导南路人民的革命斗争,为广东乃至中国革命的胜利立下了不可磨灭的功勋,具有重要的历史地位,具体体现在六个方面。

其一,南路的工农群众革命运动,在大革命时期与广东各地的工农革命群众运动汇成了一股强大的革命洪流,构成了广东大革命高潮的总体态势,成为大革命高潮不可或缺的组成部分。南路也成为国民革命的重要活动舞台、统一广东的战略要地和广东革命根据地的重要区域,肩负着重要的历史使命。

其二,中共南路组织率领革命群众为土地革命战争做出了重要贡献。中国大革命在广东遭到局部失败后,为了挽救革命,南路党组织和革命群众迅即奋起,于东江、西江、北江、琼崖等地,率先在全国举行工农武装起义，实行武装割据，与国民党反动政权公开对垒，为探索革命发展道路做了不懈努力。

其三，中共南路组织和人民群众为挽救中华民族的危亡，坚持独立自主的敌后抗战，顽强抗击日本侵略者，开辟了南路（粤桂边）抗日根据地，建立抗日民主政权，成为全国三大敌后战场之一的华南敌后战场的重要组成部分，为国家的独立和民族的解放做出了巨大牺牲，立下了不朽功勋。

其四，中共南路组织高举抗日民族统一战线的旗帜，对国民党爱国将领进行统战工作，团结一切可以团结的力量，推动原广东省第七区行政督察专员兼国民党广东省第十一区游击司令部司令率部举行抗日武装起义，壮大了南路抗日力量。这是中共南路组织正确贯彻执行党的抗日民族统一战线方针政策的成功实践。

其五，国民党发动全国内战后，中共南路组织根据中共中央的战略方针，率先领导开展武装斗争，使革命力量不断发展壮大，形成了广东七块解放战略基地之一。南路和粤桂边党政军民不仅配合南下解放军解放了全地区，而且为解放滇、川、康、黔等省给予了大力支持，建立了后方基地。

其六，南路地区解放后，担负起解放海南岛的后方基地和出发地的重要任务。南路人民以人力、物力积极支持解放大军，大批船工参加了渡海作战，为解放海南岛做出了巨大贡献。

在长期的革命斗争中，南路和粤桂边军民有几万人为革命献出了宝贵的生命。他们用鲜血染红了党的旗帜，用生命书写了对党的赤心，用信念证明了对革命的忠诚！他们在革命斗争中积淀的坚定信仰、为党立心、英勇顽强、艰苦奋斗、无私奉献、为民效命的精神，永耀人间！

重温革命历史，赓续红色血脉，弘扬红色文化，传承红色基因，这是新时代赋予我们的历史使命。"中共南路革命史料整理暨研究"系列丛书的出版，正是从一个侧面体现了我们应有的历史担当。但愿更多的红色文化成果为新时代的百花园增添异彩！

（广东省社会科学院教授、广东中华民族凝聚力研究会副会长、广东中共党史学会原副会长）

祝贺"中共南路革命史料整理暨研究"系列丛书出版发行

南路革命斗争有着悠久的历史，经历诸多困难和曲折，涌现出许多英雄、模范人物和许多感人的事迹。宣扬革命前辈艰苦奋斗的历史，用革命先烈的光辉事迹教育后人，激励后人，铭记革命历史，传承红色基因，是每个共产党人应尽的职责。"中共南路革命史料整理暨研究"系列丛书，就是依据此精神编写的。对于此丛书的出版发行，我表示热烈祝贺！

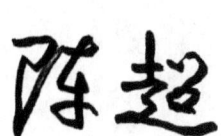

二〇二〇年七月于北京

黄景文生平介绍

黄景文（1914年1月至1983年10月），曾用名陈光。黄景文1914年1月出生于广东省惠阳县，少年时期就读于香港英华书院。九一八事变后，为抵抗外倭报效祖国，遂投笔从戎。1931年以优异的成绩考入广东黄埔海军学校（第19期）。在黄埔海军学校上学和留校任教期间，深受中国共产党的影响，积极参加"秘密读书会"，追求革命真理，组织同学学习进步书刊，宣传抗日救国。"秘密读书会"被国民党查封后，黄景文只身前往广东南路继续参加抗日救国活动。

1939年5月黄景文加入中国共产党，曾任中共南路特别守备区学生队总支委员（组织委员）；中共遂溪县东区委员；中共吴（川）廉（江）边特派员；南路人民抗日解放军第二支队队长；南路人民抗日解放军第一团（也叫"老一团"）团长；人民解放军桂滇边部队司令部参谋长；人民解放军滇桂黔边纵队第一支队司令员兼政委、人民解放军滇桂黔边纵队参谋长；人民解放军军大四分校教育长；志愿军三兵团军务处长；哈尔滨军事工程学院海军工程系主任；国防科委某部队第二部部长；海军某部副司令员，正军职离休。

黄景文同志的一生是革命的一生，战斗的一生。战争年代，他率领部队在极端困难的条件下，转战国内外，是一名优秀的军事指挥员。他曾担任由广东南路人民的优秀儿女组成的南路人民抗日解放军第一团第一任团长。在党的领导下，在广大人民群众的爱护和支持下，他经历了抗日战争、解放战争，与日、法、蒋军及土匪地霸武装作战，从日伪占领下的雷州半岛，到国民党统治下的广东、广西、云南三省边境的广大地区，再到法帝占领下的越南北部地区，纵横驰骋，足迹遍布两国（中国、越南）四省（粤、桂、滇、黔）的百余个县市，行程近万里。在无巩固的后方、物资十分匮乏、语言不通等艰苦条件下，其所带领的"老一团"在党的正确领导下始终打不败、拖不垮，而且不断发展壮大，从胜利走向胜利。

他曾三次出国作战：1946年7月至1947年10月，他带领"老一团"在越南整训并担任第四战区和越南高级步兵学校的军事顾问；1950年7月至1950年10月，他随陈赓司令员以军事顾问身份第二次赴越南，参加中共中央军事代表团工作和边境战役的顾问团工作。他参与组织并指挥了著名的"边界战役"；1951年3月，他随陈赓司令员赴朝参加抗美援朝战争。

1952年7月,他奉调回国参与哈尔滨军事工程学院的组建并担任海军工程系系主任。他对我国海军工程技术专业高等教学、科研发展方向具有远见卓识和独到的战略眼光,并做了大量基础性和开创性的工作。我国海军现代化建设和未来战争急需的一些尖端技术和战略性专业教学科研体系,都是在他的领导下创办发展起来的。

1966年,他调到国防科委某部队后,特别是在"十年动乱"中,他顶着被批判、被斗争的压力,克服因动乱造成的影响和极"左"思潮,坚持奋战在祖国万里海疆的海军武器装备试验第一线。他参与组建我国海军装备靶场建设,参与组织指挥完成了多项海军重大武器装备试验定型试验任务。粉碎"四人帮"后,他以追回被耽误的时间的紧迫感和极大的热情,抱病投入到拨乱反正和海军现代化建设中去,直到生命的最后一刻,仍惦记着海军武器装备实验的建设和进展。

黄景文同志是我党的优秀党员,入党40多年来,他努力学习马列主义毛泽东思想,坚信党的领导,坚信共产主义事业。无论环境怎样恶劣,条件如何艰苦,他始终对党忠心耿耿。在林彪反革命集团、"四人帮"横行之时,他对共产主义的信念坚定不移,不仅积极工作,而且坚持原则,坚持斗争。他党性强,做事光明磊落,在原则问题上敢于斗争,为人正直,处事公道,遵守纪律,服从组织。他思想作风正派，谦虚谨慎，关心群众，团结同志，平易近人，严以律己，争当表率。他心里总是装着人民，自己过着简朴的生活，节约生活费用以支援家乡社会主义建设。他革命事业心强，工作努力，学习勤奋，知识面宽，在各个不同的岗位上都能出色地完成党交给的任务。离休后仍经常关心部队建设，经常为部队提一些积极的建设。黄景文同志以他的模范行动赢得了战友们的尊敬和单位同志们的爱戴。

黄景文同志去世后，依照他的遗愿，其部分骨灰撒入他为之奋斗大半生的祖国海疆。

［资料来源：中国人民解放军军事工程学院（现哈尔滨工程大学）。］

1949年黄景文任滇桂黔边纵队参谋长时照片

1949年滇桂黔边纵队黄景文参谋长与边纵司令庄田（中）、政委林李明（左）的合影

胡志明照片（背面题词署名为越军总司令武元甲、政治局委员陈登宁）

胡志明主席赠黄景文照片（背面为胡志明主席中文题词）

黄景文在云南解放后与夫人李夏湘的合影

黄景文在哈军工时期的照片

陈赓率领第一军事顾问团与胡志明主席合影（后排左一为黄景文）

20世纪60年代黄景文被刘伯承元帅接见时的照片（前排左三）

目 录

第一部分　黄景文文选 …………………………………… 1

1944年冬廉、化、吴人民武装抗日起义 …………………… 3

《"老一团"西征大事记》之一、二 ………………………… 24

《"老一团"西征大事记》之三
　　——十万大山的斗争 ……………………………………… 28

《"老一团"西征入越大事记》之四 ………………………… 35

忆林林同志 …………………………………………………… 46

怀念陈信材同志
　　——苍穹的雄鹰 …………………………………………… 54

记张炎二三事 ………………………………………………… 67

几个战役的深刻检讨和几点管理教育意见
　　——黄景文同志在边委扩大会议上对军事报告的
　　　补充发言 ……………………………………………… 69

关于《第一团西征斗争史纪略》的几点意见 ……………… 74

给海军政治部关于自传中补充二次赴越历史的报告
……………………………………………………………… 79

写给海军领导、常委的信 …………………………………… 82
祝贺与期望 …………………………………………………… 83

第二部分　广东革命活动及战友回忆 …………………… 85

关于原广州黄埔海军学校地下革命组织的情况 …………… 87
关于黄景文在黄埔海军学校参加"秘密读书会"的
　情况 ………………………………………………………… 97
1939年黄景文在高州、化州从事革命活动史料 ………… 104
我在中共南路特委工作期间（1939年至1945年）
　的几个片段回忆（节录）………………………………… 111
中共南路特委领导吴、化、廉、梅边地区抗日武装
　斗争的回顾 ……………………………………………… 113
南路人民抗日解放军成立45周年 ………………………… 130
南路人民抗日武装起义 …………………………………… 134
南路人民武装在斗争中成长
　——记"老一团"的战斗历程 ………………………… 147
难忘的岁月
　——忆战友黄景文同志 ………………………………… 176
醒来惆怅吊忠魂
　——忆战友黄景文同志 ………………………………… 184

缅怀我的良师、好领导

　　——忆在黄景文同志直接领导下工作的日子 …… 189

吴、廉边区人民英勇的抗日武装斗争 …………… 196

拱桥伏击战与钩镰岭抗击日军之战 …………… 202

抗日"桥头堡"

　　——官渡大垌村 ………………………………… 207

从拱桥到钩镰岭

　　——记廉、吴边区人民武装抗日的两场战斗 …… 209

廉江三甲圩战斗回忆录 …………………………… 216

我所了解的吴川起义的一些情况 ………………… 218

"老一团"西征经过 ………………………………… 223

挺进六万大山 ……………………………………… 230

怀念老首长黄景文同志 …………………………… 239

黄景文团长带领队伍的几件事 …………………… 249

中共领导的南路人民武装力量与越盟合力

　　共同抗击法军 ………………………………… 258

跟随陈赓第二次赴越参加边境战役 ……………… 260

第三部分　哈军工教职员工的回忆 …………… 265

祝贺院庆　缅怀先贤

　　——记海军工程系奠基人黄景文、邓易非 …… 267

学习黄景文主任　忠诚人民教育事业 …………… 271

缅怀黄景文主任 ………………………………… 277

怀念黄景文主任
　　——尊重知识、尊重人才的好领导 ………… 280

缅怀黄景文主任 ………………………………… 289

怀念哈军工海军工程系黄景文主任 …………… 292

缅怀原军事工程学院海军工程系创始人黄景文主任
　　………………………………………………… 295

激情的年代　难忘的岁月
　　——黄景文系主任督率我们攻克"901"任务
　　纪要 …………………………………………… 312

难以磨灭的印象
　　——纪念黄景文主任90周年诞辰 …………… 324

深深怀念我们的系主任——黄景文同志 ………… 338

行动的力量
　　——回忆哈军工几位领导的工作片段（摘录）
　　………………………………………………… 342

黄主任永远活在我心中 ………………………… 344

缅怀原哈军工海军工程系创建人黄景文主任
　　生前业绩座谈会纪要 ………………………… 347

第四部分　来往书信摘要 ········· 353

　王国强给李夏湘的信 ············· 355

　关于吴、化、廉党史事——给陈枫的信一 ······· 356

　关于吴、化、廉党史事——给陈枫的信二 ······· 360

　关于吴、化、廉党史事——给陈枫的信三 ······· 361

　关于吴、化、廉党史事——给陈枫的信四 ······· 363

　关于吴、化、廉党史事——给陈枫的信五 ······· 365

　给高州县委旭光书记的信 ·········· 366

　黄景文四弟黄山（黄振华）给黄景文夫人

　　李夏湘的信 ················ 369

　梁家给黄景文的信 ············· 370

　唐才猷给黄景文的信 ············ 372

　全明给黄景文的信 ············· 373

　廖华给黄景文的信 ············· 376

　李学英给黄景文的信 ············ 377

　陈辛陶给黄景文的信 ············ 378

　林林的夫人屈雪莹给黄景文的信 ······· 382

　袁惠慈给黄景文的信 ············ 384

　原黄埔海校校友张昌中（梁锡琼）先生给黄晓夏的信

　　——回答关于黄埔海校的询问 ······· 391

　蒋如龙、陈丙福给黄景文的信 ········ 393

张炎将军之女张莹写给李夏湘的信 …………… 394
赠老景 …………………………………………… 395
赠黄景文同志 …………………………………… 396
悼黄景文同志 …………………………………… 396
多情尽是延安月——痛悼景文同志 …………… 397

第五部分　子女回忆 …………………………… 399

我心目中的父亲 ………………………………… 401
父亲在军工的日子 ……………………………… 417

后记 …………………………………………………… 426

第一部分 黄景文文选

1944年冬廉、化、吴人民武装抗日起义

黄景文①

1944年农历八月,在我党的领导下,廉(江)、化(州)、吴(川)边区人民打响了两家滩和钩镰岭战斗的抗日第一枪②。如火如荼的廉、化、吴边区人民武装抗日斗争烽火,从此燃遍了整个地区。1944年农历十一月二十三日(公历1945年1月6日),林林、陈汉雄(练炳强)等同志领导的廉江东桥、白鸽港、吴川泮北和陈可金(陈志群)同志率领的遂溪陈村地下游击队,首先集结了700多人,宣布起义。吴川王国强工作地区的陈以铁大队和黄明德领导的梁弘道、李一鸣、李雨生大队则在农历十一月二十六日至三十日(公历1945年1月9日至13日)前后起义③。

张炎为人民武装抗日的高潮所鼓舞,为国民党镇压人民抗日的罪恶行径所激怒,也于农历十一月三十日(公历1945年1月13日)组织起义,队伍七八百人,称为高雷人民抗日军。

---

① 黄景文,原中共吴川廉江边特派员,南路人民抗日解放军第二支队支队长,第一团团长。

② 两家滩、钩镰岭战斗的时间应分别为公历1944年10月3日和1944年11月23日。

③ 陈以铁大队、李一鸣大队的起义时间应分别为公历1945年1月7日和1945年1月16日。

一、起义前吴、廉边区工委党的工作状况

日军于1943年农历二月初占领了雷州半岛和广州湾（今湛江市）。① 二月中，南路特委书记周楠同志找到我，说特委决定建立吴、廉边区工委，并由我来负责。吴、廉边区范围是从廉江的成安乡直到吴川的龙头、坡头一带，是敌占区的边缘地区。边工委的主要任务是放手发动群众，积极发展党组织，组建武装力量，坚决打击敌人。当时交给我领导的关系有：东桥正奏小学党支部，书记林林（已牺牲），该同志于1938年从粤中派下南路，与周天明、阮明一齐到梅菉，找到陈信材同志，然后到广州湾搞发展党的工作，为后来建立南路工委、特委，② 起到尖兵作用，支部成员有全家荣（全明）、陈辛陶（陈任华）、王乔（已牺牲）；白鸽港新民小学党支部有宋家培（高佬蔡，已牺牲）、曾德才、李学英、黄飞（已牺牲），书记是宋家培；泮北遗风小学有陈汉雄（练炳强，已牺牲）、陈婉文；大垌客居小学有郑康志、郑保、黄文新；大路泽普小学党支部有程耀连（校长）、余明炎（1942年已调到廉江）、梁标（已牺牲）、邓俭、李夏湘；成安乡有马俊英（已牺牲）；

---

① 日军入侵雷州半岛和法租界广州湾的时间分别为公历1943年2月16日和1943年2月18日。
② 应为高雷工委、南路特委。

高岭德望小学有郭芳（郭达辉）；杨志涌小学有伍雍娴；龙头岭特思乡中心小学有梁涛明；塘㙍有梁弘道（已牺牲）；塘㙍师范有邹汉尧（邹贞业）；廉江风稍有苏坚等同志（还有三四个同志的名字记不清了）。当时的方针是放手发动群众，积极发展武装，消灭日寇汉奸。1944年8月间，周楠同志从重庆回来传达王若飞同志关于敌后要独立自主放手发展武装的方针。① 从此，我们工作抓得更紧了，并在方法上采取秘密与公开形式相结合的形式。秘密形式就是通过党员在农村发展以贫下中农为骨干的秘密地下农民游击小组、救护队等，农民游击小组外围的群众组织有农民兄弟互助会、农民姐妹互助会等。公开形式是抗日联防和派党员打入国民党控制的乡公所、乡队。当时吴川龙头到廉江成安乡的地区联防队由陈信材任主任，后来交由詹式邦挂主任。区联防队下有乡队，我们派了一些党员和推荐一些进步人士去做乡长或乡队长。例如，石门乡乡长黄联吉，石门乡副乡长冯大尤，陇水乡乡长袁俊元，成安乡联防队副主任劳耀先（廉江湍流人），等等。乡下面的村也设联防队。这样，我们就逐步建立起自己的抗日武装队伍。从1943年开始，由于党的方针正确，同志们艰苦努力，群众的抗日觉悟高，到1944年5月间，我们已经能够掌握三四百人的武装队伍。这段时间的工作，我们的进展是比较

---

① 周楠从重庆返抵南路的时间应为1944年7月。

快的。此外，陈醒亚同志工作的廉江县东南区与化县地区，王国强同志工作的吴川县和黄明德同志工作的茂南、梅菉等地区还有许多党支部，在此就不详及了。

二、对张炎的团结争取工作

1943年秋，张炎从桂林回到吴川樟山村，特委派陈信材、王国强同志和我去做张炎的工作。我们按照党中央团结、教育、争取的方针，首先建议张炎在吴川这一地区起用一批抗日进步民主人士。为此，我们推荐了詹式邦、袁俊元、陈继齐等人。不久，詹式邦就经过当时桂林行营主任李济深推荐为吴川县县长。① 其次，我们动员了民主人士叶春、彭中英②、彭廷玺、曾伟等常驻张炎身边，做张炎工作，以充分激发他的抗日民主思想，并通过他去做其老部下的工作。张炎曾对我说过，当时李济深、蔡廷锴等国民党内坚持抗日的民主进步人士，分析过日军将要打通衡阳、桂林、南宁、广州湾一线，粤西与广西大部分地区将成敌后，他们相约要认真动员组织南路和广西人民起来抗日。因此，张炎的抗日热忱是很高的。自张炎回吴川以后，特别是詹式邦任吴川县县长后，国民党广东省主席李汉魂的

---

① 詹式邦就任国民党吴川县长的时间为1943年5月。
② 彭中英，化县人，中共早期党员，曾任中共南路特委书记，大革命失败后与党组织失去联系，此时还未恢复党的组织关系。

许多反共反人民的措施受到我们有效的抵制，而我们党在各地区的活动都基本上获得了比较自由与安全的环境。这证明，我党在这段时期对张炎的工作方针是正确的，而张炎对我们党在这个地区工作的帮助也是很大的。

三、打响抗日第一枪

1. 两家滩拱桥伏击战

1944年，日本侵略军南侵太平洋地区受到严重挫折，德国法西斯在欧洲战场也受到严重的损失，反法西斯的形势很好。在雷州半岛的遂溪、海康，我们的武装接连不断地打击日伪军。这时日伪的处境非常狼狈，但仍然做垂死挣扎。1944年8月（农历）间，日伪军经常到两家滩掠夺和骚扰我边沿区人民。当时驻在东桥一带的国民党军队早已撤走，因此当地人民强烈要求我们打击日伪军。农历八月中旬，日伪军乘圩日到两家滩收税，于是我们决定打击这批敌人。我参加了布置，战斗由林林和黄飞指挥。这次战斗是根据毛主席的军事思想，即首战必胜的方针部署的。我们以东桥、白鸽港、成安乡的部分游击小组共80多人的兵力去伏击日伪十几个人，比敌人多五六倍，占绝对优势。虽然我们部队射击技术差，战斗结果只抓到两个伪军和杀伤几个敌人，但我们无一伤亡，达到了初战必胜的目的。虽然这次战斗规模小，但它是这一地区我党领导的游击队打响的抗日第一枪，其政治影响很大。我们的游击小组同志们欣喜若狂，我党有影响的村庄连夜开庆祝大会。这次战斗后，我们游击队又有了进一步的发展，许多原来不愿参加游击小组的群众纷纷要求加入我们的队伍。

2. 钩镰岭战斗

两家滩拱桥伏击战后，日伪军伺机报复，企图袭击我们的游击队。1944年农历十月初六，他们组织两个班的日伪军和20多人的伪军，共四五十人的队伍，袭击我们控制的石门乡附近的湍流村（在打完拱桥仗之后，我们成安乡游击小队就转移驻扎在湍流村）。乡队副马俊英同志警惕性很高，半夜就把部队转移到其他地方。日伪军包围这个村扑了空，就四处开枪，打猪、打鸡、抢东西、抓村民。当时我在泮北立即集中队伍进行反击。出发时，有泮北的全体教员、部分学生和附近的农民游击队员共四五十人。我们追到石门渡附近的钩镰岭，把敌人堵住了。不久，白鸽港、石门、东桥的游击队100多人也赶到。我们距离敌人四五百米，双方展开战斗。村民们都跑到各个山头摇旗呐喊，有的挥动锄头，有的大声呼叫助阵，日伪军不知我们究竟有多少人马，不敢前进一步，固守在钩镰岭傍海一侧。我们从早上8时一直战斗到下午1时，詹式邦也带了300多人的部队赶来。他们从下午2时打到晚上7时，把日伪军赶跑了。这次战斗我们游击队打死日伪军四五人，打伤几人，我们无一伤亡。詹式邦部队也打死打伤日伪军10多人，但他们部队却伤亡20多人。这次战斗轰动性更大，再一次长了南路人民的抗日斗志，打击了敌人的威风。游击队又进一步飞跃发展，从原来的三四百人，一下发展到500多人。人民群众更加拥护、支持和信赖我们了。

四、拔除反对抗日的军统少将特务邓易南这颗"钉子"

钩镰岭战斗前后（时间记不清了），特委温焯华同志交给我一个重要任务：要除掉军统少将特务邓易南。这个家伙以盐商身份来往于高州和吴川，有时住在山咀附近木侯村。他一方面监视张炎的动向，另一方面来搞我们党的情报。他是国民党广东省主席李汉魂的属下，是一个要害人物。我当时住在泮北小学，组织了12个人，由郭芳同志带队，队员有陈殷豪、詹德贞等，一天晚上摸进邓易南的家，用大刀把他们夫妇二人杀死（据最近了解，当时重伤未死）。因为没有枪声，四邻无人知晓，但这件事对国民党震动很大。

两次抗日战斗和拔掉军统特务邓易南这颗反共的"钉子"，强烈地震动了国民党顽固派。于是，他们很快就撤了詹式邦吴川县县长的职，委任反动的邓侠做县长来对付我们。邓侠到任后，即亲自到石门乡调查共产党参加钩镰岭战斗的人数。同时，邓鄂的一个师开始从信宜南下高州、化州、吴川，要来消灭我们。① 他们还写信威胁张炎赶快离开吴川，不要受共产党的影响。从那时起，廉、化、吴地区的反共形势一天天加剧。本来人民抗日是有功的，理应受到奖励，但国民党顽固派却倒行逆施，他们不仅仇恨抗日人民，还要对廉、化、吴的抗日人民下毒手。

五、张炎召开的七人会议

1944年11月初农历（起义前的10多天），张炎通知我到樟山村开会，出席会议的共有7人：陈信材、叶春、曾伟、郑洪潮、张炎夫妇和我，会议是绝密的。会议中，张炎先讲了国民党如何对他威逼恐吓，并告诉我们，邓鄂师已南下到了高州，很快就要和保安团一起对廉、化、吴地区进行扫荡镇压，他表示应组织武装起义。他还说，他征求过他的旧部的意见，有的人动摇，有的人坚决拥护，化县县府秘书文邵昌就表示坚决支持。我和陈信材同志当场支持他的意见。会后，我连忙回到泮北和林林等同志研究部署，准备起义，并同时向特委汇报。第二天，特委指示要抓紧准备打塘㙍（吴川县政府所在地）。第三天，张

---

① 邓鄂时任国民党第六十四军副军长、第四战区高雷区指挥，统率第一五五师驻防高雷前线。1944年9月（农历），占领雷州半岛的日军北上进攻广西时，该师相继入广西，当时进攻化、吴、廉边人民抗日武装的是国民党地方团队。

炎又派人通知我火速到樟山村开会,我到达樟山村时已是下午近5时了。张炎告诉我:文邵昌今天早上在化县县政府被国民党杀害了,可能有人告密。①

这时保安团已经到了化县,他们准备要来进攻我们了,并且他们只要大半天工夫就可以到达吴川。暴风雨将来临,形势十分紧急,为了抗日人民的利益,根据自卫的原则,我们应立刻集结队伍,反击国民党顽固派的进犯。因此,我连夜赶回泮北找林林、陈汉雄、黄飞等同志开会,于农历十一月二十三日(公历1945年1月6日)组织了东桥、白鸽港、泮北一带秘密游击队首先起义,并成立了两个大队,林林任第一大队队长兼政委,陈汉雄任第二大队队长,谢森为政委。起义后,我们立即逮捕反对我们的两家滩乡长肖连坤(后来逃跑了)。农历十一月二十五日、二十六日(公历1945年1月8日、9日),陈醒亚同志领导的陈炯东、赖鸿维同志在平坦、良垌,罗明同志在化县良光的游击队起义。农历二十四日至二十八日(公历1945年1月7日至11日),王国强同志在吴川工作地区领导陈以铁大队、程耀连独立中队起义。接着,黄明德同志领导的梁弘道、李一鸣、李雨生大队起义。几天时间,抗日起义的烽火燃遍

---

① 据查,文邵昌,职务系国民党化县自卫总队总队副,被国民党顽固派杀害的时间为1945年1月13日,翌日凌晨张炎率部起义,而作者叙述起义前10多天张炎召开"七人会议",会后第二天特委指示抓紧打塘㙍,第三天张炎派人通知他到樟山村开会,会上张炎说当天文邵昌被杀,在时间上显然有误。

整个廉、化、吴地区。

六、活捉吴川县反动县长邓侠

我军组建后，战士们粉碎国民党顽固派反共武装进攻的战斗情绪十分高涨。农历十一月二十四日（公历1945年1月7日）召开干部会，布置林林大队到塘㙍附近待命，同时派人入塘㙍侦察敌情。大约农历十一月二十五日（公历1945年1月8日）准备工作基本完成之后，我单独带陈汉雄第二大队进入白沙路村，约好林林第二天拂晓进攻塘㙍。与此同时，特委通知王国强、陈以铁大队配合林林和陈汉雄大队作战，从东面攻打塘㙍。第二天晚上11时，我们向塘㙍推进，离塘㙍十余里时，与一批武装走私帮遭遇，我们的尖兵排以为对方是敌人，一下子就惊散了（走私队伍看见我们的队伍也吓得四散奔逃）。这一情况暴露了我们对部队战斗动员还不够深入的问题，而且部队战斗素质也较差。将到塘㙍时，侦察员从县城出来汇报，说邓侠已经逃跑了。为此，我立即召开干部会议，认为我们打塘㙍的消息可能已经走漏，再打塘㙍不适宜了，于是改变计划，把部队开到塘㙍以南的上圩附近隐蔽，再定行止。当晚，王国强、陈以铁在塘㙍东面埋伏了一个晚上，因未见进攻信号，未敢轻动，至拂晓才撤离。再过了四五天，陈汉雄大队夜行军快到上圩，天将亮，尖兵报告，说前方发现有

10多个人,说是"邓县长"。我立即下令后面队伍散开路旁埋伏。由于前面的尖兵班已经暴露了,他们于是很机灵地说"我们是上圩联防队"。邓侠一伙毫无惊慌之态,大摇大摆地向我们走来,走到尖兵班面前,我们一声令下,不响一枪,就把这个反动透顶的家伙捉住了……到了上圩,我们从他提箱中搜出一颗吴川县府的大印和40多万元纸币,可见他要逃离塘㙍是早有准备的。为了打击国民党顽固派反共、反人民抗日的罪恶阴谋,这个反共、反人民的邓侠就在上圩受到了应有惩罚。对于其他人员,我们给了他们一些钱,放了回去。

农历十一月二十八日或二十九日(公历1945年1月11日或12日),特委通知王国强和陈以铁大队,配合张炎解放塘㙍,当他们大队赶到塘㙍时,张炎部队已提前进攻,战斗已基本结束,歼灭吴川县政警队等部队四五百人,缴获不少。

七、成立南路人民抗日游击纵队第二支队

枪毙邓侠后,农历十二月初五(公历1945年1月18日),部队回到了泮北村。周楠、温焯华、李筱峰、邓麟彰也到了泮北遗风小学,当天即宣布成立南路人民抗日游击纵队第二支队,支队长黄景文,政委温焯华,政治部主任邓麟彰。下设四个大队:第一大队林林任大队长兼政委;

第二大队陈汉雄任大队长，郭达辉任政委；第三大队陈醒亚任大队长兼政委；后又成立第四大队，罗明任大队长。①初六日（公历1945年1月19日），四个大队在鹤山村和东桥集合，誓师北上。

八、中垌会师

农历十二月十一日（公历1945年1月24日）前后，部队在南路人民抗日游击纵队司令员兼政委周楠和参谋长何畏（李筱峰）的率领下，经东桥、良垌北上（在此以前特委决定北上打高州）。我们队伍到中垌几个小时之后，和从雷州开来的第一支队会师了，广大指战员欢庆两支兄弟部队的会师，到处是欢呼声。接着，张炎的队伍也到了。刚宿下营，国民党保安团一个大队却偷偷地跟在张炎部队后面溜进了中垌。于是三支革命部队第一次联合作战，把这支保安团狠狠击退了，我们以胜利来庆祝这三支革命军队的会师。

在中垌，特委否定了打高州的计划，将其改变为北上，在化州、廉江、陆川边区建立根据地。于是部队打下了草塘圩，缴枪数十支，在三合击溃了戴朝恩的挺进队和廉江

---

① 第二支队的第三大队和第四大队应为陈以铁大队和李一鸣大队，而化廉起义指挥部所辖的起义队伍，一部分组成陈醒亚独立大队直属司令部，一部分组成罗明大队归第二支队领导，则是稍后才决定的。

县警队，毙伤顽军数十人，我们牺牲了中队长陆英敏等数人（大队副陆新、中队长全家荣受伤），后来还牺牲了林林大队长、大队副王大川（王乔）、中队副车之机及以下数十人，一部分队伍被打散了。在此之前两天，张炎部队也在灯草嶂被击溃了。特委根据当时的形势，在青平老鸦村召开会议，决定由周楠、唐才猷等同志带领一部分部队转回遂溪敌后，由何畏（李筱峰）、张世聪和我等同志带领一部分部队挺进白石水，以加强合浦地区的武装斗争。

九、进军合浦白石水、灵山

青平老鸦村会议之后，我们在金屋地编成了挺进合浦白石水的部队，由纵队参谋长何畏率领。部队包括第二支队所属四个大队和第三支队领导机关。我仍是第二支队支队长，第一大队是原来第一支队的第二大队，大队长洪荣，政委沈潜；第二大队是原第一支队的第三大队，大队长郑世英，政委王平；第三大队大队长陈汉雄（练炳强）；第四大队大队长黄飞。第三支队支队长兼政委是张世聪同志。此外，还有由曾伟率领的张炎的队伍一个排三四十人。这支挺进部队共800多人，于农历十二月二十六日或二十七日（公历1945年2月8日或2月9日）离开金屋地，到白石水同白石水地区以张世瑶为大队长、陈明景（陈大哥）为政委的大队胜利会师。白石水广大群众召开大会热烈欢迎第二支队，热烈欢迎在1940年曾领导这个地区反对奸商运粮资敌斗争的张世聪同志。张世聪回到了白石水，大大鼓舞了合浦人民的斗争意志。我们在白石水金街集中宣布进军合浦的任务，同时公布了政治部由群工科科长张进煊、宣传科科长梁标、组织科科长罗明等人组成，并宣布各大队的领导成员和代号。

在途中发生过几次小战斗，吴世光同志牺牲。

国民党顽固派扑灭人民的抗日武装是异常凶狠的。当我们到达金街第二天，立足未稳，一个保安团就向我们进攻了。我们被动地进行反击，激战一天后向小江转移，与当地的领导人叶信芳为政委的小江大队会合，并派陈汉雄去小江大队任大队长，宋家培、张家宝任指导员。将原林林大队的马俊英中队（指导员梁涛明）、陆之钦中队（指导员黄文新）同合浦的白石水中队（中队长赖七叔，指导员赖鸿维）编成黄河大队，黄飞（文声）任大队长，陈任华（陈辛陶）任政委，留在白石水地区活动。我们在浦北云坊与博白起义部队会师，接着挺进灵山，和灵山县党组织负责人陈铭金领导的邓业竞、莫平凡大队会师。这时广西保安团也来围堵了，他们害怕我们打灵山县城。于是我们甩开敌人，折向西南，打武利、打百劳圩，缴获不少。但由于这个地区是新区，国民党的乡长、保长、甲长全部都反对我们，群众大多数持中间观望态度，积极支持我们的甚少。因此，我们情报来源很少，深感没有耳目，战场准备极为困难。我们在百劳圩开展宣传工作不到两天，两路保安团又逼上来了。于是我们坚决转回群众基础较好的白石水区，以创造条件，打击顽军。可惜部队转移到谷埠渡河时，因指挥失策，受到顽军袭击，牺牲了洪荣大队长以下20多人。第二天，参谋长何畏带了大部分部队渡河进入白石水区。为了减轻敌人对白石水和黄河大队的压力，我和第一大队、第二大队的部分队伍以及合浦西场地方中队折向西南直取西场。为了加强白石水地区武装斗争的领导，张世聪同志回到白石水地区坚持斗争。后来，顽军在白石水集中了较大兵力，对我军实施反复"扫荡"，对群众采取残酷的烧杀政策，为此我们进行了艰苦卓绝的斗争。1945年3月①（农历），在大窝山战斗中，合浦人民优秀的儿子张世聪同志不幸光荣牺牲了，宣传科科长梁标同志也牺牲了。由于力量对比悬殊，一时难以打破顽军的"围剿"，我们于农历三月留下当地部队坚持本地游击战争，而遂溪、廉江、吴川和化州的大部队则突围转回遂溪敌后。留在白石水地区活动的黄河大队于农历四月底派马俊英中队、陆之钦中队转回遂溪敌后。转战在西场的廉、化、吴和雷（州）的部队也于农历三月中旬突围转回遂溪。农历五月，陈任华带少数部队到南康，把马、陆两中队被打散

---

① 应为公历1945年5月6日。

的战士收集起来，由谭俊同志找到一只船，开回遂溪山家村才找到我。还有黄飞、赖鸿维等同志，后来才由司令部通知他们回到廉、遂敌后。

南路人民抗日游击队第一支队和第二支队自化县中垌会师以来，经历了四五个月的战斗锻炼，人数虽然减少了，但部队素质却得到了很大提高，很多干部后来都成为开展南路武装抗日和解放战争的重要骨干。

留在合浦白石水坚持斗争的陈明景等同志，在群众的支持下，以少胜多，运用游击战术狠狠打击顽军；留在灵山的陈铭金、莫平凡、邓业竞等同志，钦县卢文、朱守刚同志，灵南白石水的苏显枢和小江的叶信芳、练炳强等同志则在失去特委领导的情况下，选出叶信芳为政委、陈铭金为副政委，转战于合、灵、钦、邕、横一带，坚持艰苦卓绝的斗争，战胜各种困难，有效地坚持和发展了灵山、浦北、钦县的武装斗争。而留在西场的王克中队，也灵活运用游击战术，保存和壮大了自己。

1945年5月，为了形势的需要，南路特委在遂溪山家村整编了部队，将南路人民抗日游击队纵队改编为南路人民解放军纵队，① 周楠同志担任司令员兼政委、温焯华同志为政治部主任。原第一支队大部分及海康、徐闻部分部队组编为第一团（以后群众称为"老一团"），原遂溪、海

---

① 应为南路人民抗日解放军整编，撤销支队建制，采用团的建制。

康、徐闻部分部队组编为第二团,原廉南地区部队组编为第三团,原南路人民抗日游击队第二支队组编为第四团,陈醒亚同志为团长兼政委,张炎家乡樟山地区的部队200多人改编为第五团,团长为张怡和。第四团与第五团的任务是重返廉、化、吴,坚持和发展化县、吴川的武装斗争。从此,第四团、第五团和坚持吴川斗争的王国强、李一鸣等领导的部队同廉、化、吴人民在一起进行了艰苦卓绝的斗争,开始了新的斗争发展阶段。

十、胜利与曲折

廉、化、吴人民抗日武装起义,既走过顺利发展的道路,也经历了艰苦曲折的旅程。我们有正面的经验,也有反面的教训。从经验来说,集中起来是一句话:坚持抗日民族统一战线,坚决贯彻执行党的路线、方针、政策就是胜利。

(1)自从日本帝国主义入侵雷州半岛和广州湾以来,民族矛盾是主要矛盾,团结抗日是南路人民的根本任务。为此,当日寇侵占雷州半岛和广州湾,人心惶惶不可终日的时候,我们党在敌后和廉、化、吴等县前线边沿区高举人民抗日联防自卫、打击日伪的旗帜,很快得到了广大人民群众的衷心拥护,因而发动群众组织武装的工作亦能顺利较快地进行。当国民党顽固派加紧反共,并任命臭名远扬的反共人物邓侠为吴川县县长，撤销原县长兼沿海警备大队长（保安团一个大队）詹式邦的职务，在高州捕杀抗日人士，在化州杀害抗日派文邵昌，逼死化县县长庞成，派邓鄂一个师和四个保安团兵力南下化州、吴川，攻打抗日人民武装的时候，廉、化、吴人民要求全面武装起义，扩大力量，粉碎国民党顽固派邓鄂的进攻，这是完全正义的，符合抗日民族统一战线的利益的，符合"人不犯我，我不犯人；人若犯我，我必犯人"的自卫原则的。廉、化、吴人民全面起义的方针是正确的、无可非议的。

（2）认真坚持抗日民族统一战线，在积极做好基层群众工作的同时，积极做好上层抗日民主人士的工作。南路特委对廉、化、吴的统战工作是正确的。特委对张炎的团结争取工作是重视的，除了动员叶春、彭中英、曾伟、彭廷玺等张炎比较信任的、在社会上有声望的民主人士长期驻在张炎身边，去做张炎夫妇工作外，还派了陈信材、王国强同志和我去做张炎的工作。陈信材同志是大革命时期的老党员，一贯对张炎有较大影响，对坚定张炎的抗日信心起了很大作用。张炎自1943年从桂林回到樟山村，国民党顽固派就无日不威胁他，要他离开南路，要他反共。但张炎始终不为所动，相反，他还从各方面积极支持我们，掩护我们。特别是在我们起义前夕，送了近百支枪武装我们。1938年至1940年，张炎在高州时期，国民党掀起第一次反共高潮，到处打八路军、新四军和杀害共产党员，而张炎则一直拥护共产党，不畏强暴，坚决镇压打击汉奸恶霸，到了严重关头，甚至违抗李汉魂命令，不惜弃官封印，释放在押的共产党员周崇和、文允武，这些固然是张炎本人无限忠于民族利益的本质表现，同时也是陈信材等同志做其思想工作的结果。南路人民抗日斗争的胜利开展，张炎是有很大功劳的。

（3）做好上层工作是重要的，同时必须做好基层工作，特别是做好农村党组织的建设工作，做好农村党员的发展工作尤为重要。廉、化、吴地区的许多基层都做得不错，凡是农村党支部强的据点，例如，化县的柑村，廉、吴边的白鸽港等党支部较强，党的影响较大，就能多出革命干部，能在紧急关头顶得住顽固派的残酷进攻，打不垮、压不倒。所以，农村的建党工作十分重要，要积极发展农村党员，努力健全农村党支部。

（4）存在问题。廉、化、吴武装起义时，南路特委在思想上存在主观片面性，过高估计自己，过低估计顽固势力，对于国民党在高州、信宜一带有1万多正规军的强大力量视而不见；而对我们自己部队新组成的状况和缺干部以及人员军事素质低的特点，基本没有给予重视。犯了急性病，全面发动，处处冒烟。在组织上没有第一线和第二线区别对待的部署，参加起义的干部连根拔，没有秘密的第二线的组织。在军事上缺乏经验，没有按游击战争的客观规律办事。因此，打高州，挺进白石水、灵山都是冒险的做法。军事指挥上——此事我有责任，打消耗战、击溃战、被动战多；打歼灭战、伏击战、袭击战少，武工队的活动形式少。在统战工作上，对詹式邦的部队改造工作没有抓好，以致他们中有不少的顽固分子，张炎起义时只有三个中队参加，而另有一个中队却跑去高州投奔邓鄂了。

廉、化、吴抗日武装斗争，是廉、化、吴人民以血谱写成的伟大史篇，对廉、化、吴人民的政治生活影响是深远的。虽然中途出现了一些曲折，但其光辉灿烂的成绩是主要的。局部的缺点，掩盖不住它的万丈光辉。

作者附记：此稿是在1981年农历四月写的初稿的基础上，经过廉江党史座谈会，经许多同志补充了宝贵意见之后改写的。由于事隔近40年，不少事情已经记不清楚了，可能有些地方有出入，有遗漏；受到水平限制，不正确的观点也在所难免。请同志们批评更正。

(1981年6月1日)

(本文摘自《南路人民抗日斗争史料》，广东人民出版社1996年版，第219—234页。)

附：第二支队各大队中队干部名单①

第一大队：

大队长兼政委：林林　大队副：王乔（王大川）

第一中队长：郑康惠　政指②：×××

第二中队长：全家荣（全明）　政指：×××

第二中队长：陆之钦　副中队长：陆英敏

第三中队长：马俊英　副中队长：肖联明

第二大队：

大队长：陈汉雄（练炳强）　政委：郭达辉（郭芳）

第四中队长：蔡祖祥　政指：宋家培（高老蔡）

第五中队长：陈元瑛　政指：梁涛明

第六中队长：陈汉华

第三大队：

独立大队长兼政委：陈醒亚　大队副：陆新（代表司令部同张炎人民抗日军联络）

第×中队长：陈炯东　指导员：赖鸿维

第×中队长：李应洒

第×中队长：庞青智　指导员：李洪

政工队长：李郁

(1981年6月1日)

---

① 此名单为黄景文同志时隔近40年后的回忆，以中共湛江市委党史研究室编著的《南路人民抗日解放军史》（广东人民出版社1995年6月出版）的相关内容为准。编者特此声明。

② 大队讲政委，中队讲政指或指导员，都是指政治指导员。

《"老一团"西征大事记》之一、二

1945年9月，南路人民抗日解放军第一团（群众称为"老一团"）离开雷州半岛解放区西征，去开辟十万大山的游击区，继而随着形势的发展，进入了越南。从1946年至1947年，较好地完成了入越整训和援越抗法的国际主义任务，为加强中国和越南两国人民的友谊和中越两国军队团结战斗的友谊做出了应有的贡献。随着我解放大军向蒋管区大反攻的形势发展，"老一团"于1947年秋挥军回国，参加广西左江与右江人民武装起义的斗争，参加了云南人民开辟滇东南和滇西南人民的解放战争，参加了粤桂边区人民的解放战争，一直到新中国成立。"老一团"从雷州半岛西征转战千里，直到进军昆明，历时四年多。它和南路人民解放军的其他兄弟部队一样，都是在党的领导下、在人民的哺育下逐步成长起来的一支普通人民军队，但它有它的特点——"走"过两国三省（区），在越南、广西、云南的土地上战斗过。现将"老一团"战斗历程中的大事简述如下。

一、"老一团"的诞生

1945年的抗日形势很好。毛主席在《两个中国之命运》一文中指出:"现在时机很好","我们需要一个正确的政策……就是放手发动群众,壮大人民力量,在我们党领导之下,打败侵略者,建设新中国"①。中共南路特委在毛主席的伟大方针指引下,于1945年5月在遂溪山家村召开会议,决定把在雷州半岛的两千多人的部队重新整编,以迎接全国大发展的新形势。其具体方针是加速扫荡遂溪、海康境内的日伪军,扩大徐闻、廉江、化州、吴川的游击区。为此,即以遂溪县、海康县、徐闻县的,比较有战斗经验的,党员比较多的部队(有的连队不少人是1938年、1939年入党的骨干,有的连队党员占60%)为主组建成第一团,团长黄景文,政委唐才猷,政治部主任李廉东。第一营营长金耀烈,副营长陈炳崧,政委先是王平后是廖华。第一连连长黄英,政治指导员陈熙古;第二连连长李炳发,政治指导员沈杰。第二营营长郑世英,副营长杜公林,政委李晓农。第五连连长张鸿谋,政治指导员梁以钦;第六连连长×××,②政指×××。第三营营长黄建涵,副营长黄炳,政委庄梅寿。第七连连长廖培南,政指×××;第八连连长李仁廉;警卫连连长×××,政指梁涛明;手枪

---

① 出自《毛泽东选集》第三卷,人民出版社1991年版,第1025页、1027页。
② 编者注:一营二连连长唐林,李炳发是二营五连连长,指导员是王奎。张鸿谋原是二团一营营长,马子嶂改编后任警卫连长,梁汝(文中是"以")钦原是警卫排排长,马子嶂改编后任警卫连副连长,便衣队队长是洪田,三营七连指导员是李恒生,八连指导员是肖汉辉。

队队长唐林。以海康县、徐闻县的部分部队组成第二团，团长兼政委为支仁山，副团长廖培南；廉江南部组编为第三团，团长莫怀，政委唐多慧；廉东、化州、吴川部队组编为第四团，团长兼政委是陈醒亚，副团长黄载源，政治部主任王国强；原张炎部队人员组编为第五团，团长张怡和，政委朱廉清。① 这次整编部队对以后发展南路人民解放斗争是具有重要意义的。

组建后，"老一团"即和第二团以及其兄弟部队积极打击遂溪县的杨柑、广州湾的太平等地方的伪军。其他各团则分别向自己作战地区挺进。

二、突破包围千里西征

1945年8月15日，日本帝国主义投降了，喜讯传来，全体指战员无不欢欣鼓舞。但国民党无时不企图消灭我军，他们企图"劫收"湛江、雷州半岛和海南岛，以重兵消灭我南路部队和琼崖纵队。日本投降前不久，除高州邓鄂一个军南下到了廉江、化州外，蒋介石又从云南空运新一军、四十六军、六十四军至南宁。8月20日左右，其先头部队到达廉江，他们以师为单位，分三路南下，齐头并进，几

---

① 以上涉及的名单均为黄景文同志时隔近40年后的回忆。以中共湛江市委党史研究室编著：《南路人民抗日解放军史》，广东人民出版社1995年6月出版的为准。编者特此声明。

乎村村驻军，和我军的战斗首先在新塘地区打响了。在这紧急情况下，特委命令第一团迅速突围到十万大山敌方侧后，加强钦防部队开辟新区的斗争，必要时可以小股坚持斗争，大部转入越南整训。这时情况十分危急。如何进行突围？我们决定首先要减小目标，分为两批尽快地突围，第一批由黄景文率领第一营于8月26日前后从敌人侧翼空隙，白天隐蔽，晚上行军，依靠群众掩护穿插到廉博边的山高林密的马子嶂。一路上和敌人打了十几仗，特别是在塘蓬打了一整天，打死打伤敌人近百人。我第一营营长金耀烈同志负了伤，并牺牲了几个同志。第二批由唐才猷同志率领于9月15日前后突围，突围前，唐才猷同志指挥第二营袭击有100多人且有完备武装的遂溪飞机场。我们仅以亡1人伤5人的极小代价，歼敌全部，缴获1门75加农炮，几挺日式重机枪和机关枪，步枪子弹大批，并烧毁其全部搬不走的装备。这场仗打得很漂亮，不仅大大鼓舞了革命人民坚持斗争的勇气，大大打击了国民党幻想一下子吃掉我们的气焰，而且有力地装备了"老一团"，为"老一团"西征准备了较为充足的弹药和一些物资。

唐才猷同志和第二营、第三营到马子嶂后，部队进行整训，以及做准备工作，花了半个多月时间。原第一营、第二营合编为第一营，营长廖华、政委陈熙古，副营长李鸿基、陈炳崧。廉江部队以涂明堃为大队长、林敬武为政委的大队编入"老一团"编制，作为第二营，原第二团一部并入第三营合编为第三营，营长黄建涵，政委庄梅寿。在这期间，我们想方设法派人与钦防地方党取得联系，调查了解情况。与此同时，特委很关心我们，并派人催促我们迅速进十万大山。经过研究，我们决定避实就虚，绕过反动力量很强的合浦、钦州地区，走经灵山、古文水、陆屋、小董、贵台、大录、小峰、大勉到峒中的路线。这条路线虽然远些，但不靠近城市，而且道路比较隐蔽。

《"老一团"西征大事记》之三

——十万大山的斗争

我们能不能在十万大山站住脚，并开辟这个地区，最重要的前提是我们能不能取得广大群众的支持。为此，在十万大山区，我们必须高举反对国民党反共搞内战的旗帜，高举建立人民民主政府的旗帜，高举民族平等（十万大山的少数民族群众很多）的旗帜。

一、贵台、马鞍山战斗

我们在灵山与小董之间同钦县党和人民武装领导人卢文、朱守刚等会了面。在他们的热情帮助下，了解各方面情况，因而我们顺利地越过陆屋、小董等地，到达十万大山东境大门——贵台乡。贵台地势险要，易守难攻。我们以一个营轻装远程疾行，避开险要，从侧面高山对敌进行突然袭击，顺利地俘虏乡长以下六七十人并缴获枪支。在贵台，我们开仓济贫，召开群众大会，宣传反对国民党反共搞内战。这个地方反动地主武装较多，第二天他们配合广西保安团和我们打了一天，我们受了轻微损失。

马启山战斗是我们进军途中较大的一次战斗，打的是保安团的一个团，战斗了一整天。我第三营英勇地打退敌人十多次冲锋，歼敌百余，比较大地打击了敌人。战斗中我们牺牲了连长廖培南以下三人，伤数人。此后的10多天，我们甩掉了"尾巴"。

二、大勉会师

1945年冬至那一天，"老一团"到达了十万大山中段山脚的大勉，和沈鸿周为大队长、彭扬为政委的防城地方部队胜利会师了。

早在1944年秋，根据特委指示，防城党组织开始组织游击小组。大勉是防城地方武装活动的中心。为了迎接"老一团"，特委温焯华曾亲自找中共防城特派员谢王岗同志做了布置。为了迎接未来的艰苦战斗，防城党组织派了刘镇夏同志打入国民党刘镇湘一五六旅为我军搞情报。这一工作对"老一团"坚持十万大山斗争起了重要作用。防城地区党组织还补给了"老一团"一批枪弹。他们这些有效的工作,给远道而来言语不通、地理不熟的"老一团"全体同志以极大的温暖和鼓舞。

会师后,经过研究,决定把尾追我们的保安团的"牛鼻子"牵进山区尽头的中越边境的峒中。因为那里地形更险要,更有利于打击敌人。

十万大山东起钦县的贵台,西到防城的峒中,并向越南境内延伸,连绵300多里,纵深四五十里,上千米高,悬崖峭壁,像一条长蛇一样横卧在广东、广西的分界线上。峒中就是在十万大山的最西头和越南交界处。

到了峒中,杨甫同志主持召开了有防城县党组织负责人谢王岗,"老一团"黄景文、唐才猷、李廉东等人参加的领导干部会议,讨论斗争方针的相关问题。会议决定,在军事上,整个地区武装力量由"老一团"统一指挥。根据当时敌人强大(一共有三四个团的兵力)和防城又是军阀陈济棠的家乡,恶霸豪绅相当多的情况;根据山区地形复杂、利于防守和游击战术的发挥的特点,以及山区地少人贫,人民千百年来为军阀官僚恶霸残酷压迫,富有革命传统的特点;根据山区人民缺粮缺物资的特点,决定把部队分散,运用游击战术开展对敌斗争,要绝对避免过早和敌人决战或打大仗。为此,我们把部队三个营分为三个作战区。第一营配合刘仲曼、黄奎、张贤等地方中队,挺进滑石、那梭地区。第二营配合郑云、罗北、陆英林等地方中队活动于滩散、峒中地区。第三营配合黄彪、项世英等地方中队在北仑、扶隆地区的斗争。一般情况下，以班、排、连为单位作战。在这个作战方针下，我们除了在滩散竹叶坳遭受到敌保安大队袭击，牺牲了第三营政委林敬武同志（林敬武同志的牺牲是我们西征中最大的损失之一）、连长杨德以及十几人外，作战四个月，我们部队没有太大损失。相反，我们采取夜袭、远程奔袭、麻雀战等战术，则给予了敌人一定的打击。我们用地雷炸破了极为坚固的反动豪绅陈树尧、陈树宽的地主庄园，使整个防城震动极大，地方部队作战也很有成绩。峒中民兵大队长黄志瑞同志（在"文革""左"倾路线下含冤死去），为了阻击刘镇湘正规军进入峒中，他利用险要地势，一个人血战了一天，打死打伤敌人10多人，打退了一个连的进攻，而他自己仅负轻伤。地方游击中队也成功地袭击了反动地主陈树雄、杨鼎忠等的据点，缴获很多物资。坚持十万大山的游击战争，就是在这样的斗争方针指导下展开的。

三、贯彻中央民族政策，成立民族团结的峒中人民民主政府

十万大山的少数民族群众很多，他们近几十年在国民党军阀地主豪绅的压迫下，受到奴隶般的歧视，经济上受

尽残酷的压榨剥削，生活特别苦。他们十分痛恨国民党反动派，历史上也有不断反抗官吏斗争的光荣传统。抗日战争期间，他们受到我们党的抗日民族统一战线的影响，对我党我军是有好感的。在十万大山斗争中，能否团结少数民族群众是一个关系到斗争成败的重大问题。我们到峒中后，开展了反国民党的反共搞内战的工作，反对"三征"（征兵、征粮、征税），开展坚持民族平等和建立民主政府的宣传，派重要干部积极做好少数民族上层人士的工作。党的民族政策和我们的一些主张，很快获得了他们的拥护。1945年12月中旬，我们在峒中成立人民民主政府。乡长为黄礼德（汉族），副乡长为黄志瑞（壮族）、马文初（壮族）等同志。另外，还成立了少数民族地方部队。乡政府成立的那一天，群众敲锣打鼓，穿着节日盛装，开了几千人的大会，热烈庆祝自己的节日。营长沈鸿周同志和三营政委庄梅寿同志还按照该地少数民族的习惯及其上层人士的要求，与黄志瑞、马文初等领袖人物歃血为盟，结为兄弟，相订永远反对蒋介石的盟约。黄志瑞、马文初等壮族领袖人物及其率领的少数民族部队，对当时十万大山斗争和以后解放战争都起到了十分积极的作用。党的少数民族政策那时就在十万大山开了花。

四、军民团结战胜困难

我们一面对敌军作战，一面又要和许多困难作斗争。寒冷、饥饿、疾病严重威胁着我们。我们该如何克服困难呢？最根本的经验就是狠抓政治思想工作，特别是强调领导干部以身作则，强调政治、军事、经济民主，强调军内军外的团结，干部与战士同甘共苦。我们到达十万大山时已是寒风刺骨的隆冬季节，加上山高林密经常下雨，天气特别寒冷。而我们突围时穿的都是夏装（因有些冬装仓库给敌人扫荡了），战士、干部每人一般只有两件单衣，一个班一般只有三四条毯子。在树林宿营，大家只好围着火堆睡觉。遇上下雨天，毯子做了帐篷，连盖的也没有了。因此，病号成倍地增加。那时药物又奇缺，只好用山草药清洗伤口和用盐水治疗清洗伤口。"巧妇难为无米之炊"，但我们的医生和护士却个个比巧妇还巧，他们能有效地用草药和盐水治好许多伤病员，而他们却是带着病、饿着肚子去采药和救护伤号的啊！山区人穷地少，粮食匮乏，加上敌军和反动势力威逼老百姓对我们"坚壁清野"，我军所到的许多新区，群众逃跑上山不敢卖粮食给我们，又加上敌人效仿日寇的烧杀政策，搞并村围集，把百十家人的小村合并到大村子去，重兵守备以割断我军民关系和粮食来源，所以我们经常饿着肚子。有时一天只有一二两米就着野菜煮粥汤和烧竹笋过日子。但战士们却打趣地说："我们吃的翡翠珍珠汤。"那时部队没有津贴，干部战士一个样，除了事务长外，谁也没有钱。即使这样艰苦，但我们仍怡然自得，毫无怨言，始终上下团结得像一个人，不怕苦不怕死、乐观地战斗着。第一营有两个战士，父亲叫李育兴，儿子叫李福田，儿子是班长，同在一个班当兵。父亲和儿子经常互相鼓励"要坚持革命到底，不打败蒋光头不回家"。党支部不断地动员战士互相做思想政治工作。整个时期部队纪律非常严明，严格按"三大纪律八项注意"办事。在钦防和十万山区，冬季的农村红彤彤的橘子、橙子还是经常可见到的，但部队很少发生采摘群众水果的事。有时群众不在家，事务长采了他们的青菜，也按时价留下条子和钱放在地里。从未发现过私拿群众东西的事。正因为这样，越来越多的群众不再相信反动派的欺骗宣传，从害怕我们变成拥护我们。我们有些掉队的伤病员，往往因为得到群众的掩护才免于被敌人杀害。敌人袭击我军时，有好几次都是群众主动给我们送情报，才使我们没有遭受损失。国民党反动派想在十万大山消灭我们部队的阴谋，在军民团结的铁拳下终告失败。①

---

① 资料来源：中共湛江市委党史研究室编：《铁旅征程》，1999年9月印。

《"老一团"西征入越大事记》之四

1946年农历二月中旬，正当我们艰苦地战斗着但又能以小股兵力有效地困扰和袭击敌人，取得不少小胜利的时候，中共南路特委派谢王岗同志来传达上级指示，说经与越南党中央联系，准许我们以小股部队坚持十万大山斗争，大部分部队转入越南整训，以利再战。

之后，根据周楠同志回忆说，"老一团"入越一事，"是温焯华同志事先向省委报告"，"经过省委研究后请示过中央的"。

在此以前，1946年1月间，我们根据中共南路特委关于必要时可以转入越南整训的指示精神，派了朱兰清同志入越，以便和越方取得联系。朱兰清同志到越南河内以后，受到越南党中央政治局委员黄文欢同志（那时化名为李光华）的接见，并很快得到越党中央同意"老一团"入越的答复。在我们接到谢王岗同志传达上级指示几天后，朱兰清同志也返回部队了。于是，我们就按越党中央和越南海宁省委的安排，经洞模、平辽、新街、亭立、陆平，到达越南谅山省七溪，秘密入越。因为要继续打击敌人，所以一共分三批入越。第一批是团部和第一、三营，第二批是二营，第三批是第四营（防城部队，入越后，正式编为第一团第四营，营长沈鸿周、政委彭扬）。"老一团"入越前和防城党组织共同研究了小股坚持斗争的方案。以后在钦防地方党领导下，钦防地方部队有效地运用毛泽东同志的军事思想，不断地打击敌人，使敌刘镇湘一个旅的一个主力团，保安团两三个团企图在十万大山消灭我军的阴谋彻底宣告失败。钦防同志和钦防人民在粉碎国民党的"围剿"中做出了令人钦佩的贡献。

部队进入越境后，立即受到越南人民的热情欢迎与照顾，充分体现了后来胡志明主席讲的中越人民是"同志加兄弟"的精神。我们部队沿途也节衣缩食，减轻越方负担，热爱越南人民的一草一木，严格执行行军风纪，因此一路上洋溢着中越两国人民的深情厚谊。

到达谅山后，组织决定派黄景文去河内找越南党中央汇报我们的进军情况。在河内接见我们的是黄文欢同志。会见后，黄文欢同志又指定我们到越南高平省坑急地区整训，部队全部供给由越方负责。

为了统一领导"老一团"和一批相继撤退到越南的南路干部，1946年6月，广东区党委派周楠同志为区党委驻越南党中央联络员。

1946年7—8月间，黄景文和唐才猷同志到达河内，周楠同志指示我们按越南党中央的要求把"老一团"分为三部分。一部分驻高平省，一部分转海宁省，一部分南下越南中圻（中部）。三部分部队除整训外，还要协助越南：①做好华侨工作；②打击土匪，安定地方；③抗击法军。9月间，我们就按这个指示部署部队。

（1）在高平办干部训练班。在周楠同志的领导下，主要培训连队班排以上干部和机关干部，内容是政治整训，也有些是军事课和文化课。

（2）由黄景文带领2个营、6个连南下越南中圻（中部）义安省。这部分部队以搞军事训练为主，政治文化课为辅。

（3）由涂明堃为营长、李鸿基为副营长、谢森为政委、严秋为副政委，率领第三营、第四营合编组成的一个营进驻越南海宁省、广安省、北江省，以抗击法军、平定土匪、组织华侨为主要任务。

从此，"老一团"这支中国人民军队就在越南的土地上为中越人民共同的革命事业而奋斗。

一、狠狠打击法军

"老一团"在执行越南党中央所给予的新任务后，部队进行了深入的思想政治动员工作，进一步进行国际主义教育，提高热爱越南人民革命事业的思想，把支持越南人民从法国殖民主义者手中解放出来的事业当作中国共产党员最光荣的任务。自入越以来，部队受到越南党和越南人民亲如手足的热情接待，同时也接受了大量国际主义教育*，部队的阶级觉悟有了很大提高。这些都为"老一团"以后能够比较好地完成各项任务打下了坚实的思想基础。

胜利的战斗：

越南民主共和国成立后不久，法国殖民军利用越法签订的条约，进入了越南所有大城市。他们和进入越南北部的蒋介石国民党军及土匪相勾结，危害越南政府和越南人民，其中以华侨众多的海宁省、广安省、北江省这三省为甚。为此，我们部署了"老一团"第二营、第四营合编的涂营进驻海宁省等三省。为了更好地执行任务，周楠同志于1947年初派余明炎、庞自等同志去加强这支部队。为了更有力地对敌人进行军事打击和政治瓦解，1947年春，我们吸收了二三百华侨青年成立了"越南东北区（即海宁省、广安省、北江省地区）华侨民众自卫团"，团长黎汉威（黎攻），政委余明炎，政治部主任庞自。1947年秋，这个团又改为"越北独立中团"。1948年秋，越南把这个中国团命名为"越南卫国军（正规军）独立中团"。第一小团和第二小团（营）仍由"老一团"原第二营、第四营的部分干部和华侨组成，第三小团全部为越南部队改编成。这支以第一团的干部为骨干的华侨武装在越南人民和当地华侨的支持下，有效地打击了法军，取得许多振奋人心的胜

---

* 此处编者有修改。原"情谊的"修改为"热情接待，同时也接受了"。

利。其较大战斗有：

（1）1947年春，李锦章、陆锦西领导一个武工队在广罗—左堆公路上击毁法军车一辆，歼灭法军30多人。这次战斗是越东北区敌后抗法初期少有的胜利，震动了整个地区。

（2）1949年春，陆锦西领导的越南海宁省华侨独立大队，消灭中越边界法军据点南树屯，全歼30多人，不久又打下了塘花，消灭20多人。

（3）1949年农历二月二十八日，独立中团配合粤桂边纵第三支队（以防城部队为主）500多人经过充分准备，采取里应外合的战法，只用4个多小时即攻下有近千法伪军驻守的海宁省省会芒街，击毙法军中校副指挥以下50多人，击伤上校指挥1人，俘120多人，击溃数百人，缴获八一迫击炮1门、火箭筒3具、轻重机枪15挺、步枪300多支、弹药一大批。这一胜利不仅轰动越南，也轰动了巴黎，当时巴黎的报纸均报道了这一消息。我们部队作战时是打着越南卫国军（正规军）旗号的。事后，越南报纸大力宣传与表扬了这支"越南卫国军"，越南这个战区司令官还"立功受奖"呢！

此外，以小股武工队形式实施伏击等打法，在越南海防、左堆等地区打击敌人的小仗是很多的。这支部队经过与越军并肩战斗，反复打击法伪，再加上政治分化瓦解工作，至1949年上半年止，海宁省、广安省、北江省地区的越南反动武装和土匪大部都被肃清了。法军在受到多次打击之后，只能龟缩在几个大城市，从而使广大农村完全得到解放。越方与华侨曾多次表扬这支部队。

二、动员组织华侨支援越南

越南全国华侨共有180多万人（当时），在南越西贡（胡志明市）附近有120万人，中部约15万人，河内、太原、海防附近约15万人，中越边境海宁省、广安省、北江省等广大农村约30万人。华侨是越南抗战的一股很大的力量。

"老一团"入越不久，越南党中央即要求我们派干部协助他们做好华侨组织宣传工作。经中共广东区党委驻越党中央联络员周楠批准，我们先后派出了五批人去做华侨工作。第一批是"老一团"第二营、第四营到越南海宁等省组织广大农村华侨，建立华侨自卫武装和群众抗法团体；第二批是×××、×××等在越南河内、海防协助越方办华侨报纸、办华侨学校、搞文艺戏剧等宣传教育工作；第三批是派郭芳同志等人到海防工作；第四批是深入越南南部西贡和中部顺化等省市去工作；第五批是我们回国时留在越南华侨自卫团工作的部分干部。

现在简要谈谈第四批和第五批的情况。1946年7—8月间，我们挑选了连级干部郑庄（原名郑南，现于湛江四航处工作）、刘陶荣、沈醒民、翁泽民（现为海康县人大常委会副主任）、李森、沈鸿欢等同志共16人，经过集训，介绍给越南党中央。他们的党籍由中共管理，并保留最后调动权，行政工作则由越南管理。他们先后被分配到越南南方第八、九战区。他们虽远离我党领导，但做出了卓越的贡献：①在南方各省成立"解联"，团结了广大华侨；②为越南军队和机关输送兵源和干部；③传送情报，接济物资；④动员华侨参加民兵组织，参加防奸、放哨、破路等工作；⑤发动华侨捐款献物慰劳越军；⑥发展华侨文化教育；⑦开展国民外交，办了"越华友谊会"的组织。他们工作发展很快，在抗法、抗美整个时期，组织了几百个省、县、区的华侨团体与数十万华侨，对越南的解放事业做出了杰出贡献。

这批16位援越干部，到现在为止，经过正式手续回国工作的有郑庄等7人，不明情况和未回国的有7人，已去世的2人。据最近了解，除个别在近年追随越南反华外，其余均对党无限忠诚，在极为艰苦的条件下认真完成党交给他们的任务。其中的翁泽民同志就是有代表性的人物之一。翁泽民同志于1948年被法国人逮捕，经受严刑拷打，被敌人打断了3根肋骨，坐了7年牢，但他始终守口如瓶，没有暴露机密。一直到1954年《日内瓦协定》签订，越法交换政治犯时才获得释放。他于1959年回国，1980年经中央组织部批准恢复中共党籍。这些年，他一直按党员的标准要求自己，经受了多方面的考验。

派出去的第五批干部是1947年夏以后调给越方的。当时根据中共香港分局指示，第一团回国参加解放战争，独立中团和"老一团"的同志要随我团回国作战。但由于越方的要求，我们留下了一批骨干，继续领导这支华侨武装。1949年初，越南海宁省形势紧张（他们省的领导机关不得不迁到我国防城境内滩散区办公）。由于他们部队战斗力较弱，因此要求我们派干部去增援他们。经过当时十万大山区领导的批准，我们又向越方输送了140名干部和战士。这批干部主要被分配到越军中工作，有的被提为营、团干部。到地方工作的甚至有被提为省一级领导的。他们忠诚地执行中共中央的指示去援越抗法。但是，后来在越南反华排华时，有许多人被打伤打死，有的被当作旅越华侨难民驱赶回国。

三、协助越军训练

"老一团"在越期间，认真贯彻执行上级的"入越整训，以利再战"的精神。

在政治训练上，首先抓好党员干部整风。我们在越南高平办了党员整党训练班，学习了刘少奇同志的《论共产党员修养》，学习党的组织原则、民主集中制、组织纪律等。还学习了辩证唯物主义，学习了军队政治工作。在军事上，重点是南下中部的部队，普遍学习了毛泽东同志关于人民军队、人民战争方面的思想。训练上，在严格训练严格要求的方针下，在营连以下小部队攻防战术、夜间战斗，射击、投弹、刺杀三大技术以及游泳（适应越南水网地带战斗）等科目狠下功夫。经过一年多的训练，部队战士的军事素质有了很大提高。以射击为例，优秀射击手达到70%以上。

文化教育方面，在连队战士有50%是文盲的基础上，提高到每人最少认识3000字，达到能读一般书籍的水平。

"老一团"训练成绩的大幅度提高，其重要原因之一是越南领导的关怀。越南党政治局委员黄文欢（1946年底，当我们部队到达越南义安省时，他调任越南中部中央分局书记）为我们驻义安省的部队党员讲过10多个小时的越南党党史课，参加过我们中央红军二万五千里长征的越南中部第四战区司令员阮山①也为我们讲过党课。越南中央委员、曾参加过我党广州起义的胡××为我们讲过广州起义历史。我部队各所在地的各级领导经常到部队视察，他们

---

① 阮山——中国名字叫洪水，越南名字叫阮山。1924年16岁时离开了优裕的家庭，到了中国，1927年12月11日参加了中国共产党领导的广州起义。广州起义失败后，追随胡志明革命，一直到1945年越南宣布独立建国。

殷切的教诲和关怀，充分反映了中越两国人民的友谊。

应越方邀请，我们协助他们训练军队，我们采用了派出去和请进来的办法。我们派出了黄景文到越南高级步兵学校（营、团干部学校）和第四战区步兵学校当顾问，派出廖华、林杰、黄英、陈庆芳、李恒山、彭扬等同志去越南太原省干部训练班任教，派出陈炳崧等同志去越南义安省部队教军事课。请进来就是请越南部队分散插进我们部队，各班占1/3，和我们同吃、同住、同劳动、同训练，搞传帮带，这种办法训练效果明显，很受他们欢迎。受过训练的部队，在我们回国前对法军作战打过几次胜仗，还把一些胜利品送给我们作纪念。

四、加强中越两国人民的友谊

"老一团"入越后无时不受到越南党、政、军和人民的热情关怀。像越南中圻（中部）中央分局的负责人黄国越、陈友翼等人就是常去我们中部部队的贵宾。群众也经常挑着花生、点心、香蕉、椰子等礼物前来慰问。为了进一步加强中越人民的友谊，我们部队不断地进行国际主义教育、我们人民军队光荣传统教育，持续高涨地开展爱民运动。我们有效地做了如下几方面的工作。

（1）助民劳动，即帮助越南农民开展生产劳动。我们的广大战士均是庄稼汉，犁田、插秧、割稻不仅内行，而且比他们做得更快更好。因为越南天气热，当地群众下午一般都是休息不下地。我们却不怕苦不怕累，整天劳动，因此劳动进度大大超过他们，很受他们欢迎。因此，我们每年帮助农民劳动的工作量都很大。

（2）医务人员送医上门，天天按时出诊，以中草药为主，免费治愈许多越南患病群众。

（3）照顾军属、烈属、老人等农户，帮助他们打扫卫生、砍柴、担水，并形成了制度。

（4）部队严格执行"三大纪律八项注意"，特别尊重他们的风俗习惯，有事外出和放哨等行动都必须两人以上同行。因此，"红军"（他们中的有些人是这样称呼我们的）信誉很高。

由于全体同志自觉性高，部队管理又严格，部队所到之处都受到群众的好评。越军经常派政治干事来部队考察实习。我们回国时，许多群众送了一程又一程，甚至有的依依不舍地送了一二十里。

五、兵分两路，回国参加解放战争

1947年夏，全国解放战争形势大好，刘邓大军渡黄河进行全面大反攻。中共香港分局命令"老一团"回国参战。

回国前，中共香港分局命令建立中国人民解放军粤桂边区纵队。纵队司令为原琼崖纵队副司令员庄田同志，政委为周楠同志，参谋长为黄景文同志，政治部主任为郑敦同志，以"老一团"编为第一支队，支队长由黄景文同志兼任，副支队长为林健，政治处主任为陈熙古。最初计划是返回南路的，后来为了配合广西左江和右江起义，于是兵分两路：①"老一团"在纵队首长机关的直接领导下，直插广西左江地区的靖西县配合左江起义部队作战；②先后派支仁山、李廉东、涂明堃、朱兰清、郑云、肖汉辉、沈鸿周、彭扬、黎攻、叶扬眉等同志和一部分部队回到钦防、南路地区。从此，经过一年零八个月在越南整训与战斗的"老一团"又回到祖国的土地上，为解放事业贡献自己的力量。①

(1981年5月1日)

忆林林同志[②]

每当我想起被誉为"南海明珠"的湛江的雄姿时，就自然而然地想起那个经历了法国、日本法西斯和国民党反动派的血腥统治，最终战胜各种困难的中共广州湾支部，

---

① 资源来源：中共湛江市委党史研究室编：《铁旅征程》，1999年印，第78－86页，以及黄景文手稿。有改动。

② 出自《南路风云》1982年第2期，第12－14页、57页。

想起这个支部的创建人、中国共产党优秀党员、南路人民的忠诚战友——林林同志。

1938年夏，日本帝国主义的魔爪伸向了祖国的南大门。国民党反动派畏敌如虎，不到半个月就把惠阳、广州、珠江三角洲20多个县拱手让给日寇。当时正在广东中区的特委就派了周天明、阮明和林林同志到梅菉开展重建党的工作。他们三人便是中共广东省委为以后建立南路特委而派出的先遣队。

林林同志是海南岛临高县人。少年时代受到我们党领导的琼崖工农红军的战斗事迹的鼓舞，青年时又受到我们党抗日政策的教育，怀有救国救民大志。抗日前夕，他就读于广州市立第一中学，参加了广东抗日先锋队，很快又参加了中国共产党。林林同志中等身材，稍微陡峭的前额下嵌着一双炯炯发光的眼睛，显得深沉而睿智；略长的面颊衬托着笔直的鼻梁，给人以刚毅、沉着、诚挚、内向的感觉。他平时说话不多，有时却来几句幽默的引人深思的话；生活艰苦朴素，严于律己；喜欢穿灰布或蓝布中山装和草鞋。他自己省吃俭用节约下的钱不是用来买书就是帮助别人。他的组织纪律性很强，凡是组织交给他的任务，他总是极其负责，千方百计完成。他大公无私，从不计较个人的得失和名利地位。他十分重视保密工作，对党的机密历来守口如瓶，连他最亲密的战友——他的爱人屈雪莹同志，他也不告诉。他的性格是走路一阵风、办事一团火，大胆果敢，说干就干。

他到梅菉不久，很快就发展了杨子儒、容启钦同志入党，建立了中共梅菉党支部和吴川振文党支部。接着，他又亲自潜入法帝的统治区——广州湾，发展了陈以大和林熙保同志入党。1939年3月又发展了林其材同志，并立即建立了广州湾党支部。同时，在调罗、新村、菉塘、竹尾、陈铁等村办起了民校，建立了联络站，宣传我党路线、方针、政策。1939年三四月间，在林林同志的指示下，广州湾党支部协同海南抗日游击独立大队（即琼崖抗日纵队前身），建立了海南抗日游击独立大队的后方联络办事处。广州湾党支部指派林其材同志参与这个联络站的工作，并确定保证这个联络站的安全是广州湾支部的重要任务。历史已经证明，尽管法帝、日本法西斯和国民党反动派有较多的反共经验，鹰犬如毛，但菉塘、新村、调罗、陈铁、竹尾联络站和海南独立大队后方办事处始终安然无恙，坚如磐石，保证了海南特委和广东区党委的交通联络畅通无阻，掩护了中共中央派去海南岛参与领导工作的庄田、林李明等同志的顺利通行，多次输送从香港运往海南的电台等物资，护送了百数十名从南洋到海南的革命同志。1940年，高州专员张炎被国民党撤职后，由高州撤退的许多同志也经由菉塘等联络站安全转移到别处。特别是在香港被日寇占领之后，夏衍等一些领导同志和一批民主人士，也是经过党领导下的几个交通站护送到桂林去的。

　　林林同志很重视党的建设，广州湾支部建立后，除了经常主持党的组织生活外，他认真地分别组织了几期党员训练班和进步群众党课训练班，学习毛主席的《新民主主义论》和刘少奇同志的《论共产党员修养》等著作，并亲自讲课。为了避开法帝国主义和国民党反动派的鹰犬，他经常都是黑夜进入菉塘、新村等联络点，上课到三更以后，拂晓前离去，奔波劳碌，不以为苦。他十分重视理论联系实际，联系党员群众的思想实际，严格地开展批评与自我批评。因此，党员和群众的阶级觉悟都提高很快。

　　林林同志对培养人才的重要意义理解得很深，看得很远。1941年后，广州湾上空烽烟滚滚，雷州半岛与广州湾随时有遭受日寇铁蹄践踏的可能。有鉴于此，中共南路特委就调黄明德、王国强、陈醒亚等同志加强茂南、吴川、化南、廉南的工作。这时，林林同志被调到廉江。他到职后即迅速在廉江城和枫梢村安排了苏坚和陈荣等人，建立了大量订购和转运桂林版的《新华日报》和《群众》等杂志的据点。在那个国民党反共猖獗的岁月里，在廉、化、吴、梅地区还能及时地读到党中央的重要文章，听见延安的声音，从而各自加强了对敌斗争的工作，这里面有林林同志的功劳。

1943年4月间,有一天在廉南白鸽港新民小学,我和林林谈起日寇占领后的广州湾的政治形势时,我对林林说:"老林,你一到南路,就捷足先登,建立了广州湾党支部,你抓得很准啊!""没有什么。"他看了我一眼,谦虚地、慢条斯理地说:"广州湾人民从清朝起就有反对帝国主义的高度觉悟,他们决不会屈服于日寇的。广州湾又背靠中国大西南,前与香港、南洋和海南相接,四通八达,进可以攻,退可以守,是敌我必争之地。我们必须先下手为强。"这时,我肃然起敬地望着他那双像海洋一样深邃的眼睛。我在想:"老林啊!你能高瞻远瞩洞察四方,真是一只苍穹的雄鹰。"

打响廉、化、吴边区抗日的第一枪

1943年3月间,日本法西斯侵略者的刺刀终于刺破了雷州半岛和广州湾的和平面纱,雷州半岛和广州湾的人民陷入了水深火热之中。在中共南路特委的号召下,沦陷区的人民迅速投入到武装抗日的洪流中。从这以后,组织武装歼击日伪的鼓舞人心的捷报不断从处于敌后区的遂溪、海康、徐闻传来。这些喜讯大大鼓舞了廉、化、吴人民的抗日武装活动。这时,林林和我都在吴、廉边区工作。

林林不仅是党的组织工作和宣传工作的强者,而且还是对日寇怀着无比仇恨、积极求战的"猎手"。1944年5—

6月间,日寇已陷入中国人民的人民战争的漩涡之中。为了补充其被围困在广西南宁、柳州一线的兵力,日寇从海南岛、雷州半岛、广州湾的留守兵团中抽调了1000多人经廉江北窜。原来为了欺骗人民假装抗日而摆设在廉江、化州一线的国民党正规军一五五师,自己撕破了假面具,在马头岭、乌蛇岭放了几枪,便一溜烟地一退千里,逃往高州、信宜去了。蒋介石这个消极抗日的头子的丑恶面目又一次在广东人民面前暴露无遗。

在日寇进犯马头岭的那天傍晚,一股六七百人的日寇突然窜入林林的工作地区东桥。林林、全明、陈辛陶等同志没有被敌人吓倒。他们把当时仅有的20名游击队员撤出东桥,同时积极找寻战机。入夜,和白鸽港、石门等同志取得联系后,即由林林组织侦察小组进入东桥摸清敌人情况,准备出击。可惜由于国民党撤得太快,夜宿东桥的敌人第二天拂晓就撤离东桥,第三天便进入广西了。这一仗我们游击队虽没有打上,但备战非常积极,特别是林林等领导同志通宵未眠,表现了抗日"猎手"的英雄本色。

1944年夏天,遂溪一股日伪军经常滋扰我廉江城安乡一带。猎手的耳朵好似听到狼嚎。知道这个消息后,林林便亲自前往两家滩圩侦察,积极求战。后来,经过中共廉吴边区干部会议决定,于1944年8月的一个上午,在林林、黄飞同志共同指挥下,廉江城安乡、东桥、白鸽港等地游击队80多人，打响了在两家滩拱桥伏击日伪的战斗。这是廉、化、吴边区抗日的第一枪。这次抗日序幕战，虽然仅打死打伤敌人五六人，俘两人，却是我无一人伤亡的胜利。它充分显示了我党领导下的廉、化、吴人民驱除日寇、振兴中华的钢铁意志，也充分表明了只有中国共产党才是中国人民最可靠的领导。这一仗的政治影响比军事战果不知要大多少倍。不久，这个地区的游击队又在吴川的石门乡钩镰岭粉碎了日伪军偷袭我游击队的阴谋。林林也参加了这次战斗。激战大半天，后来詹式邦部队接着打到夜晚，共打死打伤敌人10多名，胜利的消息震撼了整个南路，带来的政治影响更大了。人们回忆廉、化、吴抗日武装胜利时，永远不会忘记，林林同志就是打响抗日第一枪的人。

丹心照汗青

国民党顽固派从来就是仇恨中国共产党和中国人民的。当南路人民的抗日武装在雷州半岛敌后迅猛发展，廉、化、吴人民抗日武装日益壮大，张炎将军的抗日行动影响越来越大的时候，广东国民党当局调遣日寇手下败将邓鄂的一五五师和四个保安团集中化州，举起屠刀要进攻廉、化、吴人民了。一时间，廉、化、吴地区黑云遮天。为了保卫人民的利益，粉碎国民党的进攻，继续抗日，中共南路特委接受人民的要求，于1945年1月宣布成立广东南路人民抗日解放军第二支队。林林同志被任为第二支队第一大队队长兼政治委员。第二支队在抗日解放军司令员兼政委周楠同志亲自率领下北上廉江、博白边区建立抗日根据地。部队所到之处都受到人民的热烈欢迎，他们扫荡了一些国民党反动派的区、乡公所，取得一个接一个的胜利。

历史上正义武装的发展过程，从来就不是一帆风顺的。有它胜利的丰碑，也有它曲折的回廊。当我们的部队进入廉江木高山村时，由于情报不灵，林林大队遭受了敌保安团的突然袭击。在这次敌强我弱的激烈战斗中，一贯深受同志们尊敬的林林同志亲自掩护同志撤退，他把生命奉献给了祖国的民族解放事业。林林同志的牺牲是我们南路党很大的损失。

在林林牺牲的前两天，我和他会见了一次。当时他和平时一样，表现得乐观而无畏，还介绍了他的部队里的许多好人好事。送他出门时，我说："老林，部队扩大太快，缺乏训练、干部不足、情报不灵，这是我们的弱点，请你多加注意。""是啊，我们正在加强侦察队。"接着他用富于感情的语调，以亲切的目光望着我说："你的担子很重啊！纵队领导同志都在你身边，希望你们保重！"

这是多么纯真的友谊啊！在硝烟弥漫的时期，想到的不是自己而是别人，是上级党组织。这就是林林同志无比高尚的品格!

林林牺牲后,曾在他身边作战的同志介绍说,当他们驻地受到袭击时,他迅速带了一个排冲出去,冲垮了敌人一个排,占领了一个小高地,掩护大队机关干部和支队派去的卫生队撤退后,发现左侧一个部队陷入敌人半包围中,他立刻大声向身边的部队下达命令:"跟我来!把那同志接出来。"他身先士卒,飞奔向前。就在这时,一颗子弹竟夺去了他宝贵的生命。

"人生自古谁无死,留取丹心照汗青。"林林同志牺牲36周年了。他和许多革命烈士一样,以自己的鲜血为南路人民的解放事业铺平了通向胜利的道路。今天,当我看到全国解放时,看见南路翻天覆地的变化时,看见方兴未艾的社会主义建设在湛江蓬勃发展时,林林同志的英雄形象便呈现在我的眼前。林林同志没有死!林林同志精神永生!

怀念陈信材同志
——苍穹的雄鹰

陈信材同志是大革命时期的老共产党员。他德高望重,品德优秀,不为名利,一向忠于党,忠于人民。他的一生是革命的一生、战斗的一生。

1943年2月,日军侵占雷州半岛、广州湾,中共南路特委提出"抗击入侵日本帝国主义"作为南路党的中心任务。号召南路每个共产党员都要积极参加救国运动,肩负起抗日责任。陈信材同志家乡泮北白鸽港是敌后,也是前线边沿,陈信材以一个老共产党员身份坚决执行中共南路特委的决定,从广州湾赤坎迅速返回自己的老家,积极投入抗战准备工作。

南路特委派遣许多共产党员在泮北遗风小学、白鸽港新民小学以乡村教师为职业做掩护,进行武装训练,开展游击战争。吴、廉边的共产党员长期在遗风小学、新民小学召开决策性会议。

南路特委书记周楠同志、特委组织部部长温焯华同志也曾在遗风小学住过一段时间,曾多次在这里召开会议,作工作指示。泮北白鸽港是陈信材同志的家乡,他在家乡的威信高,受到村中父老乡亲的爱戴,加上小学里还有许多共产党员做掩护,是完全可信赖、安全可靠的。

由于泮北、白鸽港是敌后,接近前线,中共南路特委调派多名共产党员到泮北遗风小学、白鸽港新民小学,他们都以乡村小学教师为职业做掩护,投入抗战。吴、廉边成员常驻在泮北遗风小学、新民小学,开展游击技术训练,战斗的布置及重要会议都是在陈信材同志家乡召开。

在统战方面,陈信材同志积极做好上层抗日民主人士工作,成绩突出。十九路军抗日爱国将领张炎将军和陈信材同志在抗战初期通过抗日工作认识，为以后抗日战争的合作打下了基础。

1939年春，张炎将军得到白崇禧支持，创办"学生队"，李汉魂碍于白崇禧的面子，不好反对，只得同意办，但不拨款，要张炎自筹自给资金。张炎将军与陈信材同志、彭中英老先生、周印心（周明）商量，一致主张要办"学生队"。陈信材同志和彭中英老先生列举了办"学生队"的许多好处和重要意义，张炎得到支持，因而信心更足。其款向来源是张炎先生卖掉一部分产业，又向社会筹集一些资金，加上缉私所获，以此筹建"学生队"，增加了南路抗日武装力量（为避免刺激顽固派，名称为"学生队"而不叫"学生军"）。

经过简短几个月的筹备，"学生队"终于在1939年7月中旬成立。张炎亲任总队长，陈次彬（共产党员）任副总队长，总队下设10个中队，每个中队下设3个小队，第一个中队设正副队长各1人，中队长只有1名共产党员（黄景文），10个中队副都是共产党员。正队长负责军事，副队长负责政治。"学生队"的党组织是在高雷工委的直接领导下，因此建立了党总支，总支书记陆瑜（陆新），副总支书记阮明，总支委黄景文、谢玖、叶信芳。各中队设党支部、支书和支委。各中队也有不少党员学员，"学生队"中党的力量是很强的。

"学生队"是以"抗大"为榜样,按照"坚定正确的政治方向,艰苦朴素的工作作风,灵活机动的战略战术,团结、紧张、严肃、活泼"的方向进行学习和训练。

由于学生掌握了正确的方向,学员思想和军事知识进步很快,是一支穿军装不可多得的工作队,是抗战的重要力量。

陈、黄第一次合作营救周崇和、文允武二人

1939年冬,国民党顽固派掀起第一次反共高潮,在各处捣毁八路军办事机构,杀害共产党员和民主进步人士,以"莫须有"罪名解散爱国抗日团体。顽固派这些倒行逆施的罪行,引起了全国人民的愤怒,第十八集团军朱德总司令为此发表文告,揭露顽固派的罪恶阴谋。"学生队"第四中队队副周崇和(罗文洪)、香港青年回国服务团第一团团员文允武二人,奉高雷工委命令在茂名新垌区张贴文告,被反动乡长邓桂藩逮捕,解送高州(茂名),即被茂名县游击指挥官黄茂权接收,黄茂权即把周、文二人送交张炎。张炎将周、文二人送特务大队第一中队看守。那时,李汉魂(时任广东省主席)及南路行署主任罗冀群都频频电催张炎把周、文二人解送省府(韶关)。张炎不答应,理由是周、文二人是在七区逮捕到的,应由七区先审理,拒绝了李、罗的命令。

当时张炎幕僚内部分为进步与保守两派，围绕周、文二人事件展开了激烈的辩论。保守派主张把周、文二人尽快送省府，由省府处理，免得影响大局。进步派则极力反对，认为把周、文上送，二人必遭杀害，当时斗争非常激烈，气氛也非常紧张。两种意见相持不下，悬而未决。

为了营救周、文二人，南路特委决定必须有能代表特委意见的党员去与张炎联系，互通消息，沟通思想。当时香港青年回国服务团团长刘谈锋同志在"周、文事件"发生前，因有事回香港，其团长职务由黄沙代理。南路特委决定由陈信材、黄景文同志代表特委与张炎联系营救周、文二人。

南路特委机关于1940年2月搬到广州湾，由组织部部长温焯华同志留在高州处理工作。陈信材、黄景文二位同志接受任务后，分头与张炎联系，在会上谈、个别谈，特别是陈信材同志作为一名老共产党员，深受张炎信任，一贯对张炎有较大的影响，对坚定张炎不解押周、文二人到省府起了很大的作用，加上张炎本人也不畏强暴，一直拥护共产党。张炎终于召开会议，参加会议的除张炎本人及其夫人郑坤廉女士外，还有陈信材、黄景文、黄茂权等同志。在会上，张炎大义凛然，表示即便自己不当官，也不能把周、文二人上送，使这两个爱国青年遭受杀害，最后张炎还决定用假越狱的办法释放周、文二人，以应付省府和顽固派。大原则决定后，释放步骤、方法由黄景文同志具体执行。

黄景文曾在特务大队当过教官，对大队及中队所有军官及士兵都熟悉。张炎把周、文二人送到第一中队看管，更有利营救工作的进行。

黄景文同志接受任务后，立即向温焯华同志汇报，关于周、文二人出狱后的去向、护送等事项由特委决定。在释放二人前夕，黄景文已与监狱看守班长陈世雄（是黄景文的旧部下）将各项事情联系安排妥当了。

6月中旬的一个夜晚，夜深人静。黄景文向着特务大队第一中队方向走去，陈世雄早已在此等候了，黄景文简单说了几句，把张炎给的钱给了陈班长，让他回家另找生活。陈班长接过钱后，立即把牢门打开，周崇和、文允武二人迅速离开特务第一中队大门，罗永玑（中共党员、张炎的秘书）已领着两位特委派来护送周、文二人的拳师（一姓方、一姓赖）在外面等着。黄景文与罗永玑见面后，未说一句话，但心照不宣。陈班长也同时离开特务第一中队，向着周、文二人相反的方向走去，他的影子在夜幕深处慢慢地不见了……

午夜时分，周、文二人已离开高州城。到第二天太阳升起，张炎才假装在高州戒严，有声有色地派出两个中队在高州四处搜捕，以制造周、文二人越狱的假象，并令特务大队写出周、文二人的越狱报告。

陈信材同志为了周、文二人能安全脱险,特意从高州马不停蹄赶到化州,住在旅店等候周、文二人到来。

罗永玑介绍两位拳师给周、文二人认识后,他已离去,由两位拳师护送周、文二人到化州后,姓方的拳师返回高州,由姓赖的拳师护送二人过河。护送周崇和先过河后,赖拳师再返回接文允武过河。文允武在河对岸看见周崇和与李可鉴握手,误以为周又被捕了,就急忙逃走,后经陈信材同志派人到处寻找,未觅其踪。

化州"学生队"中队学员李可鉴是组织派来接周、文二人的。李可鉴与周崇和握手后,随即带周崇和去旅店见陈信材同志,陈信材同志对周崇和进行了安慰和鼓励。不久,周崇和带着罗永玑给他的组织介绍信,去广州湾找到特委书记周楠,备受特委书记的赞扬。之后,周崇和被派到海南岛参加游击战争。

"周、文事件"后,顽固派对抗日进步力量加紧进行迫害,国民党顽固派令香港青年回国服务团离境,并逼迫张炎开除"学生队"骨干。顽固派还派了一个师的部队到高州,想武力解决张炎。

顽固派强迫张炎解散"学生队",逼令张炎开除的骨干有阮明、黄洛思、谢玖及游击干部训练队的男女学员共30多人,张炎随即弃官辞职。随后,陈信材同志即到广州湾赤坎，利用在商界的公开合法职业进行革命活动。黄景文、黄洛思（黄秋耘）等人也转移到广州湾。

陈、黄再度合作营救黄洛思

黄洛思在高州被开除后，南路特委调他来广州湾赤坎开办大风店，由他任经理，公开出售进步书刊，宣传抗日。黄洛思的活动引起了法租界的注意，怀疑这里是共产党的据点，就扣押了他。为此，南路特委决定组织营救，并由陈信材、黄景文两位同志负责。陈信材同志以商界身份，深入法租界上层了解情况，经过细致的调查研究，与黄景文商量营救方法、步骤。黄景文则分头拜访法租界的有关官员：法官、审判官、翻译以及看守监狱的班长和狱卒等，并分别宴请他们、送礼等，由于计划细致，工作到位，故而黄洛思没有受到虐待和刑罚，不久，黄洛思被释放。

在黄洛思同志未出狱前，特委专门告诉其母，黄母闻知后即来广州湾赤坎，要立即与黄洛思见面并要求他马上去香港。黄景文是南路特委与黄洛思之间的联络人，特委对黄洛思有指示或黄洛思对特委有要求，都通过黄景文来传达或转告。当时特委书记要求黄洛思多留两三日并与他见面谈话，但黄洛思未留下即随母亲返回香港了。新中国成立后，黄洛思在学校和文化部门担任多个职务，是著名作家。

平凡显示伟大

"周、文事件"发生后,李夏湘被调到游击干部训练队学习。当时进步与保守两派在我们游击干部训练队围绕"周、文事件"展开激烈争论,争论结果是开除李夏湘及游击干训队16名男女学员。一个星期后,温焯华同志通知李夏湘去香港,第三天李夏湘就离开高州返香港了。1940年8月,李夏湘接到服务团团长刘谈锋的通知,要调她到南路广州湾工作。李夏湘到赤坎不久便被调到农村当小学教员,做农村工作。1941年寒假这天,黄景文带李夏湘探访陈信材同志。那时李夏湘觉得自己年轻,加之参加革命工作不久,比较拘谨,但陈信材同志对人和蔼、平易近人,一下子就拉近了距离,给李夏湘留下了非常深刻的印象。

不是百万富豪,却有孟尝之风

在"周、文事件"中,张炎义放周崇和、文允武二人,香港青年回国服务团被勒令离境,"学生队"遭解散,张炎被迫辞职……许多同志从高州调到广州湾,他们到赤坎后,举目无亲,又无立锥之地,在"学生队"时每人每月只领到几元钱零用钱,调到赤坎后连吃饭都是问题。绝大部分同志,不管男女,都去投靠陈信材同志,有的吃一两餐,有的住几天甚至住上一个月。陈信材的胞弟(我们称他

"晚叔"），他的妻子美丽贤淑，他们夫妻二人受到陈信材同志的影响，对待来访的同志也十分热情。

重视教育，使孩子茁壮成长为革命事业的接班人

陈信材同志很重视子女的学习，在百忙中经常过问孩子们的学习情况。日本投降后，国民党顽固派加紧向共产党游击区进攻，陈信材因工作需要撤退到香港。他住在香港岛西区，那时李夏湘也在香港一间小学当老师。有时，李夏湘带着女儿小夏去探望他，他热情地拿出糖果给小夏吃，并询问李夏湘的生活有没有困难。有一次李夏湘去探望他，正巧张炎的夫人郑坤廉女士也来访，他和郑女士谈完正事后又谈到他的孩子，说他小女儿陈兰因日军入侵广州湾后，学业受到影响，高中未读完，现已转到香港香岛中学读书来了，学习成绩很好。后来又谈到陈武，在南路参军后受到了很大锻炼，表现也很好。陈武（陈信材的儿子）在工作余间还学习写文章，写了一篇题目是《南路的巡礼》，报道部队的好人好事、官兵团结、刻苦学习杀敌本领等，这篇文章连载在《南方日报》上，他讲到此事非常高兴，颇为欣慰。郑坤廉女士和李夏湘一面听着，一面为他培养接班人而感到高兴。现在信材同志的四个儿女都是国家的领导干部，革命有了接班人。

满腹才华，忧国忧民

信材同志之弟陈寿（晚叔）在赤坎建了两层楼的房屋，与陈信材同志兄弟二人分住。房屋四周筑起一道围墙，陈信材同志为其院子命名为"怡园"，表示兄弟二人团结快乐。在院子西南墙转角处筑了一个不大的半亭，顾名思义叫"半亭"。陈信材同志在半亭左右两侧写了副对联，右联：半壁山河凭谁收拾；左联：亭台风雨寄我胸怀。这副对联意义深刻，抒发了陈信材同志忧国忧民的胸臆。

1931年，九一八事变后，日军侵占我国沈阳后，继续蚕食我国领土，不久东北三省相继沦陷，在日军长驱直入中国领土之时，国民党却步步后退。1938年广州、武汉相继失守后，日军又侵占南路，1939年从钦州湾大举入侵钦防港和桂南。国民党顽固派不抵抗，致使中国的大好河山半壁沦丧。蒋介石把重要兵力放在打共产党上，宣称"攘外必先安内"，消灭共产党是他的一贯主张。事实证明，国民党顽固派是不会去收复已失去的半壁河山的。陈信材同志的这副对联，正是在国民党顽固派统治中国时期，没有言论自由的情况下，以对联表达自己的心声。他坚信：只有共产党才能救中国，才能收复失地。

陈信材同志为我俩找新房

1942年快到暑假时，黄景文同志对李夏湘说："周楠书记批准我们结婚。7月7日是国难当头之时，不在这天结婚，7月9日你来吧，我在陈信材家里等你。"7月9日那天，李夏湘将放在学校的简单行李拿了出来，赶到陈信材家时，黄景文出门迎接，拿着李夏湘的行李，一面走一面说："我们的住房是陈信材同志帮助解决的。"走不远就到了，原来就在陈信材同志房子后面不远的地方。很快到达后，黄景文带李夏湘进入屋内，李夏湘看见一位比黄景文略大一些的男同志，黄景文介绍说"这位是三哥"。以后李夏湘一直就叫那位先生为"三哥"。黄景文、李夏湘的婚礼未摆酒席、未拜堂，将两人的旧棉被放到一起，就算婚礼完成了。从那日起，李夏湘便脱产当家庭主妇。那时黄景文和谭庭栋同志在一间英文、数学补习夜校教书，谭庭栋教英语，黄景文教数学。学生大部分来源于南强中学，此外，还有其他中学的学生。这期间来夜校补习的学生后来都成为抗战骨干，新中国成立后也都成为国家和军队的领导干部。

黄景文除补习夜校课程外，经陈信材同志介绍，还到赤坎一个资本家家里当家庭教师，为其在中学读书的子女补习功课。黄景文利用这个关系协助陈信材同志开展统战工作，了解资本家对抗战的态度等情况。

我们三人还建立学习制度，吃过晚饭后，就坐在一起学习，那时主要学习延安整风文件和报纸刊登的苏德战争消息，一张报纸大家轮流看，如果看到苏联红军在战场上打胜仗或收复失地的消息，"三哥"和黄景文就会高兴得不得了，激动时还低声喊"万岁"。只要一有这样的消息，我们就加菜，所谓加菜就是黄花鱼煲粥，加根油条。这是我们既定的"庆祝方针"。

我们住了一个多月，陆瑜（陆新）同志带着夫人王珊加入我们队伍，住了两三个月后又调走了。

我们在廖毓筠（陈信材的岳母）家住了四个多月。因为其屋前面有一条街，人来人往地对我们开展工作不利，于是在1942年10月，我们搬家到麻章环一处老百姓自建的房屋。那是一套老式的住屋，有二房一厅。当时"三哥"和我们一起搬过去。大约到了1942年11月间，"三哥"被调走了。我们和"三哥"相处这段时间，相互帮助，彼此沟通，团结和睦，"三哥"有时还帮助我们做家务，诸如劈木材、打扫卫生等。我们当时都在做地下工作，李夏湘一直不知"三哥"的真实姓名，又不好多问。许多年后，李夏湘才知道他是合浦县白石水人民优秀的儿子、在战场上流尽最后一滴血的英雄——张世聪同志。

1943年2月中旬，日军侵占雷州半岛、广州湾后，特委决定我们要撤退到化州县横岭村彭中英、彭廷玺两位先生的家乡，李夏湘被安排在横岭村小学当教员。黄景文把李夏湘安排好后，在彭中英家住了两个晚上，第三天奔赴泮北、白鸽港,与陈信材同志并肩开展敌后抗日战争。

记张炎二三事[①]

1938—1940年张炎在高州时期,正是国民党攻击八路军、新四军,杀害共产党员的时期。而张炎则一直拥护共产党,不畏强暴,坚决镇压、打击汉奸恶霸,甚至到了危急关头,毅然违抗李汉魂的命令,不惜弃官封印,释放在押的共产党员周崇和、文允武。这固然是张炎本人具备无限忠于民族利益的本质的表现,同时也反映了南路特委陈信材同志做其工作的结果。

1943年秋间,张炎从广西回到樟山村时,特委派陈信材、王国强和我去做张炎的工作。我们按照党中央团结、教育、争取的方针,首先建议张炎在吴川这一地区起用一批抗日民主人士,并推荐了詹式邦、陈继齐等人士。不久,詹式邦经过桂林办公厅主任李济深的提议,被任为吴川县县长。詹式邦任吴川县县长后,国民党顽固派的许多反共反人民的反动措施受到有效的抵制,从而为我们党在各方面的活动提供了比较自由与安全的环境。

1944年秋,张炎被派回南路视察时曾对我谈过,据当时李济深、蔡廷锴等国民党中的坚持抗日的民主进步人士

[①] 本文出自《南路特委与张炎将军》,广东人民出版社1991年版,第107–109页。

分析，日寇将要打通衡阳、桂林、南宁、广州湾一线，粤西与广西大部分地区将成为敌后；他们相约要认真动员组织南路与广西人民起来抗日。因此，张炎的抗日热忱是很高的。

张炎从广西回到樟山村后，国民党顽固派无日不威胁他，要他离开南路，要他反共。但张炎不为所动；相反，他从多方面积极支持我们、掩护我们，特别是在我们起义前夕，还送了近百支枪武装我们。南路人民抗日斗争的胜利开展，张炎是有很大功劳的。

1944年11月，张炎部队起义时特委通知王国强、陈以铁大队，配合张炎解放塘㙍。他们大队赶到塘㙍时，张炎部队已提前进攻，且战斗已基本结束，歼灭吴川县政警队等部队四五百人。

（中共吴川县委党史研究室整理）

几个战役的深刻检讨和几点管理教育意见
——黄景文同志在边委扩大会议上对军事报告的补充发言①

同志们：

关于我们回国后的军事斗争的问题，庄同志的报告和唐同志的补充发言已经说得很详细了，我现在只从战役检讨和部队的管理教育上来补充一些意见。

我们要检讨的战役，主要是我参加的战役，现在先说百合战役。百合战役是使得我们回国后站稳斗争脚跟的一个重要战役。这个战役之所以不能全歼敌人，是由于我们存在军事保守主义的缘故。这点我是要负主要责任的，因为军事保守主义的存在，我们没有充分歼敌的信心和决心，战争布置没有加强主攻的力量，指挥位置和预备兵就不放在主攻方面，之后就不追击，不认真搜索战场。

这个战役是如何获得胜利的呢？主要是利用了边境迅速、秘密地运动兵力接近敌人，出其不意地予以痛击，而且部队战斗精神好、士气旺盛，如主攻方面的冲锋组仅为六七人，便冲下了敌30多人配备3挺轻机枪的阵地，缴获了机关枪。就整个战役来说，是能够集中优势兵力，先控

---

① 本文为黄景文在1948年3月举行的边区党委扩大会议上的补充发言，摘自广东省档案馆所存记录稿。

制高低、展开火力对敌冲锋的。至于在战斗过程中所暴露出来的主要弱点，首先是战斗警惕性不够，如主攻部队指挥员走近敌人营地不见动静，便以为没有敌人，不迅速夺取最接近敌人的高地，立刻冲锋，以致接近敌人仅10多米的距离，犹给予敌人以展开火力的机会，延长了解决战斗的时间；其次是因为个别干部的牺牲影响了战斗情绪，不将悲愤化为力量，号召全体为牺牲的干部复仇；最后一点是冲锋时干部不掌握部队，形成个人个别作战，彼此失去联系。

再说青华战役。我认为这是最值得检讨的一个战役，因为当时如果能好好地布置，歼灭或打垮了敌人的这股主力（3个保安中队和1个保安总队部），则可减少我们以后的许多困难和损失。但由于我们对敌情判断错误，对主力掌握不准确，违背了集中使用兵力的原则，以为在青华的只是敌人的民团，恐其后面还有增援，因此，在布置兵力时便把重点放在伏击敌的增援上面，只以少数兵力进行袭击。到了战斗开始时，在已发觉敌人的主力就在青华的情况下，还不果断重新部署兵力，组织对敌冲锋，致战斗形成僵局。检讨起来，仍是对敌决心不够的保守主义思想在作怪。

关于弄汤之战，我除同意唐同志所说的应以伏击敌人为主以外，认为即使打正面防御，以两个连的兵力，亦不应拉至二里外长，致配合联络不易，而予敌以中间突破的可能。其次是不论伏击与防御时，都应派出战斗斥候（侦察兵）伸出两三里处活动，发现敌人便报告，从而使我们有更多部署应敌的时间。至于荣楼战斗，简直非驴非马，庄、唐二同志已有检讨，现在我再来补充一些具体的检讨意见。我以为这次的进袭部队，既然化装保安队瞒过了敌人的哨兵，就应集中优势兵力，迅速突击敌人，但可惜没有这样做。关于兵力部署，不应破坏原有建制，致减弱指挥效能和影响作战情绪，致指挥位置隔离战斗，警戒部队不控制制高点，撤退时不相互掩护与先撤离圩内部队，这些亦都是应予检讨的弱点。

忠厚战役，我认为不听取群众意见，把握敌人的行动规律部署战斗，不布置敌情观察所，在前哨阵地不控制制高点，不重视夺取武器，不了解有生力量是包括武器在内等，都应该补充检讨出来。而在这一战役中，一些连长、排长和战士的英勇冲锋精神，尤以第三连政指李武同志能够机动带领第一排登上制高点，强力插下，策应战斗的模范例子，亦应介绍表扬。英华之战，我亦以为并非冒险，其所以不能取得更大胜利的原因，还是兵力分散，行军延误和布置不周，从而导致错乱攻击。

总结4个月来的战役，我们应该深刻认识：

1. 由于我们部队中的保守主义思想存在已久，直接影响了我们历次的作战决心和作战部置,使我们得不到更大战果,我们必须彻底地清算和克服。

2. 我们的战术原则必须是：第一,每战必须集中优势兵力,像打百合战役和弄蓬战役那样；第二,要打有把握有准备的仗,即力求迅速秘密地运动接敌,出其不意地予敌痛击；第三,在什么地方打什么仗,如在石山区则打伏击战,在泥山区则多打袭击、摸敌排哨等。

3. 在军事动作上：第一,要抓紧时间,如百合战斗能早半点钟（半小时）发动战斗必能全歼敌人,荣楼战斗不在行动中逗留,必不致遭受挫折；第二,要利用地形地物,详细检查我们在这一时期牺牲的 20 多个同志,如能利用地形地物,至少有 11 个可以避免牺牲；第三,要严格警戒,否则就会像忠厚战役那样,哨兵打起瞌睡,若非部队顽强,便有被打垮的危险。

4. 要保持和发扬干部战士顽强的战斗意志,因为这是我们的最大本钱。因此,在战斗过程中要有鼓舞战斗情绪、加强战斗信心的政治工作。我们从未见到跟着军事斗争命令的下达,发出政治命令,或见到谁在战地做过政治动员。这是我们政治工作中一个很大的弱点。

为保证我们军事斗争的胜利,我想提出一些关于部队管理教育的意见。

在部队的管理教育上面,我认为必须克服严重的官僚主义、自由主义作风。一些担负领导工作的干部不深入下层，不了解具体情况，光有命令，没有检查，甚至出现连队干部亦不和部队共同出操的官僚主义作风。这不但不能把工作做好，而且不知埋没了多少下级干部和战士们的好创造。如我们一面感到对新战士的脱队现象无法解决，一面对第三连的一个新战士因情绪不好发展到不肯放哨，企图脱队，经指导员的关心而转变过来的好例子却不加以表扬、不介绍给其他连队学习，这将使工作受到多大的损失？我们如不坚决克服这种官僚主义作风，我们的管理教育工作是不会做得好的。

自由主义的表现是会议制度不健全，军政关系不好，连队很少开会讨论全连的行政工作，对其他制度亦不尊重。随便举例子来说，像修理军械吧，某部某人交修械所修理的枪支不登记，修理后别人又随便拿走，原主来时就找不到，这真是少有的自由散漫现象。再不坚决予以克服，我们还成什么部队？

在教育方法上，首先必须克服保守的观点，要多有新鲜活泼的创造。我们有个别的干部，曾采用扎草人靶来训练刺枪技术、做飞机模型来训练对空射击等的教育方法，我们应大大地发扬它，改变总是三角瞄准、击发的老一套。其次是要结合实际，例如新战士不懂放哨要点，不但要对他们讲述，而且要实地带他们去观察情形，指出哨位应该放在哪里，为什么放在那里的理由。最后，教育要结合战斗经验，如上面说过的，由于我们不注意利用地形地物，以致增加了许多不必要的伤亡。我们就应该运用这一经验来教育干部和战士。

这就是我所要提出补充的简单意见，希望这些意见有助于大家对军事问题的讨论。

关于《第一团西征斗争史纪略》的几点意见

《第一团西征斗争史纪略》（以下简称《纪略》）。

一、《纪略》写得比较好

1. 第一团组建前后的形势、组建的目的，西征的前因后果，三个时期战斗的主要历程，基本都讲清楚了。

2. 上级党在各个时期给予第一团的任务、指示，特别是南方分局，广东区党委和越南劳动党中央所发出的指示均记述得比较齐全；这对推翻"四人帮"之流给予南路党、南路武装的一切诬蔑之词提供了有力的证据。

3. 结束语的几点经验教训，还是要实事求是地进行概括。

二、写法上几点要商榷的地方

1.《纪略》主要任务是记述第一团如何完成上级党给

予的任务的过程及其结果。对上级党的方针、政策正确与否，一般不要在《纪略》上讨论。因此，第一团应否西征问题、回国时应回南路或回桂西为好等问题的结论，由上级党来作出。这些在《纪略》中以不介入为好。

2.《纪略》对地方党、地方部队应尽量多着墨一些。因此，在入桂入滇以后的各级党政、组织、部队，如桂滇工委、镇靖区第二支队、滇东南工委指挥部等领导机关的地方同志均应当提名。不可只提广东同志的名。尊重地方党、地方同志是我们党工作惯有的政策，万万不可忽视。

3. 入滇以后的战斗过程比入桂复杂，部队经过曲折。滇东南、滇东的解放，两广同志固然功劳不小，而云南地方党、部队和人民的功劳应该说更大。为此，《纪略》叙述的主要范围应是"新一团"和"老一团"。第一团入越时四个营，千人左右。回国时分作两路，第一营与第三营指向桂西，第二营与第四营返回南路。桂西这一路，其大部约300人之后又转移到云南了。这些人在滇东南的部分开始以连排为单位组成武工队形式开展工作，以后又和桂西的第二支队主力的原第一团的部分合编为一个部队。1949年春，他们又和"新一团"合编共七八百人。后来，其番号虽改变了几次，但是南路的大部分同志始终是作为纵队的主力团一个整体而存在。这里虽然不全是"老一团"的同志，但均是南路部队（这"新一团"里面也有部分成员是"老一团"的),作为一个战斗集体来写还是可以的。因此,我认为写第一团入滇后的战斗历程,主要是写上述这一个战斗集体。写它独立作战过程,写它主要战线过程,写它在配合云南部队的重要战斗过程。防止喧宾夺主,造成"第一团"在解放滇东、滇南过程中无所不参加、无所不在的假象,至于分散到地方去的县团以上领导干部,我赞同《纪略》第82页的写法,而不可再详了。总之,我党现在入滇部分写得太多了,应以南路同志组成那个团为主去写为好。

4. 华侨团写不写?我认为可以写。因为这个团实际上是第二营和第四营在越的部队扩大。

5. 第二营与第四营回南路的战斗史略也应写,不过要简略些。打芒街可在这部分写,也和入滇那个写法一样,着重写第二营和第四营不分散的那部分,分得太散的就不写了。

6. 关于结束语,我主张加上一条关于地方党的问题。毛主席在《井冈山的斗争》一文中,关于武装割据的发展的条件,他老人家就指出第三条条件就是要有个好的党。我觉得毛主席这一指示非常切合第一团的情况。所谓发展武装,开展群众工作,首先是依靠党和发展党,然后通过党去动员群众,组织群众。没有地方党,也就没有群众武装。不管在广东或广西、贵州、云南,如果没有地方党的支援，第一团是寸步难行的。

7. 采用"西征"还是"西进"这一词？我现在认为以采用"西进"为好。在我军军史上，除了有过"万里长征"这个词以外，一般的军事转移都采用"进军"这个词。例如，"进军东北""进军大西南""东进序曲"等，所以"西征"应改为"西进"。

三、史料的精确问题

有许多问题，我确实记不清了，恕不能一一作答。现在只谈谈：

1.《纪略》第5页第5—8行，"……因为张炎在吴川起义，特委抓住了这个时机发动南路起义……"。这问题的事实是廉、化、吴、梅人民在我党领导下，先于张炎起义。廉、化、吴、梅人民组织武装抗日，举起起义大旗，是党长期宣传教育组织的结果，是日军在遂溪、廉江、吴川边沿区侵略的结果，是国民党在高州的顽固派举起屠刀要消灭廉、化、吴、梅和张炎抗日力量的结果，敌人起了反面教员的作用。到了1944年敌人手里有刀，廉、化、吴、梅人民手里也有了刀，这时，廉、化、吴、梅上空乌云滚滚。所以，特委应人民要求组织廉、化、吴、梅人民起义（包括张炎在内）这才是历史的真实。

群众过去都称"吴川起义"以代替廉、化、吴、梅人民起义，这个提法其实不那么确切。第一，廉、化、吴、梅起义的时间比张炎起义早5天；第二，廉、化、吴、梅起义的部队比张炎部队大、影响大。廉江的林林大队，化州的陈醒亚、赖鸿伟大队，吴川陈汉雄大队，王国强、陈以铁大队，梅菉的黄明德、梁宏道大队，人数共1500多人。起义地区人口约50万，其影响比张炎要大。那次起义，应名实相符，称之为：在我党领导下的廉、化、吴、梅人民抗日武装起义。这样，就可以表达出南路特委是高举抗日旗帜的，也可以揭露国民党顽固派的反共、反人民、向日寇投降妥协，企图要消灭廉、化、吴、梅人民抗日武装的罪行。

张炎对我党在南路开展工作是有贡献的，对廉、化、吴、梅起义是具有重大影响的，应该表扬。但在叙述这一段历史时应实事求是地说。1944年冬，国民党反动派慑于我们党组织在廉、化、吴、梅人民抗日武装的壮大和张炎抗日力量的强大，因而从高州南下要消灭廉、化、吴、梅人民的抗日力量，因此，南路特委响应人民要求组织廉、化、吴、梅人民的抗日起义，随之，张炎响应我党号召也组织了武装起义和我军并肩战斗……我认为这样写比较名实相符。

2.《纪略》第15页第6行，关于在马子嶂整训后：第一团向合浦方向挺进……故又折回马子嶂……问题。第一团向合浦方向挺进后又折回,我好像没有这个印象,也许是忘却了。此事请向唐才猷同志和其他当时在马子嶂的营以上干部再调查一下。

另外,关于"华侨工委",我没有参加,其详情不清楚。

给海军政治部关于自传中补充二次赴越历史的报告

恳请转海军政治部转原政治部:请将我在 1953 年写的自传,增补两段我去越南的历史。

1953 年写历史自传时,我误以为写好的自传档案将会保存在哈军工(原哈尔滨军事工程学院,以下简称"哈军工",当时我在哈军工工作)干部部门。所以我有两次去越南的历史没有写进去(那时去越南涉及外国兄弟的关系,是绝密的)。

1981 年以来,广东省党委遵照中央指示编写党史、军史,其中就涉及我去越南问题。为此,我必须在 1953 年写的自传中增补去越南的两段历史了。

(1)我第一次入越。日本投降后不久,鉴于形势的需要,党中央命令东江纵队司令员曾生同志率领广东大部分人民武装北撤山东烟台,而我们广东南路(现湛江地区和广西钦州地区)人民武装则坚持粤桂边游击战争。1946 年初的战争形势更为严重，党中央香港分局经过和越共中央会谈后，即命令南路人民武装主力第一团（当时我为团长）大部入越整训，小部留原地坚持斗争。

入越后，部队除整训外，还奉命协助越方组织华侨武装，协助越军抗法作战，在越南北江省、海宁省打过一些胜仗，受过越南的表扬奖励。1946年10月间，我被越方聘请为越南总高级步校（校址在越南义安省）顾问。我们入越的一切情况，越南党中央领导胡志明主席、黄文欢同志（即现旅居北京的黄文欢），我党中共中央香港分局方方书记、分局组织部副部长周楠同志和现在广州军区（指原广州军区）顾问庄田同志均知道。我那时化名为陈光而不叫黄景文。

1947年，我人民解放大军按毛主席制定的战略方针进行全面反攻，把战争引向蒋管区。这时，中共中央香港分局命令我们回国参战，开辟桂滇边区战场。1948年初成立"桂滇黔边区纵队"，纵队司令员庄田、政委周楠，我任参谋长。1949年7月，边纵解放了二十几个县。中共中央华南分局指示成立滇、桂、黔边区党委，成立滇、桂、黔边区纵队，司令员庄田、政委林李明（党的十一大前任广东省委第一书记），副司令朱家璧、副政委郑敦，我是参谋长。后来，纵队配合二野第四兵团作战，在解放云南中尽过自己的力量。

（2）我第二次入越。云南解放后，为了支援越南解放，党中央委派陈赓同志为中央代表团团长，入越和越共中央会谈，陈赓同志选了师以上干部八人为随员，我是成员之一。其他的是王元泉（九年前是昆明军区副政委）、梁中玉（八九年前是原成都军区副司令）、王振夫（现为总参工程兵副参谋长）、杜剑华（现为炮兵副参谋长）、张逦川（八年前是七机部三院副院长）、杨进（现在国防科技大工作）、曾延伟（已去世）。我们这次入越的所有随员，现在昆明军区副政委胡荣贵都知道。入越后，我们参加了解放高平至凉山一线地区，歼灭法军八九千人，其规模仅次于之后的奠边府战役。我和王元泉、梁中玉、王振夫、杜剑华五人被派到308大团（越南第一个主力师）帮助他们指挥作战。战役于1950年9月间结束，我们随陈赓同志于10月间经广西南宁回国。

以上两次入越共两年多，在自传中我没有详细说明。由于现在广东南路党史提到这个问题了，我认为有在1953年的自传中增补上这段历史之必要。

请审查。

黄景文
1983年1月26日

写给海军领导、常委的信

叶、李两书记并海军党委常委：

我自一九五三年至一九六六年在哈尔滨军事工程学院海军系工作，一九六六年在海军试验基地工作，先后在海军服役近三十年，深感海军技术装备现代化的重要。要海军技术装备的现代化又必须以抓好科研试验为前提。海军试验基地自三中全会以来，形势越来越好，但还存在一些问题，主要就是科学试验技术建设的指导思想和某些较大的技术业务实践问题。现就离休之时，向你们谈几点意见。错误之处，请批评。

此致

敬礼！

海军试验基地离休干部

黄景文

1981 年 11 月 11 日

附海军李耀文政委秘书回信：

黄景文同志：

关于加快海军试验基地的建设的意见已收到。李政委阅后已转海军常委同志阅，并要海司找有关部门进行研究，提出意见报海军常委。

特此致

敬礼

李耀文同志处　王书初
1981年11月30日

祝贺与期望

哈尔滨船舶工程学院自1953年军工学院海军工程系创立到现在，已走过了三十年的历程，并在教学、科研以及各有关方面取得较好的成绩。值此院庆三十周年纪念之际，我们谨向学院领导和全院师生员工表示衷心的热烈祝贺！以筹建军工开始，我们两人有幸受命在陈赓同志的直接领导下，负责海军工程系的创建，并一直在此工作了近十三个年头。每当我们回想起这段经历，内心总是怀有一种特殊的深厚感情。总结海军工程系前十三年建设发展的特点，可以概括为"两快、六好"，即建设速度快、发展变化快，上下团结好、贯彻知识分子政策好、教学与科研结合好、又红又专德智体全面发展的方针贯彻得好、师资培养好、行政管理作风培养好。

建院三十年的历史，是全院教职员工在党的领导下，为建立一支强大海军和发展我国造船工业而创立和发展我们自己的国防科学技术工程院校并为之奋斗的历史。三十年来，学院从无到有，从小到大，从军事工程学院的一个系，发展成为海军建设造船工业和地方经济发展服务的船舶工程学院，从最初只有五个专业的规模，发展成为一所全国重点高等院校。这一事实充分说明，经过三十年的建设，今天的船舶工程学院在我国高等国防工程技术院校体系中，已经居于一个重要地位。它已经并将继续在出人才、出成果方面为国家做出重要贡献。

当前，在党中央已把教育列为我国社会主义现代化建设的战略重点的大好形势下，我们相信，船舶工程学院必将在总结过去三十年办学经验的基础上，以崭新的面貌进入一个新的历史发展阶段。预祝全院同志，在院党委的领导下，沿着党的十二大所指引的方向同心同德，团结一致，努力奋斗，为把船舶工程学院建设成为具有中国特色社会主义的新型的国防科学技术重点大学，为开创学院工作新局面，多出人才、快出成果，为祖国的社会主义现代化建设培养输送更多的具有坚定地拥护党的四项基本原则的思想、有坚实的基础理论和一定专业技术、有实事求是的"三老""四严"的科学态度、有较强的独立思考能力、又红又专又健的工程技术人才而做出更大的贡献。

[载于《从军工到船工》(1953—1983)]

第二部分 广东革命活动及战友回忆

关于原广州黄埔海军学校地下革命组织的情况[①]

一、原黄埔海军学校简介

1908年（光绪十年），清政府为建立新军加强国防，在广州黄埔创立了水陆师学堂。后来，又将水师学堂与陆军学堂分为两所学校，陆军学堂称陆军中学，水师称为水师学堂（又称海军学校）。

由于经费困难，黄埔海军学校办到十七期暂停办。1924年，孙中山下令在原陆军中学和海军学校校舍筹办了黄埔陆军军官学校。1929年，陆军军官学校由广州黄埔迁往南京。1930年，黄埔海军学校复办，称为十八期。抗日战争开始后到黄埔海军学校向西江上游转移与国民党其他军事院校合并止，黄埔海军学校办到二十四期。

黄埔海军学校开办后，曾多次派学生留洋，常与外国舰船接触，校内思想较为开放，许多人追随孙中山参加民主革命，因此拥护孙中山的革命思想、拥护国家统一的传统颇为显著。

---

① 作者李镇靖，中国海洋石油总公司南海东部石油公司顾问（已离休），1992年12月20日。

二、1932年到1937年期间广州黄埔海军学校内中共地下党领导的革命组织

1932年前后,由于中共地下党的秘密工作,在黄埔海军学校(以下简称"海校")组织建立起了一个在中共地下党领导下进行马列主义宣传,宣传中国共产党,宣传中国革命,团结教育海校爱国青年学员,开展抗日救亡工作的革命地下组织(秘密"读书会")。该组织的组织者和领导人是以培正中学语文教员身份为职业掩护的中共地下党员陈黄光烈士,具体负责人是海校十九期学生陈守仁(陈山)。

陈守仁(陈山)在1956年2月21日写给中国人民解放军总参二部的自传中,曾有这样记述《关于黄埔海军学校"读书会"》的情况:

"1931年,我离开培正中学,后经培正中学校长黄启明介绍,考入原黄埔海军学校十九期航海科。当时正是国民党军阀陈济棠经治广东的时代。

我入原海军学校后,仍然与培正中学几个亲近师友(包括陈黄光老师)保持联系。星期日我常找他们谈天,并借阅许多进步书籍。那时九一八事变已经发生,全国抗日怒潮日益澎湃,并在各大城市蓬勃开展的学生运动中、在许多新的刊物中都已体现出来,得益于这些运动,我提高

了自己的民族觉悟。我在海军学校中，认识了三个思想比较进步的同学：黄景文、杨昭崇、魏源容，我们思想上都倾向共产党，都对国民党统治感到不满，都感到在昏庸腐朽的国民党海军圈子里浑浑噩噩之下不是一条出路。

一次（1932年秋）陈黄光老师告诉我，既然认为认识了解了几个同学，就可以在海校组织一个秘密读书会，这样一方面可以组织他们进步，另一方面可以在海军团结群众，发展革命事业。我每次出来时，陈黄光都向我打听我在海校活动的情况，并加以指导。我还带陈黄光去黄埔海军学校参观。陈黄光是一名共产党员，我已知道这一点，后来他被捕，我更感到悲痛。随后他的牺牲使我痛失良师，使我在进步事业中遭受到无可弥补的损失。

在陈黄光的授意下，我和同班同学黄景文、杨昭崇、魏源容组成一个读书会。

我们这个秘密读书会，目的就是组织有计划地阅读进步书刊，注意政治的时事问题，并组织讨论，同时也注意逐步影响和组织一些进步的同学，在海校中产生一种进步力量，更希望找到共产党。当时，我是这个读书会的组长，我们每个月拿出钱来，基本是每个人两块钱，但有些同学会尽量多拿一些。自从陈黄光牺牲后，我们这个读书会里面好像就没有一个头。几个会议已拟过几条章程，经我们四人交换要点，后来大家讨论通过要点，由黄景文执笔，最后再通过。

这个组织的名字可能叫作"海军社会主义青年团",但最后大家又认为这带有书面性质,用处不大,而且很有危险,因此也烧毁了。不管叫什么,这是革命的组织,无可疑义,就为大家公认了。

陈黄光虽然牺牲了,但是这个革命组织坚持半年多以后又陆续发展了一些比我们低级的许多同学,记得有陈康(即陈云)、凌奎、梁祖文、梁锡琼、李镇靖、卢广云、张新民等人。有人认为在野外开会不好,不方便。于是大家筹钱在广州市小北租了一间小屋,这样可以储藏更多的书籍,收集更多的订书,开会次数与收集外来文件更多了。

1937年在我离开广州后,这个组织由黄景文同志负责,在整个抗日战争和解放战争时期,我和他们都没有联系,也不可能有联系。直至1950年底(冬天)我跟黄景文同志在广州遇见,和他谈到这个读书会后来发展更多一些人,做了比较多的抗战救亡工作,后来大家分别奔赴抗日前线及解放战争前线,无形中失去联系了(因为许多已分别参加了中国共产党并做了许多实际工作)。"

以上是陈守仁(陈山)同志1956年写给中国人民解放军总参二部的自传,由该部广州情报局派人摘抄了黄埔海军学校地下革命组织活动的有关部分,由曾任总参二部副部长、广州情报局局长的胡虹江同志转来的。

根据记载，陈黄光烈士是我党中央领导的特科系统的党员，当时负责广东及香港等地的情报工作，1935年1月被国民党反动派逮捕并杀害。（在《中共广州党史大事记》中有记载）地下革命组织就是在陈黄光烈士组织、指导下建立起来的。

陈黄光被捕后，陈守仁（陈山）跑到培正中学校友王尚立［新中国成立后王尚立曾任广州军区（原广州军区）文化部部长，以后在中共中央直属单位工作，现已离休，现住北京西城区，毛家湾二号一门101］在广州的家里躲了一段时间，风声过了才回校。

陈黄光牺牲后我们的读书会停了一段时间，之后，我们按照陈黄光已定的方向搞下去，也是按照内部传来的刊物，如《抗日救国大纲》及1935年的《八一宣言》及抗日读物搞下去。

最近，广州市中共党史研究室编印的《中共广州党史大事记（新民主主义时期）》中有这样的记录（该书第63页、65页）记载："黄埔海军学校，由于陈黄光在进步学生中进行活动，建立了有陈守仁、杨昭崇、黄景文、魏源容等人参加的读书会，此'读书会'不断扩大，他们学习马列著作，同时参加社会救亡活动。全面抗日战争爆发后，此'读书会'成员陆续奔赴抗日前线。"

《中共广州党史大事记》中又记有："1933年7月，暑期，广州培正中学教员陈黄光写信向上海左联领导报告广东、香港两地进步文化团体活动，不久他找到党组织，加入中国共产党，受中共中央特科领导，负责广东、香港一带敌人方面的情报工作。1934年11月26日陈黄光在广州被捕，1935年1月24日被杀害。"《中共广州党史大事记》的记录是与实际一致的。

至于陈黄光同志建立与领导黄埔海军学校的秘密革命组织几年之久，为什么在此期间没有发展党员呢？这是由于陈黄光属于特科系统，故此，他（陈黄光）与党的组织及地下党员都是个别的、单线的极为秘密的联系，他突然被捕及很快遭到杀害，在他牺牲前不可能把其领导的人员及组织移交出去；另一方面，广东在20年代初我党受破坏很大，恢复又很晚。而我们是隐蔽在国民党军事部门，也不可能自己去找到共产党组织。陈黄光被捕被害，与上级已断了联系，海校的"秘密读书会"也不可能自己去找到党的领导关系。

黄埔海军学校"秘密读书会"，是在1932年组织成立的，如果群众团体可以这样办，那么隐蔽在国民党军事学校内部的中国共产党领导的黄埔海军学校"读书会"也应该予以承认，不能排除。至于该黄埔海校"读书会"是不是由中共领导？那么可以肯定地回答是由中国共产党领导的。其领导及制定政治方向者就是地下党员、特科系统的陈黄光烈士。陈黄光同志就义后，该组织自始至终都是以《抗日救亡六大纲领》，以中共1935年的《八一宣言》作为自己的行动纲领，积极开展抗日救亡运动。

所谓"秘密读书会"是不是自发性的组织？如果没有共产党的教育及其组织方式，是不能把不同班级的那么多的海军学生组织起来的，没有共产党的正确的政治方针、方向，又怎么能坚持多年呢？

当然，多年中，有的坚持抗日救亡方针，坚持在革命队伍中艰苦奋斗，有的却失掉联络，迷失方向，特别是在抗战后期。即使整个革命过程中有人前进，有人坚持，也会有人变节，有人逃亡，但大部分是好的，革命的。

总之，在抗日战争以前（即1932年至1937年）黄埔海军学校地下革命组织（即"秘密读书会"）确实是由中国共产党员陈黄光烈士所宣传教育，并发起的革命组织，由于陈黄光同志突然被捕及为军阀所杀害，这个组织的同志无法自行找到党，因而冒着生死，以准备随时牺牲的决心继续坚持下去，抗战爆发后立即到延安或在广东的党组织下奋斗一生。在此期间的同志，其革命工作时间，应该予以承认，并予以真实评价，落实政策。

三、海军学校地下革命组织中的主要人物

1. 陈山（陈守仁）。陈山于1931年在广州培正中学毕业后，考入黄埔海军学校十九期航海科，在其老师、语文教员陈黄光（中共党员）指导下，接受革命思想，组织建立起海校革命地下组织。陈山为该组织领导人之一。陈黄光同志被捕及被杀害后，陈山同志以陈黄光同志的教导为方针继续坚持斗争，并发展海校的地下革命组织，在30年代革命处于低潮的漫漫长夜中，坚持斗争，从事地下工作，体现了坚忍不拔的革命精神。1937年春，陈山、魏源容同学去南京电雷学校任"学生队"队长时，他依然在四处寻找上级党组织。抗日战争全面爆发时，他在南京找到中共南京八路军办事处，遂立即写信回广东给黄景文，建议杨昭崇（杨子英）、李镇靖（李守诚）、梁锡琼（梁毅）立即秘密离校去南京与党组织接上头。杨等三人到南京与八路军办事处取得联系后，立即取道徐州到西安，在西安与八路军西安办事处取得联系，后从西安奔赴延安。陈山不久也从武汉到了西安，从西安奔赴延安。陈山到延安后，先到陕北公学，后入鲁迅艺术学院学习并正式加入中国共产党；十四年抗战，三年内战时期都在我部队中艰苦卓绝地奋斗。1949年冬，他奉命被派为中国人民解放军华东军区驻穗办事处主任，在李镇靖（时任中国人民解放军粤中纵

队四支队司令员及西江军分区副司令员）配合下，找到一些原海军人员，组织对台工作，开辟对台情报工作。后又组成总参二部广州情报局（原广州军区二局）。陈山于1971年积劳病逝。他一生任劳任怨，为党为革命尽心尽力，特别是1932年在陈黄光领导下组织建立的黄埔海校革命地下组织中，他是主要负责人，陈黄光牺牲后，他担负起地下组织的领导工作，因此他参加革命工作时间应从1932年开始。

2. 黄景文。在黄埔海军学校十九期航海科毕业，1932年与陈守仁、杨昭崇、魏源容共同在陈黄光领导下组织了海校的革命地下组织，也就是"秘密读书会"，黄景文是主要组织者和领导者之一。1937年毕业后，黄景文任海军"学生队"队长，支持掩护杨昭崇、梁锡琼、李镇靖秘密离校，到南京中共八路军办事处转徐州、西安赴延安。1937年至1938年，黄景文以"学生队"队长身份，主持"读书会"工作，吸收一大批抗日救亡青年组织抗日宣传队、演出队到农村去，做了大量抗日教育工作。他后来被暴露为共产党，秘密转移到广东高州为地下党工作并正式加入了中国共产党。1943年夏，黄景文任中共吴、廉边特派员。1945年1月，南路人民抗日解放军成立时，任第二支队支队长，后改编为第一团团长。他联合推动原十九路军师长张炎将军（时任广东省民众抗日自卫团第十一区统率委会主任、第十一区游击司令、第七区行政督察专员）共同抗日，促进爆发了广东的南路事件。抗战结束后，任中国人民解放军滇桂黔边区纵队参谋长兼支队司令员及政委，1946年受越南胡志明主席聘任为军事顾问。1950年滇桂黔纵队与陈赓二次赴越作战，他曾以越军军事顾问身份指挥越军一个师以上部队，舍生忘死地指挥作战，受到越南领导多次赞扬并接受胡志明、陈登宁、武元甲纪念相片等物。后随，陈赓以志愿军三兵团军务处职务参加抗美援朝。后又随陈赓将军回国组建哈尔滨军事工程学院，黄景文任海军系系主任，后任某海军训练基地副司令员。黄景文同志于1983年积劳逝世，正军级。他自1932年即在陈黄光烈士领导下参加黄埔海军学校的地下革命组织（即"秘密读书会"），从1932年起即全心全意以全部精力在中国共产党领导下为中国革命事业而奋斗，因此他参加革命工作应从1932年开始。

3. 杨昭崇（杨子英）。黄埔海校十九期航海科毕业，他在1932年起即与陈守仁、黄景文等人共同参加在陈黄光领导下的黄埔海校革命组织，成为主要领导成员。1937年8月与李镇靖、梁锡琼在延安抗日军政大学三期毕业，并加入了中国共产党，以后由党分配工作，在抗日作战中阵亡，因此他参加工作时间应从1932年开始。

以上是黄埔海军学校从1932年到1937年前参加黄埔

海军学校革命组织"秘密读书会"主要成员参加工作的时间。他们连续为革命工作，他们都是共产党员，服从党的分配，埋头工作，为革命而奋斗终生。

此外，还有从1932年便参加组织的十九期学生魏源容，但抗战后失去联系，跟蒋军去了台湾，到美国定居中。

上述意见以供鉴察。

关于黄景文在黄埔海军学校参加"秘密读书会"的情况[①]

黄景文于1913年12月20日（此为农历，阳历为1914年1月）出生在广东惠阳县霞涌南坑村。他在家乡读了一年书后，由其父带去香港读英文，在香港英华英文学校就读，从第八班起，共读了八年，到第一班毕业（即高中毕业）。那时九一八事变已爆发，全国各城市掀起抗日高潮。黄景文不愿留在香港找工作，决定投考黄埔海军学校第十九期航海科。他在黄埔海军学校一直读到毕业，之后留校工作，做学生区队长（排级），是管理学生的最基层军官。

黄景文入海校第二年即1932年，他和同班同学陈守仁、杨昭崇、魏源容都倾向共产党，思想进步，对国民党不满。陈守仁得到原培正中学国文教师的指示，叫他组织

---

① 作者李夏湘（1920.2—2012.1，黄景文妻子），写于1997年5月3日。

"秘密读书会"。于是，黄景文、杨昭崇、魏源容参加"秘密读书会"，陈守仁任组长。从此，这个"读书会"有计划、有组织阅读进步书刊（详情请参看《中共广州党史大事记》）。（1932年底，广州培正中学国文教员在黄埔海军进步学生中进行活动。该校建立了由陈守仁、杨昭崇、黄景文、魏源容参加的读书会。后来不断发展……）请看《中共广州党史大事记》第75页和陈守仁在1956年所写自传关于《黄埔海校学校读书会情况》。李镇靖（已去世）于1990年请当时总参二局领导胡虹江把陈守仁所写的文件抄给自己。今年初我去李家拜年，得知有此文件，便向李镇靖的夫人借来。中国共产党中央特科成员陈黄光授意建立起来的黄埔海校"秘密读书会"是直接在陈黄光领导下的，也是在国民党领导下的黄埔海军学校唯一的"秘密读书会"。这个读书会从成立起都是由陈黄光亲自领导的，不料到1934年11月26日陈黄光突然被反动派逮捕。陈黄光坚贞不屈，1935年1月24日被杀害于广州市黄花岗侧的荒坡上，年仅31岁，就义前高呼革命口号：打倒国民党反动派！中国共产党万岁！1954年中央人民政府颁发了陈黄光烈士证书和抚恤金给其家属（请看《陈黄光文集》第232—244页。题目是：《优秀的地下工作者——陈黄光》）。

　　陈黄光牺牲后，这个读书会就没有带头人，但他们四个人仍然按陈黄光烈士生前教导，不后退，有计划有组织地阅读进步书刊，又陆续影响一些低年级同学参加读书会，坚持到1938年初黄景文逃离黄埔海军学校，那时读书会成员都各奔革命前程了，这个读书会就无形中解体了。

由于陈黄光是当时中央特科成员，他负责领导的组织都是个别的、秘密联系的，所以在他牺牲前不可能把他所领导组织的人员移交给另一个党组织。特别是黄埔海校在国民党重重包围下，与地方隔绝，何处去找共产党啊！这样长期下去是没有出路的，决不能与昏庸腐朽的国民党长期混下去。于是，他们几个人经过研究决定要冲出国民党包围圈子，分头去找共产党。一些人员分批到延安去，由黄景文掩护他们出走，黄景文则等待时机积极寻找共产党。

1. 1937年初，陈守仁被调到镇江雷电学校，8月间他由南京直奔延安参加陕北公学及鲁迅艺术学院第二期。陈守仁到延安后改名为陈山，以后一直沿用陈山此名，一直在共产党领导下工作。

2. 第二批是杨昭崇（海校十九期）、梁锡琼（海校二十一期）、李镇靖（海校二十二期）于1937年8月从广州去延安参加抗日军政大学第三期。

3. 第三批是陈康（陈云明）、易轮（叶育生）（海校二十一期），他们两人于1938年秋天从广州去延安。从广州去的两批同志，黄景文除掩护他们出走之外，还亲自去送行，并以金钱相赠，这是黄景文亲自对我说的。这三批去延安的同志从此在中国共产党领导下开展工作，并且成为无产阶级先锋队先进分子。

陈山在1937年初离开广州后，读书会就由黄景文负责，在此期间，黄景文还在海军学校发展一批低年级同学，有叶素（叶锦杰）（海校二十四期）、李鹤灵、王延彤、刘鉴琮、骆耀棠、韩鹤光。黄景文不仅有计划地组织他们学习进步书刊，还经常组织他们搞抗日救亡活动，节假日到农村贴标语、演街头剧。黄景文曾对我说海军学校没有女子的，凡演戏有女角的都是叶素扮演，我到广州后叶素也这样对我说过。

抗战爆发后，国民党当局把黄埔海军学校迁到广东省合浦县北海。那时学校当局对黄景文产生怀疑了，公开说他是赤化分子并对他密切注意。黄景文知道海校快要迁去重庆后，他决定要离去。这时，黄埔海校到延安抗大学习的梁锡琮写信邀约黄景文到粤西，黄景文对海校当局称母亲到柳州，要去看母亲，于是他只身离开海校，直奔广东省高州，那时是1938年初，前十九路军张炎在高州大搞抗日组织，容纳许多先进分子，组织抗日工作队和学生队，人称这些组织是延安式第二抗大。黄景文到高州后，张炎委任他当教官，不久张炎下野，黄景文调到化州第一中学任数学教员。数月后张炎上台了，他又调黄景文回高州，任学生队第七中队长。1939年5月，黄景文加入中国共产党。

初期参加"秘密读书会"成员及后期发展低年级的状况

1932年参加"秘密读书会"的陈守仁、杨昭崇、黄景文、魏源容四人,情况如下:

1. 陈守仁,新中国成立后在广州总参二局工作,长期被派往香港搞情报。1971年因患癌症,在职去世,距今已26年了。

2. 杨昭崇在抗战时期对日作战中牺牲了。

3. 黄景文因患心脏病,于1983年10月在锦西逝世。

4. 魏源容因与读书会失去联系,跟随国民党去了台湾,约10年前去了美国定居。

以上是1932年参加陈黄光指示成立"秘密读书会"及直接在陈黄光领导下进行活动的四个人员情况。

后期发展的低年级参加读书会的人员去向如何,我是到广州后从旁得知:

1. 梁锡琼(海校二十一期),新中国成立后一直在总参二局工作,长期被派往香港搞情报,六七年前因病在香港在职去世。

2. 李镇靖(海校二十二期),生前是广东省东部石油公司顾问,正厅级,级别10级,1995年患脑血栓、心脏病,于1996年2月逝世。

黄景文和李镇靖在战争中已失去联系,1963年黑龙江省委在哈尔滨北方大厦召开师厅以上干部大会，黄景文去参加，李镇靖也从大庆到哈尔滨参加大会（李是从朝鲜志愿军转业到大庆的）。在会中休息时李镇靖认出黄景文，便上前打招呼，以后他们就有书信往来。李镇靖在"文革"后调到广州，先调到广东省石化厅，后调到东部石油公司当顾问。

3. 陈康（陈云明）以后参加了我们海军，我对他情况不了解，可向海军查找。

4. 易轮（叶育生）（海校二十一期），曾在大连二海校工作，后转业回广州，在广东工学院任副院长，前几年病逝于广州。

5. 卢广云（海校二十一期），曾在高州参加过张炎的部队，新中国成立后在黄埔造船厂工作，任总工程师，现已双目失明。

6. 叶素（叶锦杰）（海校二十四期），在海校迁到重庆后，海校当局叫叶素去重庆报到，叶素不理会海校当局的意见，去学了音乐。以后他向音乐方面发展，新中国成立后在广州星海音乐学院工作，任副院长，现已离休，在广州定居。在抗战时期搞宣传活动，他常常在戏剧中男扮女装。

7. 李鹤灵已退休，在广州定居。

8. 王延彤、刘鉴琮、骆耀棠、韩鹤去了上海。

以下五位低年级同学是陈山去延安后由黄景文吸收他们参加读书会。去了美国和加拿大定居的有魏源容、梁祖文、张新民，去了台湾的有凌奎、魏俊民。

读书会成员绝大部分是好的，他们坚定不移跟着共产党，把革命进行到底，而少数走回头路，跑回国民党方向，这也合乎历史发展规律。我是到广州后从旁了解到的，黄景文远离南方，所以也不会知道他们的情况。

关于黄景文在黄埔海军学校参加"秘密读书会"的情况

第一，我认为黄埔海军学校读书会是个革命组织，提高了读书会成员的民族觉悟、爱国心和政治理论水平。这个读书会的特点是在国民党眼皮底下搞起来的，为了追求真理，他们不怕困难。中央特科成员陈黄光同志牺牲后，上面没有了领导，这个时候对读书会成员是个考验，是散摊各人回家去，还是仍然按照烈士教导，鼓起勇气继续办下去，这是分界线。但他们谨记烈士的教导，要学习、要提高，所以决定继续办下去。在国民党统治下的海军学校办"秘密读书会"，从1932年到1937年底，共有五年多，时间可谓不短了，这是很大的成绩。

第二，培养一批骨干干部队伍，忠于党、忠于革命的干部，所谓"十年树木，百年树人"，读书会对此做出了贡献。读书会的不少成员后来成为共产党员。

第三，积极寻找中国共产党。当时，他们决定先后分三批，共六人到延安找共产党。他们在延安参加学习训练，从此他们接受共产党领导，而留下来的也努力奋斗争取找到党。

第四，他们不仅重视提高自己的觉悟，还重视提高广大群众的觉悟，到农村广大群众中宣传抗日、演街头剧、写标语，激发群众对日寇仇恨，增强爱国心。他们常常利用节假日开展群众活动。他们读书会成立后成绩是不少的，为党为人民做出卓越贡献，为党培养一批干部，这是我党的宝贵财产。

黄景文从小学就到英华书院学英语，1931年考入黄埔海军学校，1932年参加"秘密读书会"，海军学校毕业后留校工作，当区队长，管理学生学习和生活，1939年以后加入中国共产党，工作直到逝世。

1939年黄景文在高州、化州从事革命活动史料

1939年黄景文任中共南路特别守备区学生队总支委员。1939年3月，中共广东高雷工委建立后，原来南路分散活动、互不统属的党员和组织有了统一的领导。在高雷工委的领导下，在张炎领导下的抗日救亡团体的党员，积极团结和推动张炎抗战，帮助张炎培训干部，发展抗日武

装力量，协助办好各种抗日团体活动。张炎因抗战发展的需要建立了特别守备区学生队，其间"张炎接纳彭中英、陈信材、刘谈锋等建议，安排了很多共产党员和进步人士在学生队中担任了各种职务，如在学生队中担任教官、中小队长等各种工作的共产党员有黄洛思、黄景文、刘谈锋、陆瑜、李康寿、阮明、谢玖、叶信芳、梁昌东、周崇和、凌振卿、黄存立、程耀连、杨飞等"。中队长、副中队长绝大多数是共产党员。"在高雷工委的直接领导下，学生队建立了党总支部，总支书记是陆瑜（即陆新），委员有阮明、黄景文、谢玖、叶信芳等。学生队原编为10中队，后来改编为6个中队。"① 黄景文在此期间担任了学生队第七中队队长，成为基层党员队伍中的骨干成员。

1939年春到化县一中以教师为职业从事革命活动。1939年春在七区抗日乡工团的共产党员阮明到化县负责筹建党组织，了解化县情况后返回高州，"委派了乡工团中的共产党员谢玖、谭葆英和进步青年黄景文到化县一中及南星补习班，以教师身份作掩护恢复党的活动。他们在校园里组织学生成立读书会，宣传马列主义和党的团结抗日主张，进行救日救亡活动。"② 此时，黄景文到化县一中担任

---

① 高州市党史地志办公室著：《中国共产党高州地方史（1925—1949）》（第一卷），中共党史出版社2006年7月版，第62-63页。
② 中共化州市委党史研究室著：《中国共产党广东省化州历史（1926—1949）》（第一卷），中共党史出版社2018年12月版，第47页。

数学教师，秘密建立读书会组织，在学生中宣传马克思主义思想。

成为化县一中"五一五"学潮主要领导人之一。1939年1月，为推动化县抗日救亡运动的开展，张炎撤销了国民党顽固派、化县一中校长宋其芳的职务，派其秘书周曼青（周最治）接任校长。抗日乡工团共产党员谢玖、谭葆英和进步青年黄景文等到化县一中及南星补习班（香港回国服务团办，属中共东南委派的组织）任教，以教师身份做掩护开展恢复党的活动，把原乡工团廉江大队队长谭国模调到化县一中任教务主任。党员教师在学校组织读书会、抗日政治形势讲座，宣传马列主义和共产党团结抗日主张。在党员教师的宣传发动下，化县一中学生抗日情绪十分高涨。学生们如饥似渴地阅读进步书籍，接受进步思想，积极投身到抗日宣传运动中去。学校抗日宣传队、歌咏队、戏剧队等纷纷成立，广大学生利用课余时间在县城各街道墙上写抗日标语、画漫画，每逢圩日在街头演出抗日剧目。延安抗大的"团结、紧张、严肃、活泼"8个大字也被搬了过来作为校训，抗日救亡气氛充满整个校园。

3月29日，是广州黄花岗起义28周年纪念日，谢玖、黄景文等组织进步学生在校内演出自编自导的抗日话剧。国民党县党部书记长李亮拉拢一些受蒙蔽的师生，以封建迷信、淫秽的粤剧作为对抗性演出。但是，广大师生都去看进步话剧，粤剧无人问津。李亮大骂手下无能。谢、黄等人借此机会进一步开展马列主义和抗日救国革命道理宣传，团结了更多的师生。国民党广东省组织部部长、顽固派代表黄玉明对这种抗日大好形势心怀不满，便纠集化县县党部一些顽固势力，派宋其芳、颜有松等人跑到曲江向逃亡到那里的国民党政府告状，说化县一中被赤化了，周曼青任化县一中校长未经省教育厅批准，是属于非法的。企图赶走周后，重新统治化县一中，恢复奴化教育。省教育厅只听信宋、颜的一面之词，不分青红皂白就下令免去周曼青校长之职，委派顽固派黄玉明的代表人物黄耀欧接任。消息传来，激起了化县一中广大进步师生的愤慨。

以共产党员谢玖、谭葆英为首的广大师生，坚决反对黄耀欧任校长，并决定按照抗日民族统一战线既团结又斗争的原则，在校内掀起一场"保周反黄"运动。

谢玖、谭葆英、黄景文、谭国模等发动各班进步学生秘密串联，组织起来，拟标语，写传单，经过一周紧张的筹备工作，最后决定于5月15日（星期一）上午在举行孙总理纪念周大会上发起请愿，并举行示威游行。

为了有计划、有步骤地搞好这场运动，5月14日晚上，部分教师和学生骨干点起火把集中到禾地塘村一个茅棚里开会，参加会议的学生有陈伟、陈升华、庞新、叶秀森、叶翘森、李郁、李一鸣等。会上组织成立了罢课委员会，委员有罗锦清、陈伟、陈升华等,并制订了比较妥善的行动计划,一致推选罗锦清在纪念会上代表全校学生向县长(时为庞成,张炎旧部,淋沪抗战时任团长)提出请愿,要求"挽周拒黄",会后即将早已写好的"挽留周曼青校长""反对黄耀欧任校长""争取民主自由""开展抗日救国运动"等标语分发到各班的学生骨干保管,待机散发。

5月15日上午,全体学生参加了孙总理纪念周大会。县长庞成讲完话后,罗锦清即举手要求发言,提出"挽周拒黄"的要求和理由。接着开始游行示威,散发"告化县人民书",张贴标语,高呼"团结抗日,一致对外!""开放、民主、自由!""开放人民民众抗日运动!"等口号,揭露国民党顽固派破坏爱国师生抗日爱国行动的丑恶面目。绕城环行一周后,游行队伍集中到吴家祠公开宣传开始罢课。罢课期间,同学们一面坚持政治上的斗争,一面坚持学习,由高年级同学辅导低年级同学或者各人自学。为了维护纪律秩序,还成立纠察队,队长为李一鸣。当时,学生中还有一些与进步力量相抗衡的顽固派人物,他们不参加游行,并以国民党县党部为后盾。为首的有黄玉振(黄玉明弟)、李侦(前国民化县特派员李羲仪之弟)和陈作铭等,他们四处活动,讲罢课的不是,企图破坏这次罢课。但他们毕竟只是极少数的跳梁小丑,根本无法阻挡革命的洪流。

罢课坚持了三个星期左右，张炎夫人郑坤廉来到化县，一天晚上10时左右，她特意召见了学生代表陈伟、罗锦清等五人。她首先肯定了学生斗争精神的可贵，还分析了当时的形势，指出挽留周校长已不可能，斗争要适可而止，要掌握住斗争的主动权，争取罢课运动早日胜利结束。在地下党员的秘密领导下，罢课委员会决定将这场运动改为择师运动，并拟定回校复课的四项条件，推选罗锦清、陈升华、陈伟为代表，于6月12日到七区专署张炎处请愿，得到了他的支持。县党部书记长李亮唯恐事态继续发展，也要求张炎、庞成出面去调停。6月18日，张炎来到化县进行调处，决定第二天早上10时所有有关人员集中到中山纪念亭开会。参加开会的罢课学生由年龄最小的李一鸣带队进场。会上，张炎、庞成答应学生代表提出的下列条件：①承认学生有宣传抗日、自由选读进步书刊的权利；②凡主张抗日、支持罢课的老师一个也不准解聘；③凡参加罢课的学生一个也不得开除学籍和进行处分；④民主改选学生会正、副主席。最后，县党部书记长李亮、校长黄耀欧也都答应了这些条件。6月20日，罢课委员会宣传全校复课并解散罢课机构。至此，为期一个多月的罢课运动胜利结束。

当时化县一中学生会是由国民党县党部控制的，他们反对进步。学生们回校后，立即开展改选学生会的准备工作，不久，以陈伟、吴火荣、罗锦清等同学为首出了一个通告，在化县一中礼堂召开学生大会，选举产生真正代表学生的自治会。开会那天,李亮闻风赶来。陈伟宣传开会后,李郁递一张条子给李一鸣,上写:原来学生自治会的李穗生等人不能代表学生意见,应予罢免,重新选举学生自治会。李看后即交给陈伟。陈伟在会上一念,下面掌声四起,李亮见形势不妙,立即跳出来说:"现在是抗战时期,训政时期学生会是群众组织,应该由县党部指导选举,不应由你们自由选举。"李一鸣立即起来反驳,说:"孙中山的三民主义规定:民权包括选举、创制、复决、罢免四权,你作为一个县党部书记连这个都不懂吗?要遵守遗训呀!"一时会场上哄笑声、掌声、歌声此起彼伏,弄得李亮面红耳赤,欲言无词,重复着:"你们不讲理,我走了,我走了,我走了。"一面说,一面悻悻地灰溜溜走出去,而学生们则故意截住他,还唱起即兴编的歌:"打倒李亮!打倒李亮!"后来选举出真正能代表学生意愿的学生会成员。

化县一中"五一五"学潮,从表面上看是支持谁任校长的问题,但实质上是是否坚持抗日民族统一战线的是非问题,学潮虽然没有达到"保周反黄"的目的,却狠狠地打击了国民党顽固派的嚣张气焰,争取了抗日民主的自由权利,推动化县抗日救亡运动走向新的高潮。①

(高良坚搜集整理)

---

① 中共化州市委党史研究室著:《中国共产党广东省化州历史(1926—1949)》(第一卷),中共党史出版社2018年12月版,第48—51页。

我在中共南路特委工作期间（1939年至1945年）的几个片段回忆（节录）[①]

在南路人民抗日解放军领导下有五个团，共3000多人，另外还有民兵亦约3000人，各县较小的游击队不计在内。并在遂溪、廉江交界的新塘地区建立了一块较大的根据地，成立人民政权，小的根据地在廉江、化县、吴川及钦廉地区也有，遂溪境内则比较普遍。

1945年6月前后，蒋介石调了3个军（新一军、六十四军、四十六军）到南路，声言接应英美盟军在雷州半岛登陆。

7月底我和唐才猷、黄景文等率领部分部队去打海康，进军途中接到新华社广播：日寇无条件投降。

为了应付当前蒋介石3个军压境的严重局势，特委召开了会议。

新一军在日本投降后去接收广州，另一个军去接收海南，留下一个军在南路来进进攻我们。

我们布置了一支精锐军突击队去突袭遂溪飞机场，这次突袭完全成功，占领了整个机场、仓库，消灭机场敌军，

[①] 作者周楠，1978年12月31日。本文摘自中共湛江市委党史研究室编：《南路人民抗日斗争史料》，广东人民出版社1996年版，第116-118页。

缴获全部武器，把能带走的带走，带不走的炸毁，然后退出。

跟着就分五路突出雷州半岛，集结廉江，然后组织一支以第一团为骨干的主力，由唐才猷、黄景文率领向西转到合浦至十万大山地区，建立新根据地，其余部队就地坚持打游击。

是年秋，我们派余明炎同志去和东江纵队联系，刚好广东区党委成立，余明炎代表中共南路特委参加了会议。在此以前（从1943年秋开始），中共南路特委实际上属中共中央南方局领导，自此以后，即由广东区党委领导。年底（可能是11月、12月）广东区党委通知我，去香港向区党委汇报工作。我到香港后不久，区党委通知留我在区党委工作。1946年4月，区党委派我和杨克毅到湛江，向温焯华交代工作后即带家眷回港工作。事实上我于1945年11月、12月间离湛江后，南路工作已经由温主持。（下略）

（十六）（略）

（十七）武装部队方面，南路人民解放军成立后，编为五个团：

第一团团长黄景文，政委唐才猷，政治处主任李廉东，全团约800人，主要活动于新塘地区和雷州半岛。

第二团团长兼政委支仁山，约300人，活动于雷州半岛及遂溪。

第三团团长莫怀，政委唐标（唐多惠），政治处主任林星，活动地区主要在廉江，约900人。

第四团团长兼政委陈醒亚，政治处主任王国强，主要活动地区化县，约600多人。

第五团团长张怡和、代政治处主任朱兰清小约300多人。合浦地区各县，也发动起义，组成部队，如合浦的谭俊、郭芳部队等，具体情况现在想不起来。待查。以上合计党员共约1800人，武装部队约3500人，另民兵约3000人。

中共南路特委领导吴、化、廉、梅边地区抗日武装斗争的回顾①

1939年底，中共广东省委决定成立南路特委，并调我到南路工作，任南路特委组织部部长。1940年2月，我从韶关到高州，与南路特委书记周楠接上关系。随后，特委分工我负责高州地区工作。1943年3月，特委调我去吴川，并决定以吴川为中心，领导吴、化、廉、梅边地区的抗日武装斗争。我接任后，从1943年3月至1945年秋，主要是在吴、化、廉、梅边区工作。这个时期的工作，大致分为两个阶段。

---

① 作者温焯华，载《南路人民抗日斗争史料》。本文摘自中共湛江市委党史研究室编：《南路人民抗日斗争史料》，广东人民出版社1996年版，第185－199页。

第一阶段（1943 年 3 月至 1944 年秋）

这个阶段的主要任务是利用公开合法形式，广泛建立民众抗日武装，为开展我党领导的独立自主的抗日游击战争做准备。

1943 年 2 月，日军侵占了雷州半岛、广州湾，并经常到白鸽港、两家滩、石门等沿海地带抢掠。这时，群众要求抗战的情绪日益高涨，国民党内的进步势力也奋起组织队伍，积极抗日。根据吴、化、廉、梅边地区已处在抗日前线的事实，南路特委认为必须加强对这个地区抗日武装斗争的领导，并提出我们的主要任务：利用国民党允许的合法的组织形式，组建民众抗日武装。1943 年春，日军占领广州湾后，我们和詹式邦建立吴西南、吴北、吴东北三个抗日联防区，组织了三个联防大队，600 多人。这是为今后开展我党领导独立自主的抗日游击战争做准备。为实现以吴川为中心，推动整个地区抗日武装斗争的开展，必须充分利用当时这个地区存在的有利条件来开展工作。

首先，吴川是抗日爱国将领张炎的家乡，吴、化、廉、梅边地区是张炎和一批十九路军旧部积极抗日的地区，有利于我党开展抗日武装斗争。张炎在抗日战争时期积极拥护我党团结抗日的政策，与我党亲密合作。他在就任第十一区游击司令和第七区行政督察专员期间，违反国民党顽固派的意志，先后组织抗日救亡乡村工作团、战时工作队、学生总队、妇女总队，在高州各县开展抗日救亡活动。这些抗日活动虽然被顽固派镇压下去，张炎也于1940年5月间被迫辞职，但他坚持团结抗日的政治影响却深入广大群众中。1943年5月，张炎推荐詹式邦出任吴川县县长。詹执行张炎联共抗日的主张，为我们开展抗日活动提供了许多有利条件。在此期间，李济深等在策划西南民主抗日活动，张炎的抗日活动是与李济深遥相呼应的。张炎计划直取高州，与蔡廷锴、谭启秀的武装会合，开辟茂名、信宜以及罗定的云开山区根据地。这是一支同我党合作的很重要的抗战力量。因此，我们必须充分利用这个有利形势，发展抗日力量。

其次，抗战初期我党党员肖光护、陈信材得到张炎的支持和帮助，以梅菉为基地，组织各种抗日群众团体，开展轰轰烈烈的抗日救亡运动，使吴川有了较好的抗日群众基础。我于1943年3月以吴川通津乡乡长杨子儒（党员）为掩护，驻在低岭村，以杨的书房作为特委派出机关，工作人员有兼任秘书王国强及叶扬眉、陆枢、苏迈、杨少英，通讯员袁德权等，他们都是我们的助手。我们住在杨的家里，便于与王国强、陈醒亚、黄明德、黄景文等领导同志联系，以指导吴、化、廉、梅边地区工作。

最后，吴、化、廉、梅边地区处在抗日前线，1943年

2月雷州半岛沦陷后，我党已在敌后开展抗日游击战争，这对吴、化、廉、梅边地区的抗日武装斗争起着推动作用。同时，敌人经常进犯这个地区，迫使广大群众起来要求抗日，保家卫国。吴、化、廉、梅边地区抗日武装斗争开展起来后，又起着支援雷州半岛发展游击战争的作用，从而有利于推进南路地区抗日游击战争的发展。

根据当时的抗日形势和任务的需要，我们对吴、化、廉、梅边地区做出了工作部署，并开展了一系列活动。

（1）首先从战略上考虑加强抗日统一战线工作。我们把搞好这项工作作为推动开展各项抗日工作的关键。统战的重点，是做好团结张炎共同抗日的工作。为此，特委派黄景文、陈信材、梁弘道、王国强、叶春、杨子儒等同志与张炎密切联系，经党内同志和他座谈，讨论抗日救国的问题，宣传我党的抗日方针、政策，支持他建立和扩大自己的武装队伍。在我党的推动下，张炎把队伍从20多人扩大到400多人（不包括詹式邦的部队），并进行军事训练，为举行抗日武装起义、反击国民党顽固派的进攻做好思想准备和组织准备。

（2）以农村工作为中心。我们从各地抽调一批党员干部来吴、化、廉、梅边地区工作，让他们当中小学教员以占领农村学校阵地。他们走知识分子与农民相结合的道路，一方面在学校开展学生的思想教育工作，宣传团结抗日；

另一方面在农民中进行抗日救亡的思想教育，建立各种群众组织，开展抗日救亡活动。经过深入的宣传教育工作，我们广泛地团结了农民群众和乡村的开明绅士，使吴川、化南、化北、茂南、廉东南的农村学校大部分为我党所掌握或控制。在提高广大群众政治觉悟的基础上，我们发展了200多名党员，多数中小学校都建立了党的基层组织。在此基础上，我们还发展了抗日游击小组，进行秘密的军事训练，为建立武装队伍做好准备。

（3）调派得力干部，加强吴、化、廉、梅边地区工作。刚开始由黄明德同志负责吴、梅、化东南、茂南地区。1943年夏又调王国强来吴川工作。从此，我们将工作范围划为四个区域，委派特派员进行领导。一是吴（川）、化（县）、梅（菉）、茂（名）边地区，辖有梅（菉）、吴（川）三个乡、茂南（从长歧、公馆、袂花直至覃巴沿海20多个乡）、化东南等地，由黄明德任特派员。二是将吴川中区、东北区的塘坝、通津、塘溪、板桥、振文、大路、泗岸、博棹、樟山等地划为辖区，由王国强担任特派员。三是吴、廉边区，辖有吴川的西海岸龙头、石门、陇水，廉江的白鸽港、成安、东桥等地，由黄景文任特派员。四是化县地区，辖有化南、化北、化西、廉江东南等地，由陈醒亚任特派员。同时，通过詹式邦的关系，安排了一些党员干部进入国民党吴川县政府内任职，梁弘道当县教育科科长，陈任华当督学，郭达辉当吴川县情报组长，陈宏柱当国民党兵团社训队长。此外，又派陈以铁当国民党吴川东北区联防大队队长，杨子儒当国民党吴川通津乡乡长和负责北区联防队的工作，郑世英、车克猷先后任吴川通滓乡联防队副队长。

（4）加强情报和联络工作，及时掌握日军和顽军的动态。"知己知彼，百战不殆"。南路特委重视情报和联络工作，并把两者扭在一起进行，建立情报网和交通联络点。在高州，派陈达增进入国民党七区保安司令部当主任参谋，了解敌情。我们与七区保安副司令郑为楫在高州合营鸿泰商店，安排陈宏柱、叶秀森为交通联络员，通过与郑为楫的商业活动来掌握情报。

第二阶段（1944年秋至1945年秋）

第一阶段为第二阶段打下了思想和组织基础。第二阶段的主要任务是贯彻南方局的指示，发动抗日武装起义，开展我党领导的独立自主的抗日武装斗争。1944年8月，日军占领廉江县城。同年秋，日军进行湘桂线战役。驻雷州半岛的日军，除派一个旅团进攻广西配合行动外，其余兵力频频向吴、化、廉、梅边地区进犯，妄图扩大占领区。南路地区面临沦陷的危险，当地的国民党顽固派望风而逃，放弃大片国土，而对内则倒行逆施，下令撤销詹式邦县长职务，对共产党人和爱国进步人士实行屠杀和迫害，使南路人民处于水深火热之中。广大人民群众都渴望我党来领导抗战和保卫国土，因此，领导吴、化、廉、梅边地区人民抗战的责任就落在了共产党人身上。

南路特委书记周楠于1944年3月去重庆南方局请示汇报工作，7月回来后，在遂溪召开主要干部会议，传达南方局董必武和党中央代表王若飞等领导同志的重要指示，给我们很大教育和鼓舞。传达的主要内容是：我党在雷州半岛敌后必须建立一支独立自主的抗日武装；日军将很快打通湘桂线，两广的大部分地区将成为敌后，我党必须大力发动武装斗争；在国民党统治区，顽固派对人民抗日武装进行镇压，我们要坚持自卫斗争。根据南方局的指示和当时的形势，南路特委决定坚决贯彻南方局的指示，积极发展武装力量，加紧建立我党领导下的人民武装：首先在遂溪沦陷地区举行抗日武装起义，开展敌后武装斗争。同时准备在日军打通湘桂线、进攻高州地区时，我们则发动各地起义，配合我军攻打高州。这次特委召开遂溪干部会议，是抗战时期南路特委的重要部署，它进一步推动了南路的抗日武装斗争向前发展。会后，我回吴川贯彻南方局的指示，召开吴、化、廉、梅边地区的领导干部会议，传达南方局和南路特委的指示精神。会上，大家一致表示拥护、执行。此时，日军正在不断进犯吴、化、廉、梅边地区。

1944年10月,我们与詹式邦在吴川高岭召开吴、化、廉边地区乡绅会议,进一步发动群众建立各区联防队,准备抗击日军的进犯。

11月23日,廉江县伪军总指挥黄剑夫率日伪混合队袭击廉江湍流乡后,窜犯石门乡。我游击队当即在吴、廉边钩镰岭截击敌人。张炎闻讯,即令詹式邦率警备大队参战,一举击溃日伪混合队,击毙日军分队长中村和10多名敌兵。这次战斗大灭了日伪的威风,大长了人民的志气,进一步推动了吴、化、廉、梅边地区抗日武装斗争的发展。

在敌人不断进攻的形势下,我于1944年12月在低岭村召开吴、化、廉、梅主要领导干部会议,黄明德、王国强、黄景文、陈醒亚、杨子儒等同志参加了会议。会议决定发动抗日武装起义,成立5个大队、1个独立中队,并争取张炎配合起义。会议结束后,各方面行动很快。1945年1月6日,黄景文率领陈汉雄大队在吴川石门泮北一带首先宣告起义;接着1月7日,林林率领1个大队,王国强、陈以铁、朱兰清等率领1个大队在廉江的东桥、良垌和吴川的泗岸、翟屋、板桥一带宣告起义;1月8日,陈醒亚率领化、廉人民抗日指挥部所属罗明、赖鸿维、李鸿、李郁等700多人(含一个政工队)在化、廉边界宣告起义;1月14日,程耀连独立中队在樟山、白藤一带起义(曾一度带梁弘道大队去化州,以后回来跟陈以铁大队去茂西);1月14日,[①]黄明德、李一鸣率领一个大队在茂名的良村和化县的长歧、西湾、旺岭、茂南公馆一带起义(庞达在梅菉动员几十名工人和学生参加黄明德大队),世德中学党组织动员数十名学生组成政工队,跟随南路人民抗日游击队司令部活动。各地宣布起义后,队伍发展很快,以上队伍共计有7个大队、1个独立中队、1个政工队,共2700多人。

在南路特委的推动和支持下,为反击国民党顽军的进攻,张炎、詹式邦率部700多人,于1月14日凌晨在吴川樟山村宣布抗日武装起义。原在我们起义前,曾与张炎商量共同举事,但张炎认为时机尚未成熟。然而,在此期间,高雷守备区指挥官邓鄂派团长李昌包围化县自卫总队,杀害积极抗战的自卫总队副、张炎的得力助手文邵昌,并下令撤掉詹式邦电、吴、梅沿海挺进司令的职务,又决定袭击樟山捉拿张炎,消灭他的抗日武装,局势显得十分严峻险恶。在此千钧一发的危急关头,张炎当机立断,在樟山村召开紧急军事会议,宣布抗日武装起义,反击国民党顽军的进攻。同时,通知南路特委派部队联合攻打国民党吴川县政府。翌日上午,张炎部队向塘㙍发起总攻,王国强奉命率陈以铁大队去配合作战。经过战斗,攻克了国民党

[①] 说1月16日。

吴川县政府，活捉了反动县长邓侠，解除了顽军5个中队400多人的武装，缴获步枪500多支、轻重机枪10挺，弹药一大批，释放"政治犯"和群众200多人。接着，我抗日游击队林林大队，陈汉雄大队，王国强、陈以铁大队，黄明德、梁弘道、李一鸣大队，会同张炎部队乘胜出击，收缴了全县反动乡公所和地主恶霸的武装，解放了吴川县全境。全县人民欢欣鼓舞，到处锣鼓喧天，欢庆胜利。

张炎反击顽军进攻取得重大胜利后，于1月19日宣布成立"高雷人民抗日军"，公开宣布拥护中国共产党的领导。张炎任军长、詹式邦任副军长、曾伟任政治部主任。我们方面，起义部队初时宣布成立"南路人民抗日游击队"（以后改称为"南路人民抗日解放军"），周楠任司令员兼政委，李筱峰任参谋长，我任政治部主任。下辖两个支队3000多人。第一支队队长唐才猷，该支队主要由雷州敌后抗日武装组成；第二支队队长黄景文，该支队主要是由吴、化、廉、梅边地区抗日武装组成。

吴川县全境解放后，我部与张炎部联合作战。初期研究决定两支部队联合攻打高州，计划攻占高州后，与罗定的蔡廷锴、谭启秀部会合，建立茂（名）、信（宜）、罗（定）的云开山脉抗日根据地。为配合这一计划的实现，特委通知茂（名）、电（白）、信（宜）地区的党组织发动抗日武装起义。该地区特派员陈华接通知后，即在游击小组的基础上组成武装队伍，举行起义。由于敌强我弱，我部以武工队形式分散在农村坚持斗争。其他地区也相继举行起义，以配合攻打高州。此时，黄明德大队整编，由梁弘道任大队长、李一鸣任大队副，率领该大队向吴川南巢一带进军中被袭击，梁弘道不幸牺牲。以后，由李一鸣率领队伍和陈以铁大队百余人奉命进军茂西，以配合我部队打高州，因大队与司令部失去联系，情况不明而遭顽军袭击，陈以铁牺牲。

吴川全境解放后，我主力部队和张炎"高雷人民抗日军"两军转移到化县，在化县中垌并肩战斗，击溃南下顽军。此时，得知形势急剧变化，顽军南下化、吴"围剿"我军。于是，南路特委在中垌召开军事会议，邀请张炎、詹式邦、曾伟等人参加。鉴于顽军处于优势、我军处于劣势的情况，我们同张炎商定，放弃攻打高州的计划，改为两支部队挺进到粤、桂边区活动，开辟廉江、化县、陆川、博白边区的抗日游击根据地，坚持长期抗战。部队兵分两路向廉江塘蓬挺进。司令部把陈醒亚在化、廉边界起义的部队改编为两个大队，一个大队由罗明负责，随同第二支队和司令部行动。另建立一个独立大队，由大队长陈醒亚和大队副陆新负责，联合张炎部队一起行动，准备解放国民党廉江县政府。但由于张炎部队打下廉江武陵后，驻在灯草，廉江国民党县长黄镇、雷州戴朝恩挺进队和保六团共1000多人发起突然袭击，张炎部队没有战斗准备，因措手不及而陷于混乱，受到重大挫折。此时，张炎则决定自己带领10多个卫兵去广西找李济深，商讨今后抗日大计；詹式邦带领200多人回吴川活动；曾伟带60多人加入我部。但是，张炎在赴广西途中误入顽固派的阴谋圈套被捕，于1945年3月22日在广西玉林壮烈牺牲。大队在这次事件中虽然损失不大，但我大队副陆新同志也受了伤。

顽军在袭击灯草张炎部时，也向我驻在木高山第二支队的林林主力大队进攻，在战斗中，大队长林林牺牲。

由于张炎部队和林林大队被袭击受挫，向廉江塘蓬进军的我部被迫转移到廉（江）、博（白）边的照镜岭一带，原攻打塘蓬的计划便无法实现。特委在照镜岭召开紧急会议，研究今后行动计划。会议由周楠主持，李筱峰、黄景文、唐才猷、陈醒亚和我等人参加。经研究决定：部队分散活动。组成一支主力部队由李筱峰、黄景文率领挺进合浦白石水，以白石水为中心，坚持抗日武装斗争；另周楠、唐才猷和我返回遂溪敌后，坚持抗日游击战争；对被打散的部队进行整顿，由陈醒亚带一支小部队负责返回原地区活动，继续扩大队伍，坚持斗争，恢复原地区工作。

1945年3月，周楠和我在遂溪敌后召开干部会议，总结这次南路抗日武装起义的经验教训，提出以下几点意见：① "一刀切"全面发动起义，没有从实际出发，不分地区、不管起义条件是否成熟，一律通知在一定时间内发动起义；②采取拔根政策，对秘密隐蔽的或公开的党员干部一律动员参加起义；③起义后，交通联络和情报工作完全中断，"耳目不灵"，使自己陷于被动，以致遭到损失。如陈以铁大队和李一鸣大队因与司令部失去联系，不了解我们已决定放弃打高州计划，而他们仍按原计划进军茂西，被顽军进攻，因而遭受严重损失，大队长陈以铁壮烈牺牲。为此，特委采取了几条措施：①尚未起义的地方，立即停止起义。②凡是有条件回城市学校或原单位工作的党员干部，则设法回去，重新恢复或建立新的工作基础。③立即恢复交通联络和情报工作。④在国统区应以小型武工队形式进行活动，保卫党组织和群众的利益，打击少数反动分子的反共气焰。

陈醒亚等同志回去传达了这次会议的精神后，经过深入的工作，取得了显著成效。这个地区的面貌起了很大变化，不仅恢复了原地区的工作基础，而且开辟和扩大了新区，广泛建立了两面政权，建立了一个能自由活动的、纵横百里的抗日游击区。同时，遂溪和吴、化、廉、梅边地区的工作也取得了很大成绩。先后建立了遂溪西北联防区、廉江新塘联防区和化、吴、廉边的大塘联防区。在各个联防区都分别建立了抗日民主政权和武装，粉碎了日伪、顽军的多次进攻。这三个联防区在地理位置上连成一片，纵横100多里，是一个基础较牢固的抗日民主根据地。

为了加强军事训练和政治教育，提高战斗力，迎接抗日战争的胜利，1945年5月，南路特委决定把各县的抗日武装调到新塘、山家进行整编和集训。经过整编，南路人民抗日解放军改编为5个团（第一团为主力团），共3000多人。民兵3000多人。其中，吴、化、廉、梅边地区的武装编为第四团，团长兼政委陈醒亚，政治处主任王国强。下辖6个连800多人，部分高雷抗日军改编为第五团，团长张怡和，政委朱兰清。1945年6月间，特委决定成立吴、化、廉工委，陈醒亚为工委书记，委员有陈醒亚、王国强、罗明、李郁、李一鸣。

1945年8月，日本帝国主义投降前后，国民党六十四军和四十六军先后开到南路、海南"扫荡"我军，妄图消灭我抗日武装。为保存革命力量，粉碎顽军"扫荡"，中共广东区委指示南路特委组织一支主力部队突出重围，转移到十万大山坚持斗争。为了贯彻广东区党委的指示，1945年9月间南路特委召开会议，决定由黄景文为团长、唐才猷为政委的第一团转移到十万大山，坚持和发展该地区的武装斗争，其余武装分散坚持原地活动。在党的领导下，第一团在十万大山辗转发展，历尽艰辛，浴血奋战，后转入越南整训和参加越南的抗法斗争，1947年奉命回国参加滇桂黔边区的解放战争，以后该部成为中国人民解放军滇桂黔边纵队的组成部分。

回顾吴、化、廉、梅边地区的抗日武装斗争，我认为，从总的来看，是正确的。整个工作的部署是根据南方局的指示精神进行的，成绩是主要的：①以雷州半岛的抗日游击战争为主体开展吴、化、廉、梅边区的抗日武装斗争，实现了南方局提出的在敌后开展我党领导的独立自主的抗日游击战争的战略目标，组成了我党领导的3000多人的人民抗日解放军；②粉碎了敌伪顽的进攻，曾解放了吴川县全境，动摇了国民党顽固派在高州地区的统治；③发展和壮大了革命力量，锻炼和培养了大批革命干部，为争取抗日战争和以后解放战争的胜利做出了积极贡献。

当然，革命道路不可能是平坦的，斗争不可能没有挫折，不可能没有牺牲。吴、化、廉、梅边地区的抗日武装斗争有成功的经验，也有挫折的教训。"前事不忘，后事之师。"认真总结这地区的经验教训，不是没有益处的。我认为主要的经验教训有以下几点：

（1）必须坚持党的抗日民族统一战线的方针、政策，认真做好抗日民族统一战线的工作。毛泽东同志在总结中国革命经验中，把统一战线作为中国革命取得胜利的三大法宝之一。从吴、化、廉、梅边地区抗日武装斗争的曲折历程中，我深切体会到，贯彻执行党的抗日民族统一战线的方针、政策，是我国抗日战争取得胜利的重要法宝。党的抗日民族统一战线的基本思想是：团结一切可以团结的抗日爱国力量，结成最广泛的抗日民族统一战线，打击日本帝国主义。在吴、化、廉、梅边地区，张炎是我们团结抗日的主要对象。我们统战工作的重点就是要团结张炎，通过他再团结其他方面的抗日力量，结成广泛的抗日民族统一战线。只有这样才能使吴、化、廉、梅边地区的抗日武装斗争立于不败之地并最后取得胜利。如果说我们在这一地区开展的抗日武装斗争取得了一定的成效，那是由于坚持了党的抗日民族统一战线的方针、政策，做好了对张炎的统战工作，但后来遭受挫折，就不能不看到我们在执行党的抗日民族统一战线的方针、政策方面有偏差。如张炎起义后，他要求我们派大批干部到他的部队搞政治工作，而我们没有派能力强的干部帮助他。他处于紧急关头时，没有得到我们有力的帮助。致使他只身赴广西途中不幸被捕而牺牲。这是由于我们对张炎有疑虑，没有充分信任他，同时也是我们没有大胆放手使用干部的缘故。这是我们工作上的严重失误，是沉痛的血的教训。

（2）必须坚持敌后抗日武装斗争，我党开展抗日武装斗争的方向是敌后。在国民党统治区，我党的任务是宣传群众、发动群众，积蓄力量，以待时机。对于国民党顽固派执行的屠杀、镇压的反动政策，则要坚持自卫斗争。当我们在吴川起义，解放吴川全县后，应当把主力转移至遂溪、廉江敌后，打击日寇，仅留一部分队伍以武工队形式在原地开展工作，坚持斗争。但我们当时却赞同张炎攻打高州的计划，还通知钦、廉、茂、电、信国民党统治区的党组织一律起义，配合攻打高州。当受到挫折后，在廉江照镜岭会议上又匆忙决定组织主力部队西征国民党统治区合浦白石水，结果又受挫，只好回到遂溪、廉江敌后根据地才得以生存和发展。如遂溪党组织领导的西北联防区、廉江县党组织领导的新塘联防区、吴化工委领导的大塘区，都是在坚持敌后游击战争中建立起来的。这说明，我们在总的方面是坚持了敌后抗日武装斗争的，但在某些时候，我们的指导思想还不够明确。如果当时把进军合浦的武装队伍与唐才猷带领的队伍一起转回敌后，依靠遂溪、廉江坚持斗争，建立根据地，逐步向外围发展，推进开辟新的地区，这样就会有力地推动南路抗日武装斗争向前发展。

（3）干革命不但需要冲天的革命干劲和献身的精神，还必须有科学的态度。首先，对革命要树立长期、艰苦、曲折的思想认识，只有这样才能保持清醒的头脑。吴川起义胜利后，我们被胜利冲昏头脑，对形势的估计犯了主观主义的错误，过高估计自己的力量，过低估计国民党顽军的力量，认为一下子就可以解放高州。这是"毕其功于一役"的思想，因而就只想到胜利进攻的一面，没有想到受挫退却的一面，也就产生了全面起义、采取拔根政策、公开工作和秘密工作不分的错误。其次，要贯彻从实际出发指导工作的思想路线，处理任何问题不能"一刀切"。南路全面起义，没有从实际出发，不分地区，不管条件是否成熟，一律起义，其教训是深刻的。

（作者附记：此回忆录写于1988年4月，7月27日修改于病房。）

南路人民抗日解放军成立45周年[①]

新春佳节，我们老战友欢聚一堂，纪念南路人民抗日解放军成立45周年。首先，让我向同志们拜年，恭祝同志们健康长寿，合家欢乐；同时，我们还要向为民族独立解放、国家繁荣富强而牺牲的战友，向我们已故的司令员兼政委周楠以及黄景文等同志，向我们党的忠实朋友、为抗日而英勇就义的爱国将领张炎先生，表示深切的悼念和崇高的敬意。

45年前，抗日战争的烽火燃烧到南路。中共南路组织在中共广东省委的领导下，高举团结抗日、爱国主义的旗帜，广泛发动和组织南路人民群众开展抗日救亡和抗日武

[①] 作者温焯华，1990年1月20日。本文出自《峰火南路》1990年特刊，第7-9页。

装活动。

1943年2月，日军侵占了雷州半岛、广州湾，在沿海各县不断进行骚扰、掠夺，致使民不聊生。而国民党顽固派面对日军的侵略望风而逃，对人民抗日救亡运动则大肆镇压。群众对国民党顽固派的罪恶行径感到非常愤慨，迫切要求抗日。1944年2月，南路特委书记周楠从重庆回来在遂溪召开主要干部会议，传达南方局董必武、王若飞等领导同志的重要指示：日军将很快打通粤桂线，两广大部分地区将成为敌后，我党在雷州半岛敌后必须建立独立自主的抗日武装，开展抗日游击战争，国民党顽固派必然进行镇压，我们要坚持武装自卫斗争。南路特委坚决贯彻南方局指示，决定在前段广泛开展的群众抗日活动的基础上，进一步加强建立我党领导下的人民抗日武装，推动国民党爱国将领张炎抗日。我党首先在遂溪沦陷地区举行武装起义，开展敌后抗日游击战争。同时，指示我以吴川为中心，领导吴、化、廉、梅边地区的抗日武装斗争。由黄明德、王国强、陈醒亚、黄景文等同志分别负责组织人民武装，举行抗日武装起义。

1944年11月23日，廉江县伪军总指挥黄剑夫率日伪混合队袭击廉江湍流乡后，向石门乡窜犯。此时，我吴、廉边特派员黄景文率领游击队在钩廉岭截击敌人，张炎派詹式邦率领警五大队配合作战，一举击溃日伪军，击毙日军中分队长和 10 多名日伪军。这次战斗大灭了日伪军的威风，进一步推动了吴、化、廉、梅边地区抗日武装斗争的发展。

在南路特委同意和支持下，为反击国民党顽军的进攻，张炎、詹式邦率领 700 多人于 1945 年 1 月 13 日在吴川樟山村宣布抗日武装起义。在我部队配合下，经过战斗，攻克国民党吴川县政府所在地塘㙟，解放了吴川全县。

吴川起义后，群众抗日斗争情绪迅速高涨，南路特委为加强领导，根据省临委书记尹林平的指示，在 1945 年 1 月中旬，把南路各地的游击队统一整编为"南路人民抗日解放军"，周楠任司令员兼政委，李筱峰为参谋长，我为政治部主任。下辖两个支队，雷州半岛和廉江境内敌后人民抗日武装为第一支队，支队长唐才猷，政委陈恩，政治处主任黄其江，下辖三个大队。吴、化、廉、梅边地区人民抗日武装为第二支队，黄景文为支队长，温焯华兼政委，邓麟章为政治处主任，下辖四个大队，后又增设两个大队。张炎部也宣布成立"高雷人民抗日军"，公开拥护中国共产党的领导。张炎任军长，詹式邦任副军长，曾伟任政治部主任。随后两支部队并肩作战并在化县中垌会师。由于国民党顽军以优势兵力堵截、围歼我部和张炎部，致我部主力和张部北上廉江途中严重受挫。1945 年 3 月间，周楠和我在遂溪敌后召开干部会议，通过总结这次南路抗日武装起义的经验教训，指出党未起义的地方，应立即停止起义，凡是有条件回城市学校或原单位工作的党员干部则设法回去，重新恢复或建立新的工作基础；立即恢复交通联络和情报工作；在国统区则应以小型武工队形式进行活动，保卫党组织和群众利益，打击少数反动分子的反动气焰。参加会议的干部回去传达后，开展深入的群众工作，取得了显著成效，使化、吴、廉地区的面貌起了很大变化，我党不仅恢复了原地区的工作基础，而且开辟和扩大了新区，广泛建立两面政权，建立了一个能自由活动的纵横百里的抗日游击区。此后，还建立了遂溪西北联防区、廉江新塘联防区、化吴廉边的大塘联防区。为了加强军事训练和政治教育、提高战斗力，迎接抗日战争的胜利，1945年5月，南路特委决定把各县抗日武装调到遂溪进行整编和训练。经过整编，南路人民抗日解放军编为五个团，共3000多人，民兵3000多人。这支部队与东江纵队、琼崖独立纵队、珠江纵队等抗日部队一起坚持了华南敌后游击战争，为赢得抗日战争胜利做出了贡献。

1945年8月，日本帝国主义投降前后，国民党调集新一军、六十四军、四十六军到南路向我军"扫荡"，妄图消灭我抗日武装。为保存革命力量，粉碎顽军"扫荡"，中共广东区党委指示南路特委组织一支主力部队突出重围转移到十万大山坚持斗争。为了贯彻中共广东区党委的指示，

1945年9月间，南路特委召开会议，决定成立一个主力团（惯称"老一团"），由黄景文、唐才猷率领，转移到十万大山，其余武装回原地分散活动。在党的正确领导下，挺进十万大山部队历尽艰辛，浴血奋战，坚持和发展了十万大山地区的武装斗争，并于1947年参加滇桂黔边区的解放战争。留在南路地区坚持斗争的武装力量在以后的解放战争中迅速发展壮大，成立了中国人民解放军粤桂边纵队。

回首过去的峥嵘岁月，我们深深体会到只有共产党领导，革命才能取得胜利。在今天欢庆佳节之际，特别是在当前贯彻党中央指示、稳定政治大局的形势下，更要牢记和突出宣传这一为历史证明了的颠扑不破的真理。我们要坚持四项基本原则，继续发扬革命的优良传统，高举爱国主义和共产主义的旗帜，在社会主义"四化"建设事业中继续做出贡献。

南路人民抗日武装起义[①]

中共南路特委根据南路地区面临沦陷的形势和中共中央南方局的指示，经过组织上、思想上、军事上的充分准备之后，我于1945年1月领导南路人民和联合爱国将领张

---

① 作者唐才猷，载中共湛江市委党史研究室编：《南路人民抗日斗争史料》，广东人民出版社1996年版，第200-210页。

炎举行了抗日武装起义。

（一）

广东省南路地区地处祖国南端，南濒南海，雷州半岛与海南岛隔海相望，西与西南同广西接壤，同越南隔北仑河相望，海岸线长，是我国南端的战略要地。

抗日战争爆发后，日本侵略军于1938年9月11日占领了位于北部湾的涠洲岛。1939年11月，日军又从钦县、防城登陆后向广西南宁地区进犯。1940年3月，灵山县城陷落。至此，南路地区的钦县、防城、灵山等县大部沦陷。1943年2月16日，日本侵略军又在雷州半岛登陆，19日占了遂溪县城，接着广州湾沦陷。国民党部队节节溃退，龟缩后方，以保存实力；在其管辖的地方则加强独裁统治，苛捐杂税繁多，贪污腐败，人民生活于水深火热之中，迫切要求抗击日本侵略者，保卫家乡。

中共南路特委坚决贯彻执行党的团结抗日主张。雷州半岛沦陷后，特委指示雷州特派员陈恩加强对雷州半岛敌后武装斗争的领导；调组织部部长温焯华到吴川，加强与沦陷区相连的吴川、化州、廉江、梅菉等地区的领导，并把相邻的县统一划分范围，派出县一级特派员领导；我也从合浦调到沦陷区遂溪县西部地区。当时，我们的主要任务是发动和组织群众，团结一切抗日力量，建立广泛的抗日战线，同抗日民主人士以及国民党地方当局合作，组织联防区，建立公开合法的抗日联防自卫武装，开展群众性的联防自卫斗争。经过一段时间，这种联防自卫武装遍及雷州半岛、高州六属的吴、化、廉、梅地区城乡，特别是在雷州半岛的抗日联防自卫武装，为保卫人民利益，保卫家乡，抵抗日军"扫荡"做出了贡献，如遂溪县西北的深泥塘联防区，曾打破了敌人的多次"扫荡"。在反"扫荡"中，联防自卫队与各村民兵以及广大群众相结合，村自为战，人自为战，显示了人民战争的威力，为敌后联防自卫斗争做出了榜样。在建立联防自卫抗日武装的同时，还注重建立我们党直接领导下的秘密游击小组，游击小组成员大多数是共产党员、贫苦的青壮年农民、学校爱国师生等，他们平时不脱产，白天坚持生产，晚上集中学习军事知识和开展小型游击活动。这些游击小组常运用灵活机动的战术，出其不意，打击敌人。例如，遂溪县卜巢山游击中队，当日军、伪军围攻卜巢山时，先占险要地形，利用麻雀战术，多次打退敌人的进攻。吴、廉边区的游击小组曾多次伏击日军、伪军，并取得了胜利。遂溪县老马村游击小组在击毙日军、伪警团长周之墀后，又生擒该团代团长"黑肉鸡"。总之，这些游击小组在锄奸、杀敌、侦察敌情、伏击敌人、保护民众等方面都做出了显著成绩，得到了人民群众的信赖和拥护，并在斗争中受到了锻炼，在组织上为进一步开展敌后抗日游击战争做好了准备。

（二）

1944年3月，南路特委书记周楠前往重庆；6月，在重庆八路军办事处受到中共中央南方局负责人董必武和中央代表王若飞的接见。南方局负责人听了南路地区抗日斗争情况的汇报后，指出：日本侵略军正在进行打通大陆交通线的战役，以支援太平洋战争，这样两广很大一部分地区就处于敌后，要赶快回去大力发展我党领导下独立自主的抗日队伍，开展敌后武装斗争。同时，决定南路特委暂由南方局领导，同广东临时省委保持横向的联系。7月中旬，周楠回到南路，传达了南方局的指示。此时，驻雷州半岛的日本侵略军为配合打通大陆交通线的战役，频频向高州六属的吴、化、廉、梅地区进犯。8月4日，廉江县城陷落；9月，安铺失守，接着吴川县的坡头、南二、南三相继沦入敌手。特委根据南方局的指示，结合南路面临全面沦陷的新形势做出决定：第一步，在沦陷区遂溪一带发动民众举行抗日武装起义，组织共产党直接领导的独立自主的抗日武装队伍，开展敌后抗日游击战争；第二步，部署南路各县积极做好武装斗争的准备工作，积极同爱国将领张炎携手合作，共同抗日，部署组织以吴（川）、化（县）、廉（江）、梅（菉）等县市为中心的抗日武装起义，把敌后抗日武装斗争推向整个南路地区。

南方局的指示使广大党员干部在思想上恍然大悟，明确了在沦陷区、在敌后必须建立独立自主的抗日力量的重要性。从此，南路地区民众抗日武装斗争出现了新的转变，由秘密转向公开，由低级阶段向高级阶段发展。周楠为了落实南路特委的决定，深入到沦陷区，在遂溪山里村炮楼找到我和支仁山，再次强调贯彻南方局指示的重要性，要我们负责组织沦陷区的人民举行抗日武装起义的领导工作。我们汇报了遂溪西北区一带游击小组及联防队的情况，也提出了一些担心的问题。如没有军事干部，没有打过仗，没有经费、武器弹药，等等。周楠指示要我们在战争中培养干部，在战争中学习战争，经费问题要紧紧依靠群众去解决，"有塘有水就可以养鱼"，武器弹药主要是向敌人夺取。经过一夜的谈话，我们贯彻南方局的指示就更加明确、更有信心了。1944年8月上旬，遂溪西北区老马村一带及其他各区、乡人民抗日游击小组和由党组织掌握的联防抗日自卫队先后集结，宣布举行起义，组成了一个大队。不久，南路特委正式命名为"雷州人民抗日游击大队"——南路第一支公开由共产党领导的人民抗日武装队伍。

以老马村为中心的雷州半岛人民武装起义，震撼了日军、伪军和国民党顽固派当局，他们把这支队伍视为眼中钉、肉中刺，妄图消灭之。8月13日，国民党遂溪县县长黄兆昌率县大队向老马村扑来，起义部队决定采取主动，留少数队伍在村抵抗，其余撤出外围埋伏。当顽敌队伍进入江头村时，我们出其不意集中火力迎击，顽敌队伍混乱，由于摸不清我们队伍的虚实，只好撤退。但顽敌并未因此而罢休，8月28日，黄兆昌又率队伍数百人，分南北两路进攻老马村；我们大队采取主动迎击、各个击破的办法，由第一中队会同一些村庄民兵阻击从北面方向开来的黄兆昌部，第三中队又与另一些村庄民兵阻击从豆坡方向来的顽固派队伍，第二中队跨过杨柑河，迅速穿过牛牯围直插在顽敌南边的部队后面，在乾留、龙湾之间打击顽敌。顽敌在前进中突然发现后面受到起义队伍的袭击，只好仓皇逃窜，豆坡方向之顽敌见势不妙，也只好逃走。之后顽敌仍不死心，9月7日，黄兆昌伙同戴朝恩率领的雷州独立挺进支队一部，合共1000多人分三路对起义部队实行包围。我们当夜留下一个中队和当地民兵同顽固派周旋，其余两个中队在夜幕掩护下冲出包围，袭击黄兆昌的老巢界炮圩。顽固派见我们抄他们的大本营，第二天即撤出包围老马村的队伍，返回大本营。我们为了避免同顽固派硬拼，以保存民众抗日武装力量，便乘机把队伍转移到群众基础较好的卜巢山一带，稍事休整后又转到乐民、吾良、河头一带活动，并继续扩大队伍，把队伍整编为两个大队。一个大队南下海康、徐闻沦陷区，另一个大队北上廉江沦陷区，开展敌后抗日游击战。我同100多人于11月上旬回到西区，同东区的抗日队伍合并，成立第三大队，并就近开展游击活动，打击敌人。1945年1月，遵照南路特委指示，雷州半岛三个抗日游击大队1000多人编为南路人民抗日解放军。第一支队由我任支队长，中共雷州特派员陈恩兼任政委，黄其江任政治处主任。特委指示我们北上配合吴、化、廉、梅地区和爱国将领张炎举行的抗日武装起义。

以老马村为中心的雷州半岛人民举行抗日武装起义后，南路各级党组织加紧执行特委第二步计划，发动以吴、化、廉、梅地区为中心的南路人民抗日武装起义。南路特委组织部部长温焯华在吴川抓紧各级党组织落实武装起义的组织准备工作，并派出党员骨干同原国民党十九路军爱国将领张炎联络，推动其组织民众武装起义。1944年秋，张炎以中将参议的身份奉命回南路视察。张目睹桑梓被日寇蹂躏，作为军人，他心情沉重，下决心组织民众武装抗击日军，保卫家乡。是年冬，南路特委代表同张炎将军制订了在1945年春节前后互相配合、领导南路人民抗日武装起义的行动计划。在这期间，吴、廉边区党组织领导的抗日游击队同日军、伪军进行了两次战斗：11月初，廉江伪军联合指挥黄剑夫所部便衣队20多人窜犯廉江县的两家滩，当敌人进入我伏击圈时，吴、廉边游击队攻其不备，猛烈射击，毙敌数人，生俘两人，残敌狼狈逃窜。但敌人不甘心失败，于11月22日晚，由黄剑夫率领日军、伪军混合队数十人偷渡两家滩，袭击湍流村后又向吴川石门窜犯。吴、廉边人民抗日游击队100多人奋起抵抗，附近的农民纷纷赶来助战，与敌展开激烈战斗。翌日上午，张炎将军闻讯，即派其挚友、国民党电（白）、梅（菉）、吴（川）挺进支队司令、原吴川县县长詹式邦率队前来接应，激战至24日凌晨2时，日军派来援兵，日军、伪军混合队才突围逃脱，我军击毙敌中村分队长以下10多人。这两次战斗的胜利和雷州半岛人民抗日武装起义队伍的不断发展，显示了南路党组织领导的抗日力量的壮大。国民党顽固派六十四军副军长、高雷守备区指挥邓鄂与吴川新任县长邓侠勾结，指令张炎、詹式邦率部镇压共产党领导的民众抗日游击队。由于张、詹二人坚决拒绝了邓的指令，于是顽固派又密谋撤销詹的军职，把兵权交给邓侠，接着又把张的好友、化县自卫总队副队长文邵昌予以逮捕杀害。

  顽固派的一系列活动，促使吴、化、廉、梅地区人民提前举行武装起义。1945年1月6日，中共吴、廉边区特派员黄景文率该边区游击小组700多人宣布起义，收缴地方武装，组成两个大队。1月7日，中共吴中区特派员王国强率该区联防大队及游击小组600多人宣布起义。1月9日，中共化县特派员陈醒亚获悉吴、廉边区已经起义，即集结化南、廉东南、化北等地游击小组、联防队共700多人，破仓分粮，收缴枪支，组成化、廉人民抗日指挥部。1月13日，张炎获悉顽固派从广西调一五五师南下吴川，准备镇压人民抗日队伍，即于14日凌晨同詹式邦率部800多人宣布起义，宣布拥护中国共产党的领导，拥护党的团结抗日主张，反对妥协投降的顽固势力。张、詹把起义队伍改编为高雷人民抗日军，张炎任军长，詹式邦任副军长，曾伟任政治部主任。吴、廉边人民起义后，中共廉江县特派员莫怀指示各地迅速响应，先后有营仔、青平、三合、莲塘口、龙湾等地600多人参加了抗日游击队伍。1月16日，梅、茂、化、吴边特派员黄明德率领吴东北、化东南、茂南等地游击小组600多人宣布起义，组成一个大队。至此，特委决定加强对起义队伍的领导，成立南路人民抗日解放军，司令员兼政委周楠，参谋长李筱峰，政治部主任温焯华，下分两个支队，一个独立大队。第一支队以雷州半岛人民抗日武装队伍为主组成，共1000多人，支队长唐才猷，政委陈恩，政治处主任黄其江。第二支队以吴、化、廉、梅人民抗日武装队伍组成，共1000多人，支队长黄景文，政委由温焯华兼任，政治处主任邓麟彰。独立大队由化、廉边抗日指挥部辖下的人民抗日队伍组成，共700多人，大队长兼政委陈醒亚，大队副陆新。

国民党顽固派当局对人民抗日队伍采取镇压措施，派正规军一五五师一部配合茂、阳师管区保安部队及各县顽固势力进攻吴川、化县。为了保存人民抗日武装力量，避免同国民党顽固派硬拼，1945年1月23日，特委率第二支队北上化县中垌，第一支队也奉命沿遂、廉、化边区挺进，26日到中垌会合。27日，国民党顽固派以一个保安团的兵力尾追进攻中垌。我司令部率领抗击，当时张炎、詹式邦赶到并加入战斗，一起将顽军击退。特委此时在中垌召开紧急会议，决定进军粤桂边，计划开辟以廉、化、博（白）边境山区为中心的抗日根据地，并决定分两路进军，一路由司令部率一、二支队向廉北挺进，另一路由张炎率高雷人民抗日军和独立大队进军塘蓬后挥师北上。1月31日，张炎部攻下廉江县武陵后，廉江县县长黄镇用电话告知张炎，说国民党第四战区司令长官张发奎有电报要张炎入广西百色商议南路政局问题。张炎未看清黄镇、戴朝恩的反动本质，即把部队开回灯草村。2月1日，黄镇一面派人以送电报为名麻痹张炎，一面与戴朝恩率雷州独立挺进支队、保六大队、县自卫大队1000多人分三路围攻灯草村，抢占高地，居高临下，用猛烈炮火袭击。张部因毫无准备，措手不及，不能进行有效反击，损失很大。独立大队也只能稍事反击便主动撤退。当晚，张炎召开紧急会议，由于意见分歧较大，争持不下，最后张提出各自决定去向。张炎决定入广西找李济深、张发奎联系，詹式邦率部返吴川，曾伟带数十人参加南路人民抗日解放军。2月3日，张炎带10多人进入广西博白县境,被桂南行署主任梁朝玑部下逮捕。3月22日,梁执行蒋介石密令,将张炎杀害于玉林。

与此同时,南路人民抗日解放军司令部分两路向廉江西部转移。2月4日半夜,顽军100多人向驻在木高山的第二支队主力发起进攻,主力被打散,大队长林林等数十人牺牲,其他队伍被迫转移到廉、博边的青平一带。特委根据新的形势,在照镜岭召开紧急军事会议,决定把起义部队分为两部分:一部分由参谋长和第二支队长黄景文率领向西挺进,到钦、廉四属群众基础较好的合浦县白石水一带坚持武装斗争;另一部分由司令部率领遂溪以及吴、化、廉、梅各县分散活动坚持开展敌后游击战争,我奉命重返遂溪敌后。

在国民党顽固派集中兵力追击南路人民抗日解放军的同时,中共钦廉四属党组织联络员、军事特派员阮明,遵照南路特委关于在1945年春节前后举行抗日武装起义的决定,在合浦、灵山、钦县、防城等地先后举行起义。从2月3日至3月中旬,以合浦县白石水为中心,集结南康、公馆、白沙、小江、龙门、西场、灵南等地人民抗日武装队伍700多人,组成两个大队,两个中队。2月8日,灵山另有400多人举行起义,成立一个大队。2月17日,钦县小董有140多人起义,编为钦县人民抗日解放军。6月,防城组成华侨抗日游击大队,在中越边境开展游击活动。这些队伍大部分编入南路人民抗日解放军第三支队，支队长兼政委为张世聪。2月间，由高雷西征的抗日武装队伍到达白石水，同合浦起义队伍会合，成立前线作战指挥部，由张世聪、黄景文分别任正、副指挥，统一领导这两支队伍的对敌作战。但西征队伍尚未站稳脚，国民党一五五师的四六三、四六五团联合大队和合浦县自卫大队，就在合、灵地区追击我人民抗日武装队伍。他们采取奔袭合围、封村、五户联坐等残酷的军政手段，使高雷西征部队和第三支队处于极其被动的局面，他们既要同顽固派展开军事上的残酷战斗，又要同饥寒、疾病作斗争。谷埠一战，我军损失很大，洪荣大队长等40多人牺牲。阮明、张世聪两位领导也相继牺牲。高雷西征队伍由于无法立足，因而分批撤回雷州半岛。合、灵、钦、防等县人民抗日队伍则化整为零，隐蔽精干，以武工队的形式开展活动，依靠和发动群众，坚持山区的武装斗争。

（三）

照镜岭会议后，南路特委领导人回到遂溪、廉江敌后活动，围绕这次起义总结经验教训，并认为特委对起义前后的形势估计过分乐观，动员所有党员一律参加武装起义，失去了地方党组织的依靠；对国民党顽固派的武装镇压估计不足，在顽敌的追击下，被迫西征合、灵一带，以致遭到不应有的损失。特委接受了教训，决定没有起义的地方立即停止起义，已经起义的由各县党组织收集队伍返回原地，恢复地方党的建设，依靠当地群众，开展敌后游击战争，有条件的地方则建立抗日民主政权。经过各级党组织一段时间的艰苦工作，各地党组织和抗日武装均有了恢复和发展。5月，高雷西征队伍先后返回遂溪。南路人民抗日解放军经整编，取消了支队建制，高雷地区的武装整编为五个团，遂溪为第一团，遂（溪）、海（康）边为第二团，廉江为第三团，化、吴为第四团，吴川张炎旧部编为第五团，共约3000人，另外还有钦廉地区及分散各县的游击队、武工队约3000人。同时，在遂溪县西北区、廉江县新塘和化、廉、吴边区的大塘区建立了根据地，成立了三个抗日民主政权。

由南路人民抗日武装起义组织起来的南路人民抗日解放军，是抗日战争时期在中国共产党领导下的华南人民抗日武装的一部分，在中国人民抗击日本法西斯侵略战争史上写下了自己的光辉篇章，并为南路地区的解放战争打下了良好的基础。

（黄稻藩整理）

南路人民武装在斗争中成长
——记"老一团"的战斗历程①

广东南路人民子弟兵是我党南路特委领导下的一支人民武装力量,是在广东南路抗日游击队的基础上,以老马村武装暴动大队为骨干,以雷州半岛较有战斗经验和党员较多的连队为主要成员组成的,是按照我党建军路线、宗旨所建立起来的一支革命军队。在硝烟弥漫的战争岁月,这支活跃在广东、广西、云南等地区的人民武装,从抗日战争期间成立的"南路抗日独立大队",到抗日战争结束时的"南路人民抗日解放军";从解放战争初期的"粤桂边区纵队",到解放战争后期的"滇桂黔边区纵队",这支部队在敌占区坚持了长期的游击战争,在强敌面前从不示弱,在作战指挥上较少犯错误,经历了大小不同的上百次战斗,从小到大,从弱到强,在斗争中不断成长。同我们党所领导的敌后许多根据地的游击战争一样,南路人民子弟兵在打败日寇和解放全中国的伟大事业中,用自己英勇战斗的精神,为我国的解放事业谱写了光辉的篇章。

---

① 林杰1982年于昆明完成编写,1992年于广州完成修改。本文出自《峰火南路》2015年第37—40页。

一、雷州抗日烽火

七七事变（卢沟桥事变）后，日寇大举侵犯我国，其侵略魔爪也伸向雷州半岛。1943年2月15日至19日，日寇的先头部队3000多人，从雷州半岛的海康县沿海登陆，入侵广州湾，2月19日占领遂溪县城，并控制境内的城月、洋青、乌蛇岭、马头岭等主要圩镇和制高点。国民党当局如同惊弓之鸟，闻风逃窜。中国共产党南路特委提出在敌后组织抗日游击武装，号召全区人民联防自卫，保卫家乡。共产党员到群众中去，积极做好武装斗争准备，以各种形式组织联防队和游击小组，坚持敌后斗争，保护群众利益，开展抗日保乡活动，点燃了雷州抗日烽火。

2月底的一天深夜，日寇数十人窜扰洋青的道盂村，该村自卫小组与敌遭遇，毙敌三人，我方牺牲三人。这是南路人民打响的抗日第一枪。翌日晨，日寇包围该村，实施疯狂报复，狼迹所到，奸淫掳掠，任意烧杀，无恶不作。10月初，敌为打通洋青至安铺的要道，袭扰深泥圹。该地数十个村庄的自卫队和联防区常备队在李晓农的率领下，粉碎了敌人的多次进犯，其中最大的一次，是击退敌步兵200多人在两辆装甲车、50名骑兵配合下的反扑。"扫荡"与反"扫荡"的斗争此起彼伏。与此同时，以老马村为中心及其附近一带的游击小组也不断袭扰敌人。如6月间智取黄略伪乡公所，缴获步枪10多支，弹药数千发；7—8月间，攻打新宁、福权日伪自卫团，处决汉奸林育民，反动头子梁仲文、袁学明、袁学补；10月初，深泥圹农民卜炽，赤手空拳夺取日军指挥刀，劈死日寇曹长，以及老马村的叶爱、马康胜化装成卖猪人，闯入虎穴，处决伪军团长周之墀。雷州半岛人民英勇抗日的行动，沉重地打击了日伪的嚣张气焰，大大鼓舞了南路人民抗日斗争的意志，坚定了其斗争的信心。

1944年3月，南路特委书记周楠按照中共南方局的通知，赴重庆八路军办事处会见董必武、王若飞两位中央首长。王若飞指示："南路必须建立我党领导下的独立自主的武装部队，以老马村为核心，集中力量，先成立一个大队，然后扩大。"7月间，周楠返抵广州湾，向各级干部传达中央指示，总结前段斗争经验，统一思想，进一步解决建立我党领导下的独立自主的武装队伍问题；确定以老马村为中心，组织武装暴动；派唐才猷发动界炮乡沿海渔民，加紧组织武装斗争的准备工作。8月8日凌晨，老马村常备队收缴了国民党杨起德中队的枪，宣布武装暴动。随后，山家、山内、金围、豆坡、杨柑、深泥圹等地的联防队、常备队共200多人，连同附近村庄的1000多人，在老马村召开了抗日联防大队成立大会，由支仁山同志宣布"遂溪抗日联防大队"成立。党代表为唐才猷，大队长为马如杰，政委为陈兆荣,我任大队副。下设三个中队:一中队队长洪荣,指导员慎辉;二中队队长李鸿基,指导员李晓农;三中队长郑世英,指导员李少香。这就是雷州半岛有名的"老马村暴动",是我党在广东南路地区领导的第一支抗日武装力量。

老马村暴动后的第三天,国民党"铁胆"挺进队和杨起德的反动武装,连续三次对该村进行疯狂"扫荡",妄图将这支新生的抗日武装力量扼杀在摇篮中。为了摆脱不利态势,我们主动撤出了老马村,转战于杨柑、深泥圹、仲火一带,同敌人打了一些仗。随后,从卜巢往乐民、海山一带,与该地的金耀烈部队会合,在乐民地区进行了休整,部队整编为"雷州人民抗日游击队第一大队",党代表兼政委支仁山,大队长唐多慧,大队副廖培南,政工队长陈兆荣,我协助大队部负责作战指挥,部队有200多人。独立大队成立不久,就组织攻打了大海山村的反动地主武装,杀死恶霸地主黄汝清,缴获武器一批,随即向徐闻县进军。进入徐闻县后,正值大年初一,我们突然袭击了正在地主庄园花天酒地的徐闻县国民党县党部大小头目,击毙和俘获全部人员和缴获大量物资。由于我地下党组织在徐闻县的群众基础薄弱,情报闭塞,敌情不明,大年初七,我们在边坡地区被敌人包围。在敌我力量悬殊的情况下,我们有组织地突出了包围圈。大队部的政工队20多人,由于未按预定路线撤离而失散，10多天后才联络上。此战我军伤亡七人，两人被俘后顽强不屈，英勇牺牲。我军的突围，打乱了敌人的包围部署，导致互相对战，死伤100多人。突围后，在退出徐闻的第五天，我们抓住了战机，奔袭海康县企水港成功。不久，我奉命离开大队，到遂溪县中区组织袭击日伪据点的战斗。我们成功组织了智取新圩和偷袭通明港的战斗。奇袭新圩据点的战斗，由我率领一支精干的便衣突击组（小组长洪九），化装成伪军押送俘虏接近敌人，乘黄昏日伪军正集中开饭时，突然袭击，兵不血刃，俘获全部人员和武器弹药，缴了100多支枪，我军无一伤亡。

　　1944年冬，国民党十九路军抗日将领张炎在吴川起义，特委抓住时机发动南路的全面武装起义。1945年1月，为配合张炎部起义，唐才猷率遂溪部队到龙湾、中垌等地活动，农历十二月一日，与吴川、化州、廉江部队和洪荣部队会师于东桥。特委根据形势需要，将南路主力部队改编为"南路人民抗日解放军"，周楠任司令员兼政委，温焯华任政治部主任，李筱峰任参谋长。下辖两个支队：第一支队，支队长唐才猷，政委陈恩，主要领导雷州半岛和廉江的部队，千余人；第二支队，支队长黄景文，政委温焯华（兼），主要领导吴川、化州的部队。"南路人民抗日解放军"的任务是：开辟吴川、化州、廉江、陆川、博白边区的游击根据地，发动群众，巩固和扩大队伍，打击国民党反动派，积极准备大的军事行动。但由于错误地确定部队向国民党统治力量强大、地主反动派武装实力雄厚的地区进军，而不是向日寇占领地、民族矛盾尖锐的地区进军，加上作战指挥上有错误，部队遭受较重损失。2月3日，张炎起义部队在灯草嶂被敌人打垮后，敌人乘胜围攻我军，在高木山一战，大队长林林牺牲，损失颇大。随后，部队向廉江西部转移。特委在马子璋召开紧急干部会议，决定继续西征合浦，由何畏（即李筱峰）、陈光（即黄景文）率领主力部队往白石水地区建立根据地，其余部队由周楠、温焯华、唐才猷等主要领导人率领，转回遂溪地区坚持斗争。转回遂溪的部队在山家老村祠堂成立了一个团，唐才猷任团长，陈恩任政委，黄其江任政治处主任。此时，我已胜利完成了奇袭新圩和通明港的任务，回到团部。西征合浦的部队在武利江背水扎营，遭敌袭击，大队长洪荣牺牲，部队落水者有之，伤亡较大。4月5日，西征合浦失利的部队撤回遂溪，与唐才猷部会合。战后，特委在遂溪召开干部会议，总结老马村暴动以来的经验教训，认为：全面起义，到处点火，打大仗，打硬仗，把刚成立起来的武装拉到远离根据地去作战，人地生疏，没有情报，难于立足，因而不可避免地遭受了重大损失，这是主观片面的错误。

1945年4月23日，党的七大在延安召开。陈方从延安回到南路，与周楠联系后，传达了党的七大精神和南方局的指示。随后，主力部队在廉江新圩集训，统一整编为五个团，周楠任司令员兼政委，温焯华任政治部主任。第一团团长黄景文，政委唐才猷，政治处主任李廉东，我任作战参谋。一团所辖三个营：一营营长金耀烈，副营长李鸿基，教导员王平（后为廖华）；二营营长郑世英，教导员沈潜；三营营长黄建涵，教导员庄梅寿。一团共800多人，活动于遂溪、廉江一带，是特委领导下的主力团，也是当地有名的"老一团"。第二团团长兼政委支仁山，全团约300人，活动于遂溪、雷州半岛。第三团团长莫怀，政委唐多慧，政治处主任林星，活动于廉江。第四团团长兼政委陈醒亚，政治处主任王国强，活动于化州。第五团团长张怡和，政治处代主任朱兰清，该团主要由张炎起义失败的余部组成。这时，南路特委领导下的武装部队已有3500多人，民兵3000多人，在遂溪北部、廉江南部30多万人的敌后区建立了人民政权，形成初具规模的根据地。

6月，国民党调集六十四军、四十六军开进广西、廉江一带，扬言接应英美军队在雷州半岛登陆，实际是企图消灭我南路人民武装。7月中旬，日伪军400多人向遂溪的金围、合沟等地进犯，"老一团"的一、二营与敌展开激战，毙敌40多人，伤数十人。我一营教导员王平、二营六连连长陈巨源、排长李真富牺牲。

8月，周楠同志率"老一团"向海康进军，途中获新华社广播，得知日寇于14日宣布投降。至此，全国经历了14年的艰苦岁月，迎来了抗日战争的伟大胜利，南路人民在特委的领导下，坚持敌后的抗日游击战争胜利结束。

二、西征十万大山

日寇投降前后，国民党蒋介石为了篡夺抗战胜利果实，以"接收""绥靖"为名，急调新一军、四十六军、六十四军到广东南路的高雷地区，重点"扫荡"遂溪地区，妄图一举歼灭南路人民武装，尔后渡海消灭琼崖纵队。9月下旬，国民党"新一军"的先头部队到达廉江，四十六军和六十四军从廉江并肩南下，直逼雷州半岛，将我军游击区实施分割包围。

在此严重局势下，南路特委根据华南分局关于"主力西征，作战略转移"的指示，在遂溪召开会议，确定由"老一团"冲破敌人包围，向中越边境的十万大山地区挺进，依靠当地党组织和各族人民，坚持和发展游击战争。1945年10月初，"老一团"团长黄景文率团部和一营首批突围，部队从界炮、新圩方向突围，沿途同围堵追击之敌展开战斗，在廉江的殷圩与敌保安第一师七团激战一天，歼敌70多人，我方牺牲三人，营长金耀烈负伤。10月中旬，首批突围部队到达廉江、博白边境的马子嶂。与此同时，"老一团"政委唐才猷为策应首批突围，组织以洪田、沈杰为正副队长的20人突击组，以一个连为警戒，另一个连和洋青民兵百余人做预备队，在风朗村党支部的配合下，于10月16日深夜，对遂溪风朗机场守敌发起强袭，经数十分钟激战，全歼敌人100多人，俘日军曹长、飞行员、机务员8名，缴获七五加农炮1门、轻重机枪5挺、步枪130支，以及大批弹药和军用物资。我军牺牲1人。这次袭击对敌震动很大，打乱了敌人的"围剿"部署，使正在追击我军首批突围部队的六十四军一个师慌忙从廉江赶回，有力策应了首批突围行动。由唐才猷率领两个营的第二批突围部队，乘敌空隙之际，实施突围成功，随之越过遂、廉边界北上，10月下旬到达马子嶂，与首批突围的部队会合。参加西征的第三团涂明堃营，此时也已到达马子嶂，与两批突围部队会合。

各路部队会合后，一方面派出人员与合浦灵山地下党联络；另一方面，部队进行休整。"老一团"原第一、二营合编成一营，营长廖华，政委陈熙古，副营长李鸿基。一营辖两个连，一连连长黄英，政指沈杰；二连连长陈庆芳，政指王奎。原三团涂明堃营编为第二营，营长涂明堃，政委林敬武。二营辖两个连，四连连长何江，政指叶扬眉；五连连长黄洪。原三团一部编为第三营，营长黄建涵，副营长黄炳。三营辖两个连，七连连长廖培南，政指李恒生；八连连长李仁廉，政指肖汉辉。团警卫连连长张鸿茂，政指梁涛明。这时"老一团"共有800多人。

不久，南路特委派杨甫来马子嶂催促部队西征。西征的路线是，从马子嶂取道灵山南部的古文水、陆屋，钦北的小董、贵台，然后进入十万大山。这是敌人统治力量比较薄弱、我军又易于取得给养的进军路线。西征沿途，在团首长的示意下，我协助指挥各分队的战斗行动。11月上旬，到达灵山县南部的古文水地区，在地下党组织的协助下，顺利越过敌人的重要据点陆屋、小董，向钦北、贵台挺进。11月14日，我军攻占贵台，全歼伪乡长以下30多名民团。敌人为了将我军围歼在进入十万大山之前，调集三个保安团急速尾追我军，其中一保安团近千人已逼近贵台。我军当即撤出贵台，转移至马启山的那夜村、独马村一带待机行动。翌晨，敌保安九团、十团和反动武装3000多人蜂拥而至，我军立即占领阵地与敌激战。敌人在迫击炮、轻重机枪的密集火力掩护下，连续向牛屎岭山的三营阵地发起13次冲击，均被我军击退。战斗持续到晚上9时后，在我军大面积杀伤敌人并实施有力的反击下，击溃了敌人的进攻。此战，敌伤亡200多人，我军七连连长廖培南、机枪手张仔等牺牲。随后，我军部队利用夜幕撤离战场，继续西征，取道钦州、防城交界的天堂，经大录、扶隆、小峰，于11月下旬到达那良的大勉村，与谢王岗、沈鸿周、彭杨等同志领导的地方游击队胜利会师。尔后，队伍转至峒中，尾追之敌又向我军逼近。我们采取敌进我进的对策，部队以营、连为单位展开，在当地游击队的配合下，与敌人进行激战，打破了敌人的围攻。

1946年1月2日，三营八连和二营四连在北仑北婆村、滩散竹叶坳一带，遭敌三四百人的袭击，二营政委林敬武、三营八连排长陈应理等14人牺牲，机枪手袁马负伤被俘后在那良英勇就义，八连连长李仁廉、副连长巫池负伤。与此同时，其余各部队战斗发展顺利。一营直插那湾、滑石、那呐一带，在刘仲曼领导的地方游击队配合下，在滑石攻占了反动头子陈志强的老巢——老虎岭，然后向防城挺进，直接威胁敌人的后方指挥中心；并在防城游击大队的配合下，在板真攻占了军阀陈济棠侄子、恶霸陈树雄的地主庄园。三营在那良、范汉、那旧的地方游击中队的配合下，袭击了国民党原师长的庄园。由我率领的林三突击小组，以炸药爆破，强攻军阀陈济棠的另一侄子、恶霸陈树尧的地主庄园，全歼守敌。至此，全团指战员经过一个多月的奋勇作战，粉碎了敌人的"围剿"。战后，成立了"防城地方游击大队"，大队长沈鸿周，政委彭杨，副政委严秋。

"老一团"深入十万大山地区以后，不断以小股兵力有效地袭扰敌人，取得了不少的胜利，坚持发展了游击战争。蒋介石为了消灭我人民武装，继续调集整编一五六旅的主力四六七团、粤保安团、桂保安团及地方反动武装5000多人，再次向十万大山进行"围剿"。"围剿"与反"围剿"的斗争在激烈地进行。

三、钦马扬鞭异域

为适应斗争形势的需要，唐才猷在1945年冬请示南路特委，将主力转入越南北部边境进行整训。特委请示广东区党委并转南方局，经党中央同意，与越南劳动党中央联系后，特委派庞自入越联系具体安排。后庞自又派谢王岗向"老一团"传达上级关于"大部入越整训，小部坚持原地斗争"的指示，并告知与越方商定的入越路线。为了落实入越的具体行动，又派遣朱兰清前往河内联系，由越劳动党中央代表李光华（即黄文欢）接见，黄在接见中表示同意和大力支持。1946年2月底，按照越方指定路线，"老一团"共1000多人分为三批，第一批为团部和一、三营，第二批为二营，经峒模入越，沿平僚、新街、亭立、陆平，到达凉山的七溪驻扎。第三批为防城游击大队，该大队的大部分于4月间由马头山入越，驻守海宁省的新街，少部分人员沿海乘船入越，在海宁省登陆，5月到达新街，该大队入越后编为第四营。

入越后，黄景文到河内联系，越党中央派黄文欢接见，确定我部到高平省的坑陷建营休整，越方负责供应给养。

6月初，中共华南分局令广东区党委组织部副部长周楠为区党委驻越党中央的联络员。6月中旬，方方在香港接见周楠等。周接受任务后，率饶华、陈恩、余明炎、支仁山、梁家、全明等从香港乘船，于6月底到达海防，不久转河内。长期在越南北江省活动的中共广西桂越边境临时工委书记林中，通过越党中央介绍，在河内与周楠会面，就越南党对加强和统一华侨工作的要求，研究了华侨工作问题，分析了法帝侵越爆发战争的可能性。为做好援越抗法准备工作，决定从"老一团"抽调一批干部参加华侨工作，筹建华侨抗法自卫武装。工作重点放在华侨较多的北江省，并派人在该省做华侨头面人物赖炽臣、梅子南的工作。同时，依靠我党原来的工作基础开展工作，为组建越北华侨自卫武装做准备。

7月间，黄景文、唐才猷从高平赴河内向周楠汇报工作，周指示老一团按越方要求分为三部分：一部分驻高平省，一部分驻海宁省，一部分南下驻中圻。各部除抓紧整训外，要协助越南培训干部，做好华侨工作，打土匪，安定地方。中共桂越边境临时工委，根据上级有关恢复武装斗争的指示，将河内、海防、北江的华侨工作，移交入越整训的"老一团"负责。同时应越中央的要求，经周楠批准，由"老一团"政治处主任李廉东经办，将李森、刘陶建、郑庄（郑南）、余德福、沈鸿欢、唐光裕、黄家立、项有全、河南、沈醒民、陈青、翁择民、严端伊、黄文治、陈养、河六16位同志，移交越方搞情报工作，当时商定这批同志的党籍仍由我党管理，保留最后调动权。法帝侵越战争爆发后，这批同志由越南党派到南部的第五、六、八、九战区，同越南人民一同参加抗法、抗美战争。

7—8月间，按越南劳动党的要求，"老一团"进行了部署：在高平开办干部训练班，培训排长和机关干部，重点学习政治，由唐才猷主持；黄景文率一、二营开赴越南中部第四战区的义安县，以军事训练为主，政治、文化课为辅，协助越南卫国军整训；邀请黄景文到越南高级步校任顾问，并先后邀请我和廖华赴越太原省游击干训班任正、副教育长，黄英、陈庆方、李恒山、彭洋等随同前往任教，邀请陈炳松到义安省越南部队上军事课；同时，接纳越南部队受训人员，将其分散编入我部队的班、排、连建制，同吃、同住、同训练，进行传帮带。我们帮助越南的上述工作，很受越南部队指战员的欢迎和赞扬。

不久，越北前线军情告急，我被调回团部。12月26日，法军占领河内，继续北进侵占海防、芒街的全部口岸，以及芒街至同登一线的所有城镇，并有进一步南北分进合击，打通和控制一号公路河内以北地段，侵吞越南整个东北，然后西征，占领越南后方太原的态势。此时，我奉命上前线，持军事特派员身份、代表团部指挥涂明堃营军事行动的信件，陪同越南高平省劳动党省委负责人，到溪探花传达参战命令。涂营立即沿一号公路南下北江省的保下，配合越军阻击法军北进，由李绵章、陆绵木西率武工队，在九号公路的广罗和左堆伏击法军成功，又在南树屯打了个歼灭战，特别是黎攻率部解放海宁省会芒街，打击了法帝国主义的侵略气焰，鼓舞了越南人民的抗法意志和信心。

1947年4月，周楠受华南分局关于组建"粤桂边区党委"和"粤桂边区纵队"的指示，偕庄田、郑敦从香港取道南宁、龙州，到达越南高平。不久，华南分局电示："周楠、庄田分别任'粤桂边区纵队'的政治委员和司令员。"6月，"粤桂边区党委"正式成立，华南分局命令"老一团"回国参战。10月，"老一团"在越南保霞召开回国誓师大会。此时，"老一团"的编制序列为"粤桂边纵第一团"，团长黄景文、政委唐才猷，我任副团长，李廉东任政治处主任。在边委的领导下，第一团离开了保霞。原本打算经凉山的中越边境入粤桂边区，后因情况变化，对进军方面有争论，经南方局指示，边委撤销回粤计划，把部队开赴桂西的靖西、镇边地区开辟新的斗争。

四、转战桂西丛山

第一团在纵队首长率领下，于1947年11月进入桂西靖镇区。打算第一步集中力量打下靖西、镇边，建立立足点；第二步与左江、右江党组织取得联系，在群众组织中打下基础，开辟滇桂边区的武装斗争，积极配合全国解放战争的进行。中共广西左江工委和边委从第一团抽调廖华、陈光荣、肖汉辉等一批同志，到广西靖西平孟附近开展工作。7月14日，在靖西的平孟、龙州的下冻、明江的爱店，同时发动武装暴动。左江工委在靖西地区动员了200多人，于7月下旬，在平孟至南坡途中，以伏击平孟乡伪乡长为暴动信号。暴动后，成立了一个游击大队，大队长廖华、政委邓心洋、大队副龙建甫。余明炎、庄梅寿、洪田参加了左江武装暴动，庄梅寿在万江县姜桂圩牺牲。

我军进入靖镇地区后，犹如猛虎下山，连战皆捷。回国前夕，为了扫除进军途中的障碍，团部派出一个主力连，在廖华游击大队的配合下，于11月4日攻打平孟之敌的果利据点，全歼守敌。边委随即率主力从平孟回国，进入北斗村。11月16日夜，在纵队首长的示意下，第一团奔袭百合圩一带的两个边防营，拂晓发起攻击，经三小时激战，除一部分敌人往德窝逃窜外，其余全部被歼。计毙敌90多人，俘敌180多人，缴获机枪5挺、步枪150多支、弹药和军用物资一批。我军一连连长黄进旺和一位战士牺牲，数人负伤。百合之敌被歼灭后，惠仙之敌移驻弄逢，团部奉命出击该敌。经周密侦察部署，于12月1日夜出动，拂晓发起攻击，全歼该敌380多人，缴获全部装备，俘虏剿匪副司令以下近百人。1948年1月，我部乘胜挺进德窝，敌凭险扼守预设阵地,并有两个保安团增援,我欲引诱敌脱离阵地后,伺机歼敌。不料敌人乘我主力西移、后方空虚之机,向我中心区反扑。我主力被迫星夜从德窝调回,保卫平孟解放区。14日晚10时,我袭击清华之敌。由于部队过度疲劳,各路配合不好,僵持至次日中午,敌被击溃,大部乘隙逃脱。此战毙敌20多人,俘敌10多人,缴获轻机枪3挺,步枪10多支,我军金美南等4位同志牺牲,2人负伤。

由于我军回国后在军事上的胜利,部队不断发展壮大,为适应新的斗争形势需要,第一团原团长黄景文同志调任桂滇边纵任参谋长,饶华任政治部主任。第一团的番号改为"桂滇边纵第一支队",我任支队长,唐才猷任政委。同时成立第二支队,该支队由广西地方部队编成,支队长廖华,政委开始是陈熙古,后来是梁家。

我军的节节胜利,震撼了广西反动当局。他们妄图扑灭人民武装力量,又调遣了广西大部分保安团,向靖镇地区的平孟一带进犯。2月间,敌一七四旅从安徽调回,与广西的第五、第九保安团和原来的"围剿"部队配合,向我进行更大规模的进犯。我一支队根据纵队首长的意图,决定利用有利地形,伏击向韦高镇南坡进攻的保安团。晚9时,敌察觉我意图,改从南坡山后,从伏击圈侧后反击我军,我军埋伏在南坡两面山背的一、二营,仓促迎敌,打响战斗，双方在半山腰展开白刃格斗。我部队勇猛，指挥得当，将敌人全部压下山谷。战斗从上午9时持续到黄昏，计毙敌90多人，缴获机枪3挺、步枪数10支、弹药一批。我军七连机枪射手胡养等5位同志牺牲，6人负伤。

在军事斗争不断取得胜利的同时，我们在政策上犯了"左"的错误，错误地提出"有钱人就有罪"的口号，打击面宽了，树敌过多，侵犯了中农的利益，脱离了基本群众，孤立了自己，特别是在敌人强大兵力压境之时，群众因害怕而纷纷外逃。这一教训是深刻的。

2月中旬，中共粤桂边区党委在北斗村召开第一次扩大会议，分析了边区的斗争形势，肯定了四个多月来军事斗争的胜利和成绩。会上有激烈的争论，但由于客观原因，未能很好地总结军事斗争、执行政策、群众工作等方面的经验教训，特别是没有来得及总结因政策过"左"而导致各方面恶果的严重教训。鉴于敌人大规模的围攻已经开始，敌我力量对比悬殊，在云南反蒋斗争迅速发展的情况下，为继续完成打开边区局面的战略任务，根据华南分局关于把在靖、镇区主力转移到越滇边境，准备入滇参加斗争，并与云南起义部队会师合编，开辟桂滇边区革命根据地的指示，确定"小部坚持，大部撤出"的方针，决定留梁家、邓心洋、廖华等同志组成新的靖镇区工委和原地方部队组建的第二支队，坚持原地斗争。纵队首长率主力第一支队于5月向桂越边境方向撤出。

主力撤出之前，为掩护边委机关和主力支队顺利撤离，边委令我率一个主力连，奔袭广西龙州的水口镇，吸引敌军回兵救援，以减轻敌人对以平孟为基点的解放区的压力。经过周密的侦察，在摸清了敌人的兵力部署、火力配系和内部情况后，我军于5月14日晚，利用雨夜不良天气，以炸药爆破，强攻坚守防御之敌，经40多分钟的激战，全歼伪广西边防团一个加强连，计200多人，缴获电台2部、机枪10挺、弹药和军事物资一批，打了一个漂亮的歼灭战。战斗中陈莫海等2位同志牺牲。完成任务后，我立即率部队返回，追赶主力至河阳。

5月底，郑均、洪居德等10多位同志组成武工队，为主力入滇做先导。在越南河阳省委的帮助下，我军从云南麻栗坡的攀枝花地区进入滇东南，积极在边境少数民族地区进行宣传动员，开展社会活动，同时与云南地下党组织进行联系；至8月中旬，先后在几十个村寨建立了关系，站住了脚，为主力入滇创造了有利条件。

五、挥戈入滇作战

云南人民在云南省工委的领导下，早在1948年初就举行了圭山起义。华南分局鉴于桂西和滇东南的武装斗争已成背靠之势，为促进桂滇边区武装斗争的更大发展，决定统一这两个地区武装斗争的组织领导,将桂滇边区纵队和云南起义部队实施合编。5月间,桂滇工委派至香港汇报工作的郑敦同志,受华南分局的派遣到达昆明,向云南省工委传达了分局的这一指示。经云南省工委决定,将云南起义部队命名为"云南讨蒋自救军"。

1948年7月,"云南讨蒋自救军"在朱家壁、张子斋、郑敦等的率领下,按照华南分局的指示,先到桂西,后转越南河阳,与桂滇边委领导的主力部队胜利会师。两地主力的会师,对于统一武装力量、建立滇东南根据地、加强云南地区的斗争,以及开展滇桂黔边区的游击战争都具有重要意义,同时也为边委领导机关入滇创造了条件。

两地主力会师后,南方局电示:"由庄田、郑敦负责组织前委,率主力到滇桂黔中心地区,发展斗争,开展工作"。边委为了贯彻南方局的指示,抓了下面几项工作:第一,召开边委扩大会议,总结在靖镇区斗争的经验教训,从第一支队中抽调部分干部到自卫军中协助整训,以提高部队的军政素质。第二,从第一支队中派出三批干部,进入滇东南地区开展工作,为主力回国做准备。其中,第一批为唐森、牛琨带领林三、沈德、廖文达,进入马关境内工作;第二批为谢森率领的武工队,经田蓬进入富宁境内开展工作;第三批派遣郭芳进入麻栗坡,加强郑均对该地区的工作,并于十月中旬组建麻栗坡工委,郭任书记,郑任副书记,周钟卓、梁惠、黄英为委员。第三,组建"前委"和"滇东南指挥部",整编部队。"前委"由庄田、郑敦、朱家璧、杨德华(即杨平)、张子斋五位同志组成,庄田为前委书记,黄景文为前委参谋长,部队共编成八个大队。原"云南讨蒋自救军"编为六个大队,另一个独立大队(即孙太甲大队)。原"桂滇边纵"第一支队组建一个大队(即立功大队)为"前委"的主力,大队长为李炳发,教导员为王奎,共1000多人。"滇东南指挥部"由唐才猷、饶华、岳世华组成,唐任党委书记兼指挥长,我任参谋长,指挥部负责指挥滇东南边境一带的所有部队。周楠暂留越南,以指挥和策应各地的斗争。全明留守越南的河阳后方。

准备工作就绪后,10月中旬,"前委"率部于麻栗坡攀枝花地区突破敌人封锁线,回国开展斗争。跨越国境后,直插纵深,迅速越过砚山、广南的接合部。为了迷惑敌人,掩护"前委"渡盘江北上,留下孙太甲独立大队在砚山、广南地区进行活动,相机出击,牵制敌人。"前委"向盘江北上途中,敌二十六军调遣五七八团三营,由富宁向盘江疾进,封锁戈勒渡口;该团一、二营从西畴尾追我军,以配合其后续梯队,妄图置"前委"于进退两难,腹背夹击,逼我决战。在戈勒地区,"前委"与敌接战,由于战斗失误,情况十分紧张。为摆脱被动局面,朱家璧、张子斋、祁山，何观龙等同志率原"讨蒋自救军"，分散秘密渡江，进至弥勒、泸西地区活动。"前委"即率立功大队南下，与独立大队会合后，在广南、砚山、西畴一带进行活动，伺机捕捉战机，歼敌后再渡江北上。

11月初至12月底，我们主动寻找战机，取得了三战三捷的胜利。11月5日，独立大队在广南境内的拉沟圹峡峪伏击伪保安暂编十三军一团三营，全歼该敌300多人，缴获轻机枪14挺、长短枪150多支。战后，"前委"在广南珠琳与独立大队会合，该大队扩编为第七支队，孙太甲、张鸿谋任正副支队长。12月中旬，我军七支队在砚山兔董地区，截击由于我军解放马关而逃窜的伪麻栗坡少将督办，歼灭伪保安团一个连和一个防卫队，生俘伪督办谢崇琦以下57人，毙伤80多人，缴获六〇炮1门、轻机枪3挺、长短枪30多支。12月25日，"前委"率立功大队和七支队，于西畴观音伐的芹菜圹峡峪，在纵队司令员庄田的亲自指挥下，伏击伪二十六军五七八团主力三营。战斗打响后，立功大队勇猛冲杀，激战五小时，全歼敌营长以下400多人，缴获八二迫击炮2门、六〇炮4门、重机枪2挺、轻机枪20挺、长短枪300多支，以及大批弹药、军需物资。三战三捷的胜利，尤其是芹菜圹的伏击战，使我军声威大震。敌恐于被歼，龟缩于文山。伪二十六军一六一师师长曹宗纯在马关解放后说："自五七八团三营被歼后，士气日益低落，只能取守势，而不能进攻了。""前委"在芹菜圹伏击战后，回师广南，于1949年元月初率立功大队胜利渡江北上，到达罗平的板桥，与刘清同志领导的地方部队会师。

1948年10月下旬，为策应"前委"北上盘江，"滇东南指挥部"所属各部队沿国境线出击。11月初，由我率领一个大队进入马关地区，首先拔除马关门户——瓦渣据点，接着组织武工队攻打船头，马关城内之敌闻讯慌乱。我武工队由岳世华率领林三、沈德、黄建生、廖文达、陈才等10人，在统战关系刘碧清的掩护下秘密入城，智取马关。守敌伪县长欧阳河图以下百余人投降，缴获轻机枪2挺、长短枪80多支。随后，大队入城，解放了马关。随后，大队继续向马关与文山交界的古木地区推进，积极开展活动，直接威胁敌伪在滇东南的指挥中心文山。与此同时，活动于麻栗坡、西畴、新街地区的武工队，配合部队行动，直接威胁麻栗坡和西畴县的反动政府，西畴伪县长弃城逃跑，麻、西两县随之解放。

1948年12月上旬，敌二十六军四一八团保安一团向西畴、马关、麻栗坡进犯。此时，梁家奉命率梁汝钦大队200多人，从广西靖镇区到达越南官坝，同11月就到官坝的华侨中队300多人合编。12月中旬，滇东南指挥部组织两个大队分头出击：一路由我率领，攻打田蓬，田蓬守敌被我炮轰后缴械投降。另一路由唐才猷、黄建涵率领，因攻打董干不克，互有伤亡，黄昏时撤回。在攻打田蓬、董干后，我部再次回师麻栗坡，拔除瓦渣据点，活捉伪乡长周永权。随后又攻打马关，部队以炸药炸死龟缩在碉堡内的伪县长王恩隆，俘虏常备队长以下百余人，缴获轻机枪2挺、长短枪百余支，恢复了除西畴以外的原有的解放区。马关、麻栗坡相继成立了区、乡和县人民政府。经过艰苦战斗，至1948年底，迫使敌人开始退守据点，取得了"前委"胜利渡江和开展滇东南武装斗争的胜利，为创立以滇东南为中心的根据地奠定了基础。

随着斗争形势发展的需要，中国人民解放军总部于1949年元旦颁布命令，宣布"滇桂黔边纵"正式成立。边委为执行上述命令，纵队首长确定，首先成立以第一支队为核心力量的主力支队。此时，第一支队的司令员为黄景文，政治委员唐才猷，我任副司令员。下辖两个团：第一团（即"老一团"），团长黄建涵，政委梁家；第七团（即孙太甲支队），团长孙太甲，政委岳世华。同时，将活动于麻栗坡、西畴、马关的武工队，以及在斗争中组建起来的当地基干队、护乡队等整编为第一、三、四护乡团。李鸿基任第一护乡团团长，郭芳任政委。1949年3月，边委在麻栗坡大坝召开会议后，护乡团第一、四团改编为第八、九团，李鸿基任第八团团长，郭芳任政委，唐森任第九团团长兼政委。

早在1948年,中共南方局书记方方在分局召开干部会议,就提出进一步开展武装斗争,以迎接南下大军。粤桂边区党委根据会议精神,曾确定"新一团"(于1947年组建的,团长金耀烈,政委李晓农)与化州的一个营组成西征团,进入十万大山开辟新区。该团于1948年底进入越南,后又转入云南,1949年3月到达滇东南与"老一团"合编为第一团,编入第一支队的战斗序列。不久,第一团团长黄建涵调滇南,由金耀烈接任该团团长,金调滇西后,又由陈炳松接任。第一团政委梁家调任七团政委后,由李晓农接任。

1949年7月,奉中共南方局和华南分局的指示,成立"滇桂黔边区党委",区党委书记为林李明。"滇桂黔边纵队"司令员为庄田,政委为林李明,副司令员为朱家璧,参谋长为黄景文,政治部主任先是杨德华,后为张子斋。

为了适应全国的解放战争,配合野战军进军大西南,解放云南这一总形势的需要,决定第一步加强部队建设,再次整编部队。全区共整编为12个支队。第一支队系唯一的主力支队,以两广部队为骨干组成,下辖三个战斗团,即:第十五团(由"老一团"和"新一团"合编而成),第十六团(以云南地下党领导的原国民党广南城防大队起义后,由两广部队配以主要干部在战斗中组建的),第十七团（由原云南第三支队缩编而成）。我任第一支队司令员，梁家任政委，杨守笃任副司令员，李鸿基任参谋长，李晓农任政治部主任。与此同时，又从原第一团抽调营以上干部61人，参与第四支队的组建工作，将三十一、三十三、三十五、三十七、警卫团等地方团队合编成第四支队，支队司令员廖华，政委饶华。

部队整编刚结束，敌二十六军以三个团的兵力，勾结保安团和地霸武装，进犯滇东南地区，先后攻陷邱北、马关、麻栗坡、砚山、广南等县城。同时，以梁中介为首的国民党广西特务武装"东南亚民主党教导总队"，勾结地霸卢桂才，进占富宁县城，扬言要打通桂西走廊。根据上述敌情，第一支队奉令渡盘江北上。途中，首先歼灭占据盘江南岸五洛河地区的地霸武装600多人，活捉土司恶霸何四麻子（何延珍），并召开群众大会公审后将其就地正法。渡江障碍扫除后，部队渡江北上，十五团拔除了曲靖与罗平接合部的重要据点潦浒石，毙伤伪镇长以下50多人。十六团击退二十六军一九三师一个团的增援，毙伤敌营长以下50多人，并进抵罗平与该地方部队会合。我一支队又回师滇东南。与此同时，四支队在文山天生桥击退敌一个营，毙伤40多人，并在弯刀寨、麻栗坡、平寨等地袭扰敌人。敌人在交通联络被截断、弹药物资补充困难的情况下，缩回开远与平远街老巢。

1949年9月，蒋家王朝在面临覆灭的前夕，妄图将云南作为其最后挣扎的阵地，对我"滇桂黔边纵队"实行更大规模的"扫荡"。敌二十六军一九三师和保安第一旅联合进攻弥、泸、罗、盘区；敌一六一师四八一团封锁盘江，切断我南北根据地的联系；敌四八二团进犯滇东南；敌四八三团直指滇越铁路西侧；九十三师进攻滇南。

针对以上敌情，区党委和纵队首长向边区军民发出战斗号令，坚决粉碎敌人的进攻，配合野战大军解放华南和西南的作战，主动寻找有利战机，集中优势兵力歼灭敌人。第一支队在滇东南奋勇作战，连续取得胜利。1949年10月，该支队率十五、十六团围歼盘踞在广南珠琳一带的地霸武装车骑骝部，歼敌300多人，活捉匪大队长龙树生。接着又围歼了长岭街地霸武装龙开甲，并伏击了敌二十六军四八二团的增援部队，歼敌80多人。随后，一支队转到广南。敌梁中介率领的"东南亚民主党教导总队"八九百人，在我军不断打击下，折损人马不少，尚存五六百人。梁匪按白崇禧的密令，企图窜扰广南，同惯匪钟日山、地霸王佩伦部会合，尔后奔滇西建立"东南亚民主联盟卡瓦共和国"。他们在途中被我四支队三十五团阻击后，回窜广南境内阿田附近的马然村，向广南逼近，企图两面夹击我正在围攻广南钟日山惯匪的一支队。一支队根据敌情的变化，为避免腹背受敌、两面作战的不利态势，迅速变更部署,机动于马然村附近,在运动中歼灭了梁中介匪部。除匪首梁中介10多人漏网外,击毙匪大队长以下250多人,俘虏副总队长赵仲秀以下200多人,缴获1.3毫米机关炮2门、重机枪1挺、轻机枪9挺、美造火箭筒1具、长短枪百余支。梁中介匪部被歼后,钟日山匪部在一支队回师广南途中,慌忙逃窜至广西百色,广南再次解放。至此,敌二十六军失去了依托,被迫撤出滇东南,我们进一步发展和巩固了根据地,在滇东南新解放区站住了脚。

1949年11月,"边纵"司令员庄田、政委林李明率第一支队及其所属十五、十六团,从滇东南经剥隘,向百色挺进,与四野三十八军一五一师从百色出发,经富宁、文山、马关,直插中越边境进占滇南重镇河口与金平,胜利完成了截断敌方企图逃窜越南的路线。追击途中,一支队的十五团配合四野的一个营,在蛮耗歼灭敌第八军军部800多人,俘滇东南八县"剿共"参谋长和金平伪县长以下60多人。随即十五、十六团又在蛮棒、蛮板地区消灭伪保安团和反动武装。在芭蕉河一战,除土司头人贺光荣漏网外,其余全部被歼,活捉了伪保安副司令,缴获大批物资。战后,与二野十三军的一个团,在金平芭蕉河会师,胜利地完成了配合野战军解放云南的任务。

1950年春,云南全省解放后,第一支队领导机关奉命主持云南省军区武定军分区的工作,我任该军分区的司令员，梁家任武定地委书记兼分区政委，孙太甲任副司令员，李鸿基任参谋长，李晓农任政治部主任，杨林任后勤部部长。

1950年3月，遵照党中央的决定，原"粤桂边纵"入滇参加云南武装斗争的"老一团""新一团"的指战员，仅留数十人在云南工作，其中有地市级干部9人、县团级干部21人，余为区营级以下干部。其余全部指战员，在张鸿谋、陈熙古、李恒生等同志的率领下，返回广东参加建设，为此，中共云南省委召开了隆重的欢送大会。

由广东南路人民的优秀儿女组成的人民子弟兵，在党的领导下，在广大人民群众的爱护和支持下，经历了两个战争时期，历时七八年之久。从日伪占领下的雷州半岛，到国民党统治下的广东、广西、云南三省边境的广大地区，又到法帝占领下的越南北部地区，纵横驰骋，转战数千里，在无巩固的后方、物质条件十分缺乏、语言不通等艰苦条件下，始终打不败、拖不垮，不断发展壮大，从胜利走向胜利，为粤、桂、滇三省人民和越南人民的解放事业做出了贡献。我军胜利的主要原因如下。

（1）有党的坚强领导。在敌我斗争极其尖锐、复杂的每一个关键时刻，都是党中央、南方局和南路特委及时指明方向，并由党中央、南方局先后派出周楠、庄田、林李明等党的优秀干部，直接对这支部队进行坚强的领导，这是我们能够克服各种困难、战胜敌人的根本保证。

（2）这支部队是按照党的建军路线组建起来的。指战员由苦大仇深的阶级弟兄所组成，长期接受党的教育、我军的优良传统教育、爱国主义和国际主义教育，遵循全心全意为人民服务的宗旨，执行"三大纪律八项注意"，懂得为谁当兵，为谁打仗，因而部队的阶级觉悟高，战斗力强。

（3）有广大人民群众的支持。他们把这支部队当成是自己的子弟兵，节衣缩食地帮助部队克服困难，甚至不怕毁家、坐牢、杀头的危险，为部队当向导、送情报、护伤员，送子参军，建立了浓厚的军民鱼水情，从而形成有力保障，使这支部队始终寓于民众之中、立于不败之地。

每当回首那艰苦的战争岁月，深感胜利来之不易。我们所取得的每一个胜利，都凝结着无数烈士的鲜血和生命。让我们深切缅怀在战争年代与我们并肩战斗的烈士们，光荣属于奋勇作战、埋骨青山的英雄们！

难忘的岁月

——忆战友黄景文同志[①]

今年（2003年）原哈尔滨军事工程学院（以下简称"哈军工"）部分师生在广州集会，隆重纪念黄景文同志的

[①] 作者许铭庄，副厅级离休干部。

诞辰。举办这次纪念活动，不仅是怀念他在哈军工工作时期培育出一批又一批国家栋梁的功绩，更有意义的是缅怀他不平凡的一生、战斗的一生。

正值景文同志诞辰之际，我回忆起我们共同战斗的情景，一幕幕往事历历在目。

我们相识在1939年春，景文同志当时是"南路抗日学生队"军事政治教员，七中队队长，总队党总支委员。"学生队"是原十九路军抗日将领张炎将军组建的，当时张炎将军在中共广东省南路特委的推动下，积极开展抗日救亡运动。"学生队"集中在茂名（现高州市）县郊集训。我在"南路抗日妇女服务队"总队部救护队工作，妇女服务队的总队长是张炎将军的夫人郑坤廉女士。人们都称"学生队""妇女队"为孪生兄妹。"妇女队"的总部设在茂名县西岸，距"学生队"驻地很近，"学生队"的同志常到"妇女队"来看病取药，我们也常背着药箱到"学生队"行医送药，因此很快认识了景文同志。他身材高瘦，目光炯炯，身穿整洁的军装，小腿上绑着扎实的绑带，常穿草鞋，更显其高瘦的形象。他做报告时说话逻辑性强，慢条斯理，引人注目，具有儒雅风度，大家都很敬重他。茂名旁边的鉴江，源于茂东，河水没涨时，河床两岸露出大片银色的沙滩，"学生队"的集训营地就在河畔的红花庙。白天他们上政治课，接受军事训练，有时还下乡宣传抗日，发动群众。晚上明月当空，他们就在沙滩上开展各种活动，汇报工作，交流学习心得，有时还举行营火晚会等，有些活动"妇女队"也参加。我们感兴趣的是读书座谈会，大家读的是抗日进步书刊，这些书刊都是从广州湾（现湛江——那时是法国租地）偷运进来的。有一次，黄景文也参加了读书座谈会，而且是主讲人。这次讨论，许多人都对黑格尔和费尔巴哈的哲学论感到费解，景文同志的发言给大家很大的启发，他谈到黑格尔的唯物论是对社会科学的一大贡献，虽然他是唯物论，但缺乏辩证法的观点因而易滑到唯心主义的漩涡，有了费尔巴哈的辩证才是科学的唯物辩证法。他的论述使我们受益匪浅。

一次难以忘怀的活动是鉴江河滩上举行的营火晚会，气氛热烈，各队表演不同节目，唱抗战歌曲，演街头话剧，如《放下你的鞭子》《抓汉奸》《送儿上战场》等等。唱歌更是频频不断，高个子的景文同志站起来指挥，唱的是《太行山上》，大家高唱："红日照遍东方，自由之神在纵情歌唱……"歌声停了，全场响起热烈的掌声。随后，景文高声说：《延安颂》，"妇女队"的同志当然不甘示弱，大家站起来齐声唱着："啊！延安，你这壮丽雄伟的古城……"在宁静的夜晚，嘹亮的歌声此起彼伏，荡漾在鉴江的上空，明月高高地挂在晴朗的夜空，河水在火光的映照下，粼粼光影缓缓流过，一个多么富有浪漫色彩、令人难忘的晚会！更令人难忘的是青年们的抗战热忱像熊熊的营火一样的高昂，他们对革命圣地延安充满了无限向往，对革命必胜充满了乐观主义精神。

1939年国民党制造"平江惨案"，掀起了第一次反共高潮。南路的抗日救亡运动也因此受到影响。为了适应形势的需要，张炎将军在我党的影响下，1940年春组建了"广东南路抗日游击干部补训队"（以下简称"补训队"），训练既经得起考验又能分散深入各地活动的干部。该队有180人，都是从"学生队"、妇女服务团中抽选出来的骨干，其中有一个女中队，这时我也从"妇女队"到了"补训队"。黄景文同志仍是"补训队"的军事教员，是"补训队"党的领导之一，"补训队"的领导还有陆新、阮明等同志。下属各队都有党支部，女中队的党支部领导人是李华良、伍雍娴、夏一如（李夏湘）同志，各队都有不少党员。"补训队"仍集中在红花庙集训，军事训练要求严格，政治课仍以抗日救国的道理入手，以不同的方式传授共产党当时的方针、政策，还讲授游击战在抗日战争中的作用。游击战略战术由黄景文同志负责讲授，他常以敌后游击区为例，深入浅出，引人入胜。他谈道：在正常的情况下，以强示弱容易做到，以弱示强就不容易了。游击战的用兵方法是主动和灵活性相结合，虚中有实，实中有虚，真真假假，变化无穷，以少量的兵力牵制敌人，消灭敌人，破坏敌人的武器装备，从而取胜。这些论点被有识之士认为是"孙子兵法"理论，是毛主席的战略思想。景文同志在这方面有一定的理论修养。据悉，他在不久前曾参加叶剑英元帅任副主任的黄埔军校游击干部训练班。他给大家讲的军事、政治课是那么生动，吸引着大家认真倾听学习。景文同志还善于唱歌，结合游击战争课程教我们唱《游击队之歌》："我们都是神枪手，每一颗子弹消灭一个敌人……"这歌声歌词我至今不忘。他在政治上很关心大家，还秘密地传读毛主席《论持久战》等著作。

国民党特务常到红花庙侦察，说红花庙花是红的，人也是红的，共产党要在这里搞赤化。鉴于形势不利，"补训队"于是转移到茂南的南盛镇，这个转移也有利于开辟新区。这次行军荷枪负弹，景文背着沉甸甸的行装步行了70多里，到达后马上就到群众中开展抗日宣传工作；在大家感到很疲劳的时候，景文同志到我们中间嘘寒问暖，鼓励我们。驻扎下来后，因当地缺粮，常吃白薯，连叶子都吃，大家吃不饱，很想吃一顿大米饭，也有人说怪话。有一天，景文捧着饭碗到我们队和大家一起吃饭，风趣地说："你们知道吗，白薯、南瓜是营养很丰富的粮食，对女同志特别好。""我听说你们都不喜欢吃，看现在不是吃得很香吗？"他还意味深长地说："我们是战斗队，是工作队，应与老百姓同甘共苦。这里的老百姓都是吃白薯，我们有什么特殊呢？"之后，和大家高高兴兴地唱起《游击队之歌》。"我们都是飞行军，哪怕那山高水又深。没有吃，没有穿，自有敌人送上前……"雄壮的歌声鼓舞了大家的斗志。

1940年春，烽烟弥漫，战火纷飞，国民党反共逆流冲击着粤西南路，"学生队"副中队长周崇和、队员文允武（均为共产党员）在茂名新垌乡宣传抗日，张贴八路军抗日通电，被国民党反动派拘捕，并要押送省府行营处置。为了营救周、文二人，党组织领导我们向国民党展开了激烈的斗争，我们向国民党提出无条件释放周、文，因为他们抗日无罪，我们的口号是："要抗日，反对投降；要团结，反对分裂；要进步，反对撤退！"我们到农村、到群众中揭露国民党反共阴谋。景文、陆新等同志深夜和我们开会，布置每日的斗争策略。此时，"补训队"出现了不同观点，怀疑我们扩大宣传与国民党斗争的矛头是指向张炎，使他两面受迫，说我们不明真相，被坏人利用。这时景文同志教导大家要坚持团结，要积极向他们讲清道理，争取大多数，指出发动群众、以理力争、揭发反共阴谋，正是支持张炎抗日，反对反共力量。不经过斗争，国民党反动派是不会心甘情愿放人的。群众对国民党反动派的斗争发展到绝食，并坚持了三天的绝食斗争。随着四面八方的声援，雷州半岛的"遂溪县青年抗敌同志会"也派出代表到高州请愿。在各方舆论的声援下，国民党茂名政府把周、文二人押解回张炎所管辖的专员公署审理。党内派出景文、陈信材等同志和张炎协商,最后张炎放了周、文两位同志。周崇和(罗文洪)在其回忆录《"周、文事件"》一文中写道:张炎把释放周、文的任务交给了景文同志,景文的旧部下陈世雄将周、文二人带出门口(据李夏湘说景文同志戴上口罩也在现场),把他们交给了组织派来的三个同志。他们逃出高州到化州,陈信材在化州转接他们,最后送到海南岛游击区。张炎对其上级的呈文则说是:"案犯周崇和、文允武串通警卫连班长陈世雄越狱潜逃……"国民党对南路的抗日救亡运动横加镇压,强迫张炎开除"补训队"男女队员17人(女6人),女同志有李绛云(烈士)、李华良、夏一如(李夏湘)、李学英、李晖雅和我。有不少同志在这场斗争中光荣地加入了中国共产党。张炎迫于形势压力,挂冠辞职去了香港。随着"补训队"的解散,我们被列入了国民党的"黑名单",随时都有被捕的危险,党组织把我转入地下工作,从此便和景文同志分别了。

景文同志长期与张炎共事,他的才华和统战工作的能力深得张炎的信任和赏识,许多重要举措都听从景文的建议。1944年,张炎又重返他的家乡吴川县,两次高举抗日救国的旗帜,积极组织抗日武装力量。当时景文是南路特委吴、廉边区特派员,负责与张炎联系,献计献策。张炎在党的积极影响和受国民党反动派压迫的情况下,于1945

年1月率兵起义，把部队改称为"高雷人民抗日军"，并要求共产党派干部进行领导，表现出风雨同舟、肝胆相照的联共抗日的决心。

自与景文同志于1944年分别后，由于工作关系，大家转辗南北，数十年没有联系。50年代得知他抗美援朝胜利归来后，即随陈赓大将筹建哈军工，后任海军工程系系主任。1964年，我儿子老三考进了哈军工，那时我在国外工作，故专函委托景文同志关照。据知还有好几位战友的儿女在哈军工读书时，景文夫妇都多方关心，视如自己儿女，可见战友一往情深。

70年代，他为筹建海军基地南海深水试验区，来往于锦西、湛江两地，1978年路经北京时，特地停留探望在京的战友。遗憾的是我当时不在北京，后来看到他和我老伴合拍的照片，顿时感慨万千，阔别数十年，却失去了难得见面的机会。照片上的景文虽然老了，可精神不减当年。1983年春，他应邀回湛江参加"南路人民抗日解放军'老一团'团史座谈会"，不幸心脏病突发，病刚好就赶回锦西，路过北京时特地到我们家。老友相叙，百感交集，许多话不知从何说起。谁料到这竟是我们最后一次见面。

景文同志的一生，对同志无限热忱，对工作高度负责，在长期的战争年代中历经风风雨雨，新中国成立期间艰苦创业，积劳成疾，在血压高压达240的情况下，还坚持带病随鱼雷快艇出海进行试验,导致第一次心肌梗死。1983年他终因旧病复发而失去了宝贵的生命。景文同志虽然与世长辞了,但他不愧是一名光荣的共产党员,他光辉的一生,永远值得人民群众和他的战友缅怀。

参考文献:

[1] 陈庆伟,盘广琦:南路抗日"学生队"的缘起[J]. 南天星火,1985(4).

[2] 罗文洪(周崇和):"周、文事件"[J]. 南路风云,1983(4).

醒来惆怅吊忠魂

——忆战友黄景文同志[①]

清明节日谒陵园,访问甘林忆景文

风雨共舟同患难,亲如手足勇从军。

率师西征灭残寇,起义东征功永存。

梦里逢君犹健在,醒来惆怅吊忠魂。

这是我在1985年清明节作的一首诗,表达了我对战友黄景文同志的怀念之情。

我和黄景文同志是在1940年夏相识的。当时正值国民

---

① 作者黄明德,系原中共湛江地委副书记、湛江地区行署专员、省顾委委员。本文出自黄明德:《晚晴集·文选》,1996年湛印准字第170号,第202-206页。

党顽固派掀起反共高潮，革命形势比较恶劣，他奉党组织之命，由张炎将军开办的广东南路抗日游击干部"补训队"撤退到遂溪县。他和爱人李夏湘均以教师的身份为掩护，分别在遂溪东区甘林村和田寮村的乡村小学教书，开展革命活动。那时我任东区区委书记，黄景文同志到东区后也参加了区委，负责宣传工作，由于工作上的关系，我们来往比较密切，互相之间无所不谈。每逢白天课余时间，他就同农民一起耕田种地，晚上则在夜校教农民识字、唱歌，宣传抗日救国思想。他在甘林村前后只有几个月的时间，但他平易近人、热情待人的个性，艰苦、深入的生活作风，认真、细致、慎重、灵活的工作态度和工作方法，使他同甘林村的群众结下了深厚情谊，同时也使甘林村的抗日宣传工作开展得有声有色，气氛热烈。他和李华良（也是从游击干部"补训队"撤退出来的女党员干部）经常组织甘林村的群众进行男女分组歌咏比赛，寓教于乐，很受群众欢迎，至今尚有老农忆谈。

他在甘林村期间，我常到甘林村去检查和布置工作。他对我的安危十分关心，曾多次提醒我说："目前国民党顽固派的反共高潮已在南路泛滥，特务活动猖獗。你们组织遂溪黄略反汪肃奸大会后，据说你已上了反动当局的'黑名单'。你是区委书记，平时走村串户比较多，千万要特别小心，脑袋上要多长几双眼睛才行呀！"这些话，在当时来说是很平常的，但今天回想起来却感到多么亲切和动人肺腑。约在 1940 年 11 月，中共南路特委根据形势的需要，在湛江市区陈屋港村秘密举办区以上党员干部训练班，对各地的干部进行形势、革命气节和游击战争知识的教育。这时，黄景文同志离开了甘林村，参加了特委举办的训练班工作，负责讲授抗日游击战争这个课题。他讲课时，很注意理论与实际、形势教育与军事教育以及知识性与趣味性相结合，因此，他的课讲得都很成功，我们听了都觉得受益匪浅。

1941 年"皖南事件"后，国民党顽固派掀起的第二次反共高潮达到了顶点。由于形势的变化和工作上的需要，我于是年秋从化县（当时我负责化县全面工作）调任吴（川）梅（菉）地区特派员，不久黄景文同志也转到吴（川）廉（江）边工作。1943 年 2 月，日军侵占了雷州半岛，吴、梅及化、廉边地区变成了抗日前线，南路特委为了加强对抗日前线武装斗争的领导，于是年夏把吴川县、梅菉市及相邻的边境地区分三片设立特派员，我改任梅（菉）茂（名）化（县）吴（川）边特派员，黄景文同志任吴（川）廉（江）边特派员。此后，他积极领导这些地区的党组织，广泛发动群众，组建抗日武装，大力开展武装斗争。他所部署和指挥的两家滩拱桥伏击战和钩镰岭战斗，有力地打击了日伪军，在廉、化、吴边率先燃起了武装抗日的烽火,在南路地区产生了较大的影响。1945年1月,他带领廉、吴边的抗日武装,参加了以吴川为重点的南路抗日武装起义,后相继任南路人民抗日解放军第二支队队长、第一团(后称"老一团")团长。他在实际斗争中施展军事才华,为南路地区的抗日武装斗争做出了应有的贡献。

日本投降后,大批国民党军队进驻南路,名为接受雷州半岛日军投降,实质是大举"围剿"革命武装。为了保存革命力量,南路特委决定由黄景文、唐才猷率领主力"老一团"西征十万大山(后入越休整和支援越南人民的抗法斗争)。当时,我因病撤回遂溪东区疗养,在敌人"扫荡"频繁时,应遂溪县党组织领导人的要求,带病到遂溪中区负责地方党的工作,组织反"扫荡"斗争。黄景文同志率队突围西征前夕,在遂溪中区同我见了一次面,各自谈了对形势的估计和今后的计划。临分手时,他语重心长地对我说:"现在国民党大兵压境,到处疯狂'扫荡',这里是老地区,敌人是不会轻易放过的,你的身体不好,走路不便,千万要注意安全!"病中的我听了他这几句话,感到异常温暖,话虽不多,却饱含着深厚的战友情、真挚的知己情、亲切的手足情。

新中国成立后,在沙场上转战了多年的黄景文同志,不思解甲,仍然依恋着艰苦的军旅生活,在锦州海军基地任副司令员。有一次，我因公去锦州参观，特抽空到海军基地司令部去探望他。本以为这次可以同多年不见的老战友会面的，却碰巧他出差去了，我只好遗憾地离开了司令部。过后不久，他给我一封信，字里行间尽是肺腑之言，虽然未能见面，但念其信已如闻其声、见其人。

1978年，我们这对分别了30多年的老战友终于见面了。当时，由于国防建设的需要，黄景文同志前来湛江筹建海军试验基地南海深水武器试验区。我们相会于过去战斗过的地方，自然欣喜万分，往事涌现，百感交集。此后几年间，他不辞劳苦地南来北往，奔走于锦州、湛江两地，为建设南海深水武器试验区竭尽了晚霞金辉。在这期间，他有感于今昔，给我和我的爱人李华良赠了一首诗："三餐薯粥成陈史，万顷胶林天下奇。寒岁已随霜雪去，绿荫处处听莺啼。"这首诗，他叫人装裱好后寄给我，我收到后一直把它悬挂于客厅。1983年春，他应邀回湛江参加"老一团"团史座谈会，不幸心脏病发。我十分焦急，于百忙中（我当时任湛江行政公署专员）组织抢救。愈后又劝他到广州去再疗养一段时间，但他却急于回锦州工作去了。过后，我仍然放不下心，经常打听他的消息，了解他的病情。1983年10月，我突然接到从锦州发来的讣告，得知他因心脏病复发而逝世，心里十分难过，泪水不知不觉地夺眶而出。

黄景文同志逝世至今已近10年，这10年间，我常常想起他。每当我回忆起昔日与他"风雨共舟同患难，亲如手足勇从军"的情景，便会产生"梦里逢君犹健在，醒来惆怅吊忠魂"之感！

鉴江旧事

四十年前长夜天，奔波国事鉴江船。
艄公未识恩仇史，旅客乘舟马列传。
开店经营联志士，为师办学育英贤。
群魔梦碎成荒鬼，梅菉枪声庆凯旋。

——《粤西古今诗词选》

[40多年（1944—1984）后，黄明德从湛江来吴川故地重游，想起当年如火如荼的斗争以及诸多故旧好友，慨然赋诗。编者注]

缅怀我的良师、好领导[①]

——忆在黄景文同志直接领导下工作的日子

1943年至1944年冬，党派黄景文同志担任中共吴、廉边特派员。1945年1月起，南路人民抗日武装起义后，他任南路人民抗日解放军第二支队支队长，随后任"老一团"

---

① 本文出自陈枫：《迈步人生》，中国文联出版社2004年版，第13-20页。

团长。这几年，在抗日战争形势发生急剧变化，党领导吴、廉边人民掀起抗日保家乡的武装斗争高潮，以及南路人民抗日武装起义中，我有幸一直在他的领导下工作，获得的教诲良多。他的这些教诲，成为尔后始终推动、鞭策我前进的重要动力。50多年过去了，每念及此，我对他的怀念和无限崇敬之情便油然而生。

1943年夏我初中毕业后，我的叔公陈信材（大革命时期的老共产党员），以村中遗风小学董事长的名义推荐我任遗风小学教师。他把我交给黄景文同志，此时景文同志是以遗风小学专修班教师的身份作为掩护，领导当地革命工作的。而我一介青年，虽在1940年受过遗风小学党支部梁惠章、苏坚的教育和培养，但时间很短，后来我便到外地念初中去了，因而对革命道理和党的知识懂得很少。然而，在景文同志的系列教育下，我的思想觉悟不断提高，随后他吸收我加入了党组织。通过在他身边工作，我在实践中向他学习，接受他的教育培养，使自己能逐步成长起来。

景文同志对党赤胆忠心，对革命工作高度负责，团结同志，平易近人，严于律己，宽以待人。他的好品德和良好的领导风范，不但我们青年一辈深有感受，连老一辈领导同志每谈起"黄老景"的品德、为人以及为革命所作的贡献等，也莫不赞誉有加。

1943年2月，雷州半岛、广州湾相继沦陷后，吴川已处于抗日前线，尤其吴、廉边更处于抗日斗争最前沿地带。在那革命风云变幻的关键时刻，中共南路特委对曾参加过由叶剑英同志主办的军事游击战学习班学习的黄景文同志委以重任，将其调任吴、廉边当特派员。与此同时，对老共产党员、在吴川人民心中具有崇高威望的陈信材同志，南路特委也委之以团结张炎、组织吴川人民群众武装抗日保家乡的重任。这两位对党无限忠诚的好领导，互相配合，相得益彰。我记得在遗风小学，每当景文同志主持研究和部署工作时，总是提到"老信（即陈信材）对此的意见如何如何，供同志们思考，开拓视野"；而陈信材也大力支持黄景文的领导，配合行动，共同去做张炎的工作。这样，吴、廉边动员组织群众的工作便蓬蓬勃勃地开展起来。从1943年3月起，仅一年多的时间里，吴、廉边游击小组，抗日联防队与日伪军进行了近10次大小战斗，均取得了胜利，尤其在钩镰岭围歼日伪军的大胜利，更是威震南疆。吴、廉边区确确实实是抗日武装斗争中坚不可摧的铁壁铜墙。这些卓著的成绩是群众有目共睹、有口皆碑的。据我所知，中共南路特委对黄景文、陈信材同志的工作也感到非常满意。新中国成立后，在纪念抗日战争胜利50周年的刊物上，陈信材、黄景文二人被誉为"南路精英"。

力量的源泉来自人民群众，这是千真万确的道理。吴、廉边广大人民群众在抗日武装斗争中的丰功伟绩是可歌可泣、永不磨灭的。这体现出吴、廉边人民的良好素质和爱国热忱。在短短的时间内就能迅速组织起这样大规模的武装队伍，取得一个接一个的战斗胜利，如果没有党的领导，没有优良的党干部正确贯彻党的方针政策，那也是不可想象的。在系列的抗日救亡工作中，景文同志是一位好领导，处处显示出领导的良好风范。

领导者以身作则，在工作中带头示范，深入教育发动群众，是景文同志一贯的良好作风。

遗风小学的教师在组织发动群众的工作中，都划定了范围，有具体的分工。景文同志负责的是一些特殊的对象，如做校长陈从儒的工作，教育发动我的双亲以及殷豪、志刚的家属等。每次碰头汇报情况，他都谈得很深入，对我们起着启发和指导的作用，而且对一些典型人物总是亲自去做工作。例如，夜校里有位50岁农民陈元泰积极热情参加夜校学习，群众讥笑他说是"没牙还学吹笛"。当我把此情况向景文同志汇报时，景文同志听后即亲自找陈元泰做工作，鼓励并表扬他。陈元泰以后逢人便说："高黄（黄景文）先生说，没牙还要吹笛，因为不识字、不懂抗日道理就成了光眼盲佬，有什么用？"景文同志还要我将这一事例编进夜校课本去。于是，一些中年以上原犹豫不敢来读夜校的农民，也纷纷参加了夜校。又如，夜校学生陈李保结婚才三天就报名参加抗日武装起义部队，景文同志听我汇报后立即抽空上门，表扬他和做其家人的工作。这大大推动了当时的参军热潮，不少泮北村甚至邻村的家长，带其子弟亲自找到景文同志，说要亲自把子弟交给高黄先生之后才心满意足地走了。估计当时泮北村及遗风小学师生参加抗日武装起义的部队有六七十人之多，其中大多数编入我带领的二支队六中队。参军热潮遍及吴、廉边区每个角落，数日内，整个边区就组成两个大队，共六七百人。

以身作则，言传身教，关心爱护群众，是景文同志一生的高贵品德，体现出领导者的良好风范。

1944年农历十月初八清晨，景文同志在遗风小学截获新民小学的同志送来的关于日伪军已入侵我边区迈进乡公所所在地湍流村的消息，他稍做部署后，便立即带领游击小组和泮北村联防队前往追击堵截敌人，他一人冲锋在前，我们气喘呼呼地跟随其后，很难跟上，当追至钩镰岭时，我们联防队便把敌人堵住了。但当时尚未准确弄清敌人龟缩之处，景文同志命令我游击小组继续搜索前进，到距敌100米左右时，我们遭到敌人一轮机枪扫射，在景文同志火力掩护下，我们回到他的身边待命。不久又见敌阵地上同时突起两个头像，景文同志感到不妙，立刻把我按倒，并叫殷豪、德贞、志刚等卧倒。景文同志把他那高大的身躯压在我的身上。不出他所料，敌人机枪立即扫射过来，幸而我们都没有受伤。显然，这是在危急关头，他把安全让给战友，而把危险留给自己的一种高贵品德。这使我对他无限感激和敬佩，终生难忘。接着，他重新把大家安排到有利的地形去掩护、射击，他自己却在较为暴露处继续指挥战斗。并且教育和嘱咐大家，如果见敌阵地上同时突起两个头像，那便是正副机枪射手准备扫射的迹象，大家应立即向该目标一齐射击，并指令我们把步枪表尺起至450。果然，经我们几次射击后，敌人再也抬不起头来。

1945年6月，我在廉江县新塘抗日联防区听到和景文同志西征合浦归来的同志讲了一件动人的事。那时我部在白石水金街与敌人打了一场硬仗，激战一整天，傍晚，部分敌人被我部击退，我部也主动撤离。当我部到达歇息点时，战士们由于劳累过度，一坐下便呼呼入睡了。景文同志却一声不响，先安排好哨兵后，即与几个炊事员一同做饭，饭好后才叫醒同志们起来吃饭。我听后热泪盈眶，对此感动不已。

景文同志对我们的培养教育，并不只是就事论事而已，而是抓住关于树立革命人生观的问题，从根本上提高我们的觉悟。他通过民族英雄岳飞、文天祥等事迹，通过当时《新华日报》《群众》杂志有关抗日根据地抗日英雄的资料教育我们，并谈他自己的体会，他认为："一个人的生命是短暂的，做人就要做个真正有用的人，要为民族、为国家、为革命多做贡献，这才无愧于时代，无愧于自己，不然庸庸碌碌一生，与草木同朽，是没有意义的。"这些教诲，使我在后来的革命工作中，在危难时或工作顺利时都同样起着激励、鞭策的作用，成为推动我前进的动力。

景文同志坚持原则，严于律己，宽以待人，使人感到亲切和令人敬佩。

1944年11月，景文同志亲自部署新民小学游击小组的同志抓反动头子萧联堃。萧被抓获后，由陈克正等押着归来，当到达东涌海堤时，萧联堃挣扎逃跑，陈克正开枪伤了萧的手后，萧还是滚下海堤跑了。时因夜黑，无法追捕。陈克正带着伤心和恐惧的心情，哭着向景文同志汇报。景文同志严肃地批评了克正的失职、错误，并指出这条"毒蛇"今后会对革命对人民危害更大，等等。但同时又分析事件的另一个因素是经验不足，说明自己在这一工作部署中还不够严密细致，对一些可能发生的问题未能事先给大家提醒、指出。在这方面，可以说自己也有责任，都要总结经验教训。这样，使同志们既正视了自己的错误，同时也增加了今后做好工作的信心。

80年代初，景文同志应邀回南路、吴川参加党史座谈会，写回忆录。我想，以他在战争年代的职务和经历由他来为南路编写党史是最合适的。他对革命高度负责的精神，很值得我们学习。

景文同志，人民永远怀念您，敬佩您。

吴、廉边区人民英勇的抗日武装斗争[①]

日寇强侵游击区,钩镰岭上打东洋。

联防勇士声威壮,合力围歼恶虎狼。

1944年11月23日(农历十月初八),我吴、廉边区游击队(当时公开称"抗日联防队"),在中共吴、廉边特派员黄景文的指挥下,于石门乡钩镰岭围歼前来侵犯我边区的日伪军混合队六七十人,取得了震撼南路的重大胜利。它令日寇失魂落魄,胆战心惊;它使南路人民感到莫大的鼓舞,激发了斗志。这次胜利,是自1943年以来我军抗日游击队在吴、廉边区沿海一带取得的系列战斗胜利中的一次重大胜利,同时也是我党与国民党爱国将领张炎、詹式邦部队团结合作抗日的战斗范例。

1943年2月,日寇登陆雷州半岛、广州湾后,整个雷州半岛以及廉江县大片土地均被日寇占领,吴川全县已属抗日前线,吴、廉边区沿海一带则处于抗日斗争的最前沿。中共南路特委指示,为了加强和领导吴、廉边区抗日武装斗争,决定派黄景文任特派员,迅速在有党组织的村庄、学校组织起抗日游击小组武装;在党组织活动范围内的村庄,则公开以巡夜队、看垌队等形式组织抗日武装。其时,

---

[①] 作者陈枫,本文出自《湛江市坡头区文史》,1996年第3辑,第30-35页。

吴、廉边区也曾驻过一些国民党军队（如臂章上名为"南特"的部队），但他们平时欺压群众，当风闻日寇来犯时即向后方逃跑，甚至乘机掳掠群众。他们驻防不到一两个月就逃到大后方去了。党组织响亮地向群众提出"组织起来，抗日保家乡"的号召，深得群众拥护，很多村庄都先后出钱、出粮、出枪，把自己的子弟武装起来。国民党军逃离边区后，我军抗日联防队在战斗中不断壮大。群众都说，这回送走了"瘟神"（指国民党军），我们有了自己可靠的"保护神"（指我军抗日联防队），我们放心了。

1943年3月的一个夜晚，遂溪乌蛇岭据点的日伪军20多人，偷犯我石门乡新村，群众大批财物、牲畜被掠走，有两名妇女被强奸。日寇的残暴和兽行，大大激起了边区人民对日寇的切齿仇恨；同时也教育了边区人民，使边区人民意识到只有组织起来进行抗日斗争，才能保卫家乡。

1943年4月，日寇的骑兵队妄图进犯我石门埠。郭达辉、陈汉雄、宋家培同志带领游击队员30多人扼守门西高地，当敌骑兵到达石门埠对面平石渡口，欲强行渡海时，遭到我游击队猛烈射击，毙敌战马一匹，敌即仓皇撤退。这次战斗是我游击队打响边区抗击日寇的第一枪，从而拉开了吴、廉边区人民抗日武装斗争的序幕，加强了边区人民抗日保家乡的决心和信心。

1943年夏，我党派陈信材、郭达辉同志与张炎、詹式邦商议，决定吴川划分为三个联防区。吴西南联防区主任由当地享有很高威望的陈信材担任（陈是1926年入党的老党员），招壁墀任副主任（后詹式邦挂名主任）。这样，联防区和抗日联防队就在党的直接领导下建立和健全起来。吴、廉边区沿海一带，北起廉江的滩颈渡，东至大垌村，南至五里山、莫村，建立起的联防站连成一线，组成一条坚强的抗日防线。地方上有影响的一些人，如劳耀先、冯大猷、庞成福、李乔焕等都担任了联防站站长。而游击小组在边区则以容居小学、遗风小学、新民小学、正奏小学等几个点作为骨干核心力量。

　　日寇骑兵在进犯石门失败后，更加疯狂地频频侵扰我边区，妄图消灭我军联防武装力量。然而，迎接它的则是抗日联防队的猛烈炮火，等待它的是接连的可耻失败。

　　1943年10月，日寇从广州湾开来炮艇一艘，日伪军20多人，突袭我莫村。大垌联防队闻讯，由郑康惠、郑保带领队员三四十人，协同莫书奎带领的陇水乡队、莫村联防队20多人，占领林海村边的有利阵地，对日伪军进行截击，日伪军慌乱地抛弃了抢掠来的衣物、牲畜，狼狈登艇逃命。1943年冬，日伪军二三十人乘炮艇在新村石角咀海面游弋，妄图再次进犯我新村，当即遭到由陈汉雄指挥的石门联防站和新村联防站的联防队猛烈射击，日伪军抱头鼠窜而逃。

1944年4月,日伪军40多人从广州湾窜到五里山、谭村、官渡一带,妄图登陆。我大垌联防队和李乔焕带领的官渡站联防队、庞成福带领的石窝站联防队共同夹击敌人,激战近一个小时,敌仓皇逃遁。

1944年秋,日寇更加疯狂,从广州湾开来两艘快艇,日伪军共五六十人窜入石窝海面,强行登陆。陈汉雄、冯大猷率领的石门乡联防队,庞成福带领的石窝站联防队以及李国志带领的麻握联防队,占领石窝沙角咀海岸有利阵地,待敌艇驶入我火力网后,即猛烈射击。激战一个多小时,敌艇多处着弹,敌不敢抬头,即向广州湾方向逃命。

为了主动打击日伪军,中共吴、廉边特派员黄景文抓住时机,部署了拱桥伏击战。黄景文亲作战斗部署,强调了初战慎重、首战必胜的指导思想,指定由林林、黄飞担任指挥,带领正奏小学、新民小学的游击队,成安乡、石门乡游击小组共五六十人,于1944年农历八月中旬在廉江成安乡拱桥伏击。这股每逢两家滩圩日都来抢掠的号称"廉江民众联合队"的伪军共20多人,在伏击战中被我俘虏2人,伤数人。拱桥伏击战之后,黄景文分析了当时的情况,认为日寇必然会向我军报复,进行疯狂反扑,因而指示各抗日游击小组、抗日联防队提高警惕,加强战备,准备迎击敌人。黄景文还亲自带领遗风小学、新民小学的游击队,在拉尾村一带进行夜战训练。果然不出所料,

1944年农历十月初七夜，遂溪乌蛇岭九间屋据点的日寇，出动了由敌中村分队长带领的日伪军混合队六七十人，袭击我成安乡公所所在地湍流村。成安乡乡队副马俊英同志警惕性高，入夜已带领游击小组、乡队武装撤离了该村。初八日凌晨，日伪军扑了空以后，疯狂地在该村打家劫舍，并向石门埠方向窜犯。清晨，特派员黄景文截获情报后，迅速向各游击小组、联防队作部署，并立即亲自率领白鸽港、泮北的游击队追堵敌人。当日伪军到达钩镰岭，欲过海堤向石门埠进犯时，当即遭到我军门西高地的陈汉雄、冯大猷、黄联吉所带领的联防队、乡队的阻击，敌始终无法冲过海堤，被迫龟缩于钩镰岭海一侧。黄景文带领的边区抗日武装近200人随后追到，将日伪军紧紧包围起来。

钩镰岭围歼日寇的战斗打响后，边区人民群众1000多人先后从四面八方赶来参战。钩镰岭附近几个山头及石门埠那边的一些山头都站着人群，人们挥舞着大刀、禾叉、锄头等武器，呐喊助阵，日寇不知我们究竟有多少人马，始终不敢前进半步。这时敌阵地已完全暴露在我军门西高地联防队火力射击网内，敌人的一举一动都在我军视线范围内，敌随时都会被我火力袭击。敌人不得不加紧深挖壕沟。战斗中，边区人民的老人、妇女纷纷给我们送饭、送水。遗风小学的女教师陈婉文、李学英同志，带领女游击小组成员组成救护队，到战场服务（后来她们为詹部受伤的官兵包扎、医治）。钩镰岭整个战场上出现了边区全民同仇敌忾、团结抗日的极其感人的场面。

钩镰岭上野草蔓蔓，我们距敌人四五百米。起初，我们对敌阵地分布情况还不完全清楚，黄景文曾派我带领本游击小组詹德贞、陈殷豪、陈志刚、谢林等人向前搜索，当我们前进至距敌不到100米时，即遭敌人一阵轻机枪的扫射，我们处境十分危险，在黄景文指挥的火力掩护下才得以安全撤回阵地。此后，敌人一抬头即遭我军射击，战斗从早上8时许至下午1时多，日伪军已被我军打死四五名，伤数名，我军无一伤亡。

次日上午，张炎得悉此情况，迅即通知驻在岐岭寨的詹式邦率部前来协同作战。下午2时左右，詹率警备部队赶到战场，投入战斗。詹部担任主攻，向敌阵地发起多次冲锋，继续扩大战果。晚上9时左右，月儿西沉，日寇从广州湾开来炮艇，增了援兵，在照明弹的照射下，抬尸扛伤，灰溜溜地逃回广州湾去了。

是役，共毙日寇中村分队长以下日伪军10多名，伤10多名。翌晨，我们打扫战场，捡获敌弯曲的刺刀5把、烂钢盔近10顶，二三十摊血迹赫然入目。詹式邦部队官兵在战斗中英勇冲锋杀敌，壮烈牺牲三四人，伤近10人。

钩镰岭围歼日寇取得重大胜利后，日寇再不敢前来犯我边区。我边区的游击武装部队，一下子从原来的300多人扩展到 500 多人。人民群众更加拥护、支持和信赖我们。

钩镰岭的重大胜利，让国民党顽固派感到异常恐慌和恼怒。当时国民党吴川县县长邓侠认为，钩镰岭一战打得这样好，肯定是共产党人打的。于是战斗结束后不到三天，邓侠便亲自率武装部队前来石门乡追查共产党，并搜索泮北、谭滩、碑头等几个村庄。然而，他们是徒劳的，我们早有防备，把游击部队掩蔽起来。当邓侠问及群众是哪些人在打日本仔时，群众则答说，你们国军不打日本鬼，我们百姓要保家乡，当然就要跟日本鬼拼。邓侠一无所获，便气急败坏地溜回塘㙍他们的县衙去了。

历史充分证明，那些逆历史潮流而动的家伙，必然被人民所唾弃，被滚滚的历史潮流所淹没。邓侠一伙顽固派，破坏抗战，反共反人民，始终逃脱不了人民的惩罚和可耻的下场。

拱桥伏击战与钩镰岭抗击日军之战[①]

1944 年农历八月至十月间，我吴、廉边区游击小组和人民群众在中共吴、廉边特派员领导下，先后在廉江的两家滩拱桥和吴川石门境内的钩镰岭狠狠地打击了日伪军，

---

① 本文出自陈枫：《迈步人生》，中国文联出版社 2004 年版，第 50—60 页。

在南路人民抗日斗争史上写下了光辉的一页。

1944年，日本侵略军在南太平洋地区受到了严重挫折。侵占雷州半岛的日军在连遭我雷州半岛游击队的沉重打击下，处境十分狼狈。6月间，他们为了打通湘桂的退路，部分日军向广西丹竹方面进军，留占南路的日军仍做垂死挣扎。靠近我吴、廉边区的马头岭和乌蛇岭等据点的日军，经常从制高点向我边区村庄打炮，同时还经常抢掠骚扰我边区人民。针对这些严重情况，我边区党组织即响亮提出"组织起来，抗日保家乡"的号召，深为群众拥护。是年夏秋间，我抗日武装迅速组织和扩大起来：①我们已直接掌握了成安、石门两个乡队武装，并成立了我们的游击小组。②从东起吴川的龙头、西至廉江东桥一带，纷纷组织起游击小组。大垌村的容居小学、泮北村的遗风小学、白鸽港村的新民小学、东桥村的正奏小学，都是游击小组的重点和活动中心。这几个点的游击小组人数均在二三十人以上。③我们通过联防的形式组织群众武装，成立了"吴、廉抗日联防站"，从北起廉江的良田滩颈渡，西至东云彩、湍流、鸡笼、鸭窝等村，南至石门、新村、石窝仔、官渡等地，一共9个站。同时，不少大的村庄也都成立了村的联防站或巡逻队，每站的武装人数，少则数人，多则10人左右。联防主任由陈信材同志担任，实际是黄景文同志负责指挥。而驻在吴、廉边的国民党军队却畏敌如虎，风闻日军来犯，即望风而逃。1944年春，国民党反动头子戴朝恩的挺进队（代号"南特"）曾驻扎在泮北村一带。他们奸淫掳掠，无恶不作，不但不抗日，反而经常谣传日军来犯，乘机抢掠群众财物，群众对他们恨之入骨。是年夏，当日军进犯广西后，这些国民党军队就纷纷向后方撤退，逃之夭夭了。因此，边区广大人民强烈要求我边区抗日武装打击日伪军，保卫人民。他们出钱出粮，出人出枪，支援我游击小组和联防队的建立和发展。

1944年8月中旬，占驻遂溪四九圩的日伪军，常乘圩日到两家滩圩收税，勒索和抢掠群众财物。因此，我吴、廉边特派员决定打击这批敌人，保卫人民群众。农历八月中旬，由黄景文同志部署，林林、黄飞同志指挥，选择将两家滩西面的拱桥作为伏击点。参加伏击的武装队伍，既有正奏小学、成安乡新民小学等游击小组，又有石门乡陈汉雄等几个同志，共80多人。上午8时左右，敌伪军10多人进入我伏击圈后，我军即乘其不备进行射击，其当场打死打伤数人，还有两个伪军掉进桥底潭里，被我军活捉，我军则无一伤亡。这一胜利，打击了日伪军的威风，大大鼓舞了我军边区人民的抗日斗志。

但是日伪军并不甘心失败，当我军取得拱桥伏击战胜利以后，日伪军妄图伺机对我军进行报复。汉奸走狗加强了刺探情报的活动，企图袭击我游击小组武装。因此，特派员指示要提高警惕，注意敌情；同时加紧扩大武装队伍，时刻准备消灭来犯之敌。为了有效地打击敌人，我们除了针对拱桥伏击战中反映出来的射击技术差的弱点，加强射击技术训练之外，还加强了夜袭夜战的训练。因此，新民、遗风小学的师生和游击小组曾联合进行过两次黑夜"摸营"的演习活动。正奏、遗风、新民等小学，是年八九月间几乎处于半停课状态。

正当我们积极进行备战的时候，日寇果然纠集军队，向我边区偷袭。1944年农历十月初七夜，占驻遂溪乌蛇九间屋据点的日军，出动两个班，组成一支四五十人的队伍（番号、头目不详）袭击我湍流村（廉江县属）。他们的目的是偷袭和消灭我成安乡游击小组武装（成安乡公所驻该村），但成安乡乡队副队长、成安乡游击小组负责人马俊英同志（共产党员）警惕性很高，傍晚时分就已经把队伍撤离该村了。初八日凌晨，当日军包围湍流村时却扑了个空。于是，他们便四处开枪打牲畜、抢东西、抓村民，并抢走了成安乡公所的一匹红马，后向石门方向窜犯。清晨，当我们得悉这一情况后，特派员指示立即集中武装，部署追击围歼敌人。景文同志在泮北村遗风小学对战斗做了全面部署后，即亲自带领遗风小学的游击小组和部分师生，以及泮北村的巡逻队员共四五十人，搜索追击敌人。同时，派通讯员通知白鸽港新民小学游击小组、师生（四五十人）

堵住敌人的退路，并担负警戒廉江、遂溪方面的日伪军；通知陈汉雄同志带领石门乡队和联防队（四五十人）前往石门、南埇村一带从右截击敌人。当黄景文同志带领我遗风小学游击小组武装部队从中路搜索追击敌人至岭尾和鸭窝村附近的钩镰岭时，正好与敌人相遇，即刻把他们堵住，对敌射击。当时我曾带领本小组组员陈殷豪、占德贞、陈志刚等数人冲至接近敌阵地五六十米处，被敌以轻机枪火力压住，无法前进，后在黄景文同志的命令和火力掩护下退回了原阵地。我军占领钩镰岭南面海傍一侧，地势对我军是十分有利的。当时敌人曾一度企图向石门方向突围，但被我军陈汉雄、冯大猷等同志率领的队伍射击，敌人的阵地完全暴露在我军石门火力点面前，他们终于无法逃窜，逼迫用刺刀挖掩蔽体负隅顽抗。

晚上9时左右，月儿西沉后，广州湾方面的日军开来了一艘电船，运来了援兵。在照明弹的照射下，敌方的残兵败将抬着尸体、伤员，乘着电船连夜逃回广州湾。

翌晨，我们打扫战场，发现日军丢下刺刀5把、钢盔几顶，血迹共20多摊。

这次战斗，我们再次狠狠地打击了日伪军，敌人魂惊胆丧，以后再不敢逾越我边区一步。这次抗击日军，再次增强了我南路人民的抗日斗志，人民更加拥护、支持和信赖我们，纷纷要求参军参战，使我区的游击队伍从原来的三四百人迅速发展到500多人。这支经过抗日锻炼的队伍，后来成为南路武装起义第二支队的主要力量之一。

抗日"桥头堡"
——官渡大垌村①

（配合抗日行动，围歼日寇汉奸）

吴川西南区抗日联防队取得打击伪军的节节胜利，极大地激发了抗日武装队伍的斗志。1944年11月23日，吴川军民抗击日寇的最大战役——钩镰岭战斗打响了。大垌抗日联防队接到参战的命令，马上集中队伍，队员们手持步枪、猎枪、禾叉、大刀等各种武器，立即奔赴战场。在特派员黄景文的直接指挥下，大垌抗日联防队配合了其他的抗日队伍，把日伪军40多人围困在钩镰岭给予狠狠的打击。战斗从早上一直打到晚上8点，后来赤坎日军派来了汽艇接应，敌人才得以趁着黑夜狼狈逃走。这一仗在詹式邦带领的吴川县警备队的增援下，共击毙日军10名，伤敌10多名。钩镰岭战斗打得日寇丢盔弃甲，狼狈而逃。

日伪军在吴川西南区多次挨打后，实行了拉拢地方反动势力的政策，以寻找立足点。他们用巨款收买了强盗土匪30多人，参加了日伪和平队（汉奸队），头目"阳江

---

① 作者李应明，本文出自《湛江市坡头区文史》1996年第3辑，第36—41页。

西"依仗日寇做后台，对队部设在吴川县与坡头法租界边沿的海关楼进行拦路抢劫，气焰甚为嚣张。为了消灭这支汉奸队，由郑保、郑康惠带领的大垌抗日联防队30多人配合詹式邦带领的吴川县警备队及樟山抗日联防队一起进攻匪巢的据点，围歼汉奸队，当场毙敌3人，击伤多人。

抗日武装力量迅速发展，国民党反动派十分恐惧，不久他们就开始以主要精力对付抗日力量，企图扑灭革命火种。此时，大垌村的反动顽固势力也蠢蠢欲动，郑为楫对抗日联防队产生了仇恨，并进行监视和跟踪。中共南路特委为了反击国民党反动派的进攻，准备在南路举行武装起义。黄景文指示大垌村党支部迅速转移武装队，大垌抗日联防队（包括北马、背村、坑垅、胡林等村）共100多人，在郑康惠的带领下，把队伍拉到石门乡泮北村集训。1945年1月6日，在黄景文的率领下，大垌村武装力量会合石门乡武装力量共270多人在石门乡首先宣布起义，并成立了陈汉雄大队，陈汉雄任大队长，郭达辉任政委。大垌村的武装力量编在第一中队，中队长郑康惠，指导员黄文新，分队长郑保、郑乔松。此后，大垌抗日力量同张炎、詹式邦起义抗日军并肩作战，进军化州县，转战廉江、广西，准备开辟粤桂抗日根据地，同日伪反动派浴血奋战，直到日寇宣布投降。

从拱桥到钩镰岭[①]

——记廉、吴边区人民武装抗日的两场战斗

这是抗日战争时期发生的事情。

1943年3月，日寇占领了雷州半岛和广州湾，驻防在南路各地的成千上万国民党军队，节节败退，溃不成军。日寇野心勃勃，不断扩大占领区域。到了1944年夏秋之间，遂溪、廉江、安铺等城镇也相继沦陷。那些平日横行乡里、鱼肉百姓的国民党地方官僚，如遂溪伪县长铁胆、廉江县伪县长黄镇等人，更是畏敌如虎，闻风而逃。他们带着自己的爪牙，如同丧家之犬，龟缩到远离日寇占领区的廉江县山区塘蓬圩。这样一来，广大沦陷区便成了完全没有国民党武装的"真空地带"。日本侵略者及其伪军，便在这一地区建立据点、成立伪政权，为所欲为。

廉江县城安乡地处廉、遂、吴边界，这一带的乌蛇岭、马头岭和黄泥地都是日伪军的据点。这些据点的日寇、伪军经常窜到该乡的两家滩圩一带杀人放火，奸淫掳掠，征收各种苛捐杂税，人民群众苦不堪言。

面对这一情况，我党坚定地站在人民群众一边。在中共廉、吴边区特派员的领导下，我们公开提出了"组织起

[①] 作者肖剑锋，本文出自《南路风云》1982年第2期，第34–36页、49页。

来，武装起来，保卫家乡"的口号。特派员派出干部，在边区各个村庄进行宣传发动，组织各村成立抗日联防队伍，进而成立了抗日联防区，在联防区的指挥下，又进行村与村、乡与乡之间的联防。同时，特派员还在建立了党支部的白鸽港村新民小学、东桥村正奏小学、泮北村遗风小学、鹤山村玉田小学等处建立起完全由我党领导的抗日武装队伍。一个全民性的抗日联防阵线很快就在廉、吴边区形成了。

为了打击日伪军的嚣张气焰，鼓舞边区人民的革命斗志，边区工委决定组织力量，主动出击日伪军。1944年农历八月十三日，边区特派员黄景文在白鸽港村新民小学召开了战前会议。参加会议的有林林、黄飞、马俊英、全家荣等同志。会上，城安乡抗日联防队队副马振报告了一个情况：驻在黄泥地据点的日伪军一个中队，每逢农历一、四、七即两家滩圩日，①都会派出20多人的队伍，到两家滩圩强行收税。圩圩如此，从不间断。根据这一情况，经过与会同志共同研究，决定在拱桥（又称石头桥）伏击敌人。因为此桥是黄泥地到两家滩的必经之路，而且桥窄水深，桥头两岸又有甘蔗林，易于设伏。特派员批准了这个作战方案，参战的队伍有城安乡抗日联防队50多人，以及正奏、新民小学抗日武装队20多人。整个战斗由林林任指

---

① "一、四、七"指初一、初四、初七。

挥，黄飞任副指挥。

8月16日晚，参战的两支队伍开到城安乡沙田仔村，林林做了战前动员。深夜2时，部队出发，4时到达拱桥。林林、黄飞带领干部们侦察了地形，做了战斗的具体部署，然后兵分两路，分别在桥东西两头的甘蔗林中埋伏下来。

17日上午9时许，20多名日伪军扛着大枪，钻出了黄泥地村的老窝，大摇大摆地向拱桥走来。

这时，隐蔽在甘蔗林里的80多双眼睛紧紧地盯着桥面，紧张地期待着指挥员的歼敌命令，当第七个敌人走上桥时，东头打响了，这是指挥员林林发出的战斗号令。顿时，枪声大作，几十条枪口分别在桥的两头向着敌人射击。

桥上的敌人被这突如其来的攻击打得晕头转向，他们还来不及举枪还击，就有两人丧命，其余的也都受了伤，有的倒在桥上哇哇大叫，有的跌入河中哭爹喊娘。这些平日里耀武扬威、无恶不作的家伙，这时一个个丑态百出，乖乖地当了俘虏。

这一场仗打得确实漂亮。出其不意，攻其不备，速战速决，干净利落，不到五分钟就毙敌二人，伤敌俘敌数人，缴获枪支弹药一批，我方无一伤亡，胜利地打响了廉、吴边区人民武装抗日的第一枪。

战后第二天，林林又带着这支队伍到城安乡属的竹仔山、吉水仔等村庄，逮捕了一批日伪政权维持会的头目以及为他们种鸦片的人，并当场枪毙了三名首恶分子，有力地打击了日伪军的嚣张气焰。

黄泥地据点的日伪军遭此惨败，又恼又恨。他们把情况报告了上司，要求派兵报复。驻在赤坎的日军头目渡边下河获悉这一战况，暴跳如雷。他想，自从日军在南路登陆以来，千千万万的国民党正规军尚且一退再退，一逃再逃，几个"土八路"敢如此大胆，若不把他们斩尽杀绝，日军往后就不得安宁。但是，渡边心里也明白，就是这些"土八路"最难对付，他们来无影去无踪，说不定什么时候，他们又会突然出现咬你一口。这样的苦头，渡边在华北战场已吃了不少，要消灭"土八路"简直比登天还难。

正当渡边恼恨交加、无计可施的时候，一名伪军小队长给他送来了情报，说我城安乡抗日联队50多人，近来一直住在两家滩圩东面不远的湍流村。渡边听完，沉思片刻，然后传来了军事地图，在门头海湾上找到了两家滩和湍流村，"叽哩咕噜"地交谈了一阵之后，便对松川下达了命令。这日正是1944年农历十月初五。

当天晚上，天低云厚，空气沉闷，大地一片漆黑。11时过后，松川带着日军一个小队和伪军一个中队共七八十人，分乘三艘双桅木头船，从赤坎沙湾启航，偷偷摸摸地向两家滩方向驶去。

然而，这一切完全在我廉、吴边区党组织的意料之中。

农历八月十九日晚（即拱桥伏击战后的第二天），边区特派员黄景文就在湍流村南头山召集了拱桥之战的部队，并部署了新的任务。他指出，在当时的南路地区，日伪锐气正盛，他们吃了败仗不肯罢休，必然伺机报复，所以我们务必提高警惕。边区工委还在会上做了指示，倘若一旦发现敌情，各村各乡的抗日队伍要互相配合，互相支援，一切听从工委和抗日联防区的指挥。

农历十月初六凌晨5时，日伪军的三艘木头船，在距离湍流村四五里地的钩镰岭海边靠岸了。松川带着队伍，气势汹汹地向湍流村扑去。当敌人来到离村半里多路的时候，在村口放哨的我城安乡队小队长钟其芳发现了敌情，他飞步回到营地报告。城安乡队的全体同志在马俊英的带领下，迅速转移到了村后背山，一面飞报边区特派员，一面静观敌人动静。敌人进村以后扑了空，恼羞成怒，于是就故伎重演，干起了捉猪、拉牛、抢东西、绑架无辜群众的罪恶勾当。城安乡队来不及转移的一匹红马，也成了他们的猎物。

黄景文接到情报后果断地决定：组织力量，追击围歼这股敌人。并把战斗部署迅速通知了各抗日游击队和联防队。各队的任务是：马俊英等率领城安乡队和新民小学抗日游击队七八十人，在右翼负责追击敌人；陈汉雄率领石门乡队四五十人在左翼负责截击敌人，并控制石门、南埇村一带，防止敌人逃跑；林林率领正奏小学抗日游击队四五十人，负责控制东桥埠头一带，堵截良垌、两家滩方面可能来援之敌；黄景文亲自率领遗风小学和附近村庄的农民抗日游击队，负责从正面攻击敌人。

上午近8时，当敌人满载赃物撤离湍流村、准备溜走的时候，我们向敌人发起了攻击。敌人"围剿"扑空，报复已成泡影，加上不知我方虚实，不想决战，只想逃跑，所以只是且战且退。黄景文率领的队伍则以迅雷不及掩耳之势，直插钩镰岭附近海边，把敌人的三艘木头船击沉，堵死了敌人的退路。敌人退到钩镰岭时，发觉船只被毁，曾企图向石门方向逃窜，但被陈汉雄的队伍打了回来。此时，敌人才知道已被我们三面包围，无法逃脱，只好退到钩镰岭靠海一侧，背水作战。他们用刺刀在阵地上挖了掩蔽体，打算依仗自己的精良武器负隅顽抗。

附近的人民群众对日伪早已恨之入骨，他们自动扛着锄头、禾叉、大刀，跑到各个山头上呼喊助阵。这时，松川站在掩蔽体内，举起望远镜，只见各个山头黑压压的一大片，也不知道究竟有多少人，所以下令不准突围，只在阵地上凭险死守。而我方为了避免伤亡，也不强攻，只待敌人弹尽粮绝之时把他们歼灭。这样，双方对峙着，一直打到下午1时。此时，日伪军已被打死四五人，打伤数人，我方各队均无伤亡。

下午1时刚过，张炎部下詹式邦带着300多人的部队以及八二炮2门、重机枪2挺、轻机枪10多支，赶来投入战斗。由詹式邦直接在前线率部作战。从下午2时至7时，詹部先后发动了几次进攻，但日伪军处于有利地形，竟然一次又一次地把詹部的冲锋顶了回去。在这场恶战中，炮声如雷，子弹如雨，詹部伤亡了20多人。日伪军也死伤惨重，阵地上尸体遍地、弹痕累累、血迹斑斑。受了伤的日伪军躺在地上，绝望地呻吟着、哀号着……眼看能够作战的所剩无几了，松川急得像热锅上的蚂蚁，头昏脑涨，急得团团乱转。

　　天将要黑下来了，初冬的晚风吹来，松川感到一阵冰凉，头脑也清醒了很多。他明白，从湍流村抢来的东西，能吃的都吃了，如果当晚出不去，在这荒山秃岭之上，又冷又饿，只有死路一条。于是，他想利用天黑之前的短暂时间，把我方阵地和各处山头的地形侦察清楚，以便决定夜里突围逃跑的路径。然而，正当他站起身来，举起望远镜对着我方阵地眺望之时，一颗子弹飞来，打中了他的头颅。他两眼发黑，双腿发软，惨叫一声倒了下去。几名日伪军见状跑来，抱起他的躯体，摇着、喊着，但一切都无济于事了。看着松川那僵直的尸体、恐怖的面目，日伪军们一个个都感到不寒而栗，毛骨悚然。

　　也许是这帮家伙命不该绝，正当他们在绝望地哀叹着自己的不幸时，一艘汽艇从赤坎方向开来，到了钩镰岭附近海面，汽艇打开了探照灯，并发射了几颗照明弹，然后向被围的日伪军阵地靠近。抗日战士们知道敌人前来救援，但一时底细未清，也不敢贸然进攻。

钩镰岭上，松川遗下的残兵败将们见到汽艇到来，便狼狈不堪地拖着二十几具尸体，连滚带爬地上了艇。

第二天，我们在打扫战场的时候，只见地上留下摊摊血迹。钟其芳在一摊血迹旁边拾到一架望远镜。也许，这就是日军小队长松川的遗物吧。反正它是中国人民武装抗击日本侵略军的战利品，现在正放在粤桂边区革命斗争文物展览馆里展出呢。

廉江三甲圩战斗回忆录[①]

1945年1月14日，吴川世德中学学生参加武装起义，140多名学生成为南路人民抗日解放军第二支队的政工中队。19日石门会议，南路特委为了加强张（炎）、詹（式邦）的高雷人民抗日军的政工工作，将该中队编入张、詹的高雷人民抗日军的政工队。21日南路人民抗日解放军与高雷人民抗日军并驾齐驱直上化县，横扫化南、化中之敌；26日在化县中垌会师，改变攻打高州城的计划，该政工中

---

① 作者李钦，湛江市原林业局副局长，离休干部。

队进行整编分散下连队。我被调入南路人民抗日解放军司令部做文书，随军入广西陆川，大概于1月29日回师廉、陆交界的廉北三甲圩，司令部驻在三甲祠堂及旁边的一座神庙里。这几天我都是在南路特委周楠、参谋长李筱峰、特委组织部部长兼二支队政委温焯华、第二支队队长黄景文身边生活，在他们的眼皮下工作，周楠寡言、李筱峰急躁、温焯华严肃、黄景文内向沉思，但他们处理问题时都胸有成竹。

天刚蒙蒙亮，司令部的人员及警卫队的同志都在祠堂的空地上开早饭，刚吃到一半，突然枪声响起，黄景文同志已预料前面岗哨被敌人突破，便大声说："同志们退入祠堂掩蔽好。"接着，敌人轻重机枪向祠堂大门扫射，黄景文立即下令："警卫队给我顶住敌人，不让敌人跨越前面的田垌！"接着他右手拔出手枪，左手扶着周楠同志的右臂，大声地说："大家从后门冲出去，都跟着我冲出去。"他一脚踹开祠堂的侧门，拉着周楠跑过祠堂与神庙的夹道，就到了祠堂后面的小山丘，他见到陈中队长，就下令："你带队到左侧的制高点，用火力把敌人压回去。"这时司令部的人员从容地涉水过三甲小河，向东撤退。黄景文和陈中队长他们打掩护，不久，敌人向西逃窜了。

在这半小时的战斗中，我亲眼见黄景文同志沉着应战，指挥若定，处事果断，全身心掩护周楠同志。这是他平时细心观察地形、爱分析思考问题的习惯而得来的。他当时的形象真是英姿飒爽，我终生难忘，铭刻于心。

该役警卫中队的陆副队长，其咽喉窝下中弹，我参加了张医官（曾德才同志）对他进行的抢救，但因抢救无效，陆中队壮烈牺牲。

我所了解的吴川起义的一些情况[①]

我在世德中学读书时，参加了张炎将军组织的吴川起义。近来，因主编《张炎将军一百周年》一书，进一步了解到一些当年吴川起义的情况。

1943年2月，日军占领了雷州半岛等地，各主要县城相继沦陷。是年冬，张炎以国民党第四战区中将参议的身份回南路视察，住在他的家乡吴川县樟山村。此时，有特务之嫌的世德中学校长冯卓丹将郑洪潮介绍给张炎将军，郑洪潮担任了张炎的私人秘书。（郑洪潮是吴川人，1925年在吴川参加过中国共青团的活动，是活跃分子。1928年11月吴川县中共特支成员兼县农民自卫军大队长李士芬被捕牺牲后，郑洪潮的老婆便轻而易举地进入吴川县政府当

[①] 作者李钦，湛江市原林业局副局长，离休干部。本文节选自中国人民政治协商会议广东省湛江市委员会学习和文史资料委员会编：《湛江文史第二十三辑》，2004年第13–25页，有改动。

了图书馆管理员。樟山离吴川县所在地塘㙍圩仅4公里。)

1944年7月,中共南路特委书记周楠从重庆回来,传达了南方局的指示:不要对国民党存有幻想,要在敌后建立党的独立自主的抗日武装。于是,我南路各地党组织更积极地以联防队等形式组织群众进行抗日游击战。

1944年10月桂林失守,原任军委会桂林办公厅主任的李济深拒绝了蒋介石调他到重庆任新职的命令,而接受了我党南方局书记周恩来的建议,留在了敌后,准备和蔡廷锴、张炎联手在西江以南组织抗日武装,联合我党的抗日力量进行游击战争。这时蔡廷锴已在其家乡罗定组织了一支抗日游击队,任命谭启秀为总指挥。张炎将军回吴川后,接受了陈信材、黄景文、郭达辉等同志的意见,进一步将原30人的警卫队发展为400多人的抗日武装,并武装世德中学军训团。

同年10月,日伪军进犯石门乡,被我联防大队阻击于钩镰岭,时任电(白)梅(菉)吴(川)电梅吴挺进司令的爱国将领詹式邦亲率警备队参战,打死日伪军30多名。此役大增了南路人民抗日的勇气和决心,然而,民众的抗日力量却为"内战内行,外战外行"的国民党所惊恐。12月底,国民党高雷守备部指挥官邓鄂准备派重兵南下"围剿"廉、化、吴、梅地区的人民抗日武装,形势十分紧迫。张炎在获悉这一情报后,立即通报了南路特委。1945年1

月9日晚,张炎在樟山村背的"慎中追远"墓园召集了郑坤廉、曾伟、陈信材、黄景文、叶春、郑洪潮开会。在七人会议上,张炎决心公开反对蒋介石"攘外必先安内"的政策,决定在中共南路特委的领导之下率部武装起义,联共、联合一切抗日力量进行抗日游击战。会上,张炎还谈到化州县县长庞成(原十九路军旅长)和化州自卫总队副队长文邵昌(原十九路军团长)准备响应起义,并讲了攻打高州等地的计划。

随后却发生了事态的突变:11日,国民党三十五集团军的邓龙光调一一五师到高州驻防,并加筑防御工事。13日清晨,其弟邓鄂令李昌率一个保安团包围化州城,解除了化州县自卫总队的武装,就地杀害了文邵昌,以解赴刑场枪决为要挟逼庞成自杀。同时下令撤掉詹式邦梅、吴挺进司令的职务,令其将手下两个大队移交给邓侠。李昌准备到樟山捉拿张炎。

当天(13日)下午,张炎将军问陈信材同志:"我们在'慎中追远'墓园开会的内容,邓龙光为什么能知道得如此神速又如此准确?肯定我们内部有内奸!"陈信材回答:"肯定是我们七人中有人暴露了机密。我是党中央周恩来同志授意、中共广东省委派来跟随将军工作的,黄景文同志是现任中共吴、廉边区特派员,也是个随将军工作的老部属。"张炎说:"你们两位是共产党派来的党员,我完全信得过。"陈又分析："曾伟是中国致公党中央执委、曾生同志的堂侄。"张炎说："他是曾生同志（当时是我党东江纵队司令员）介绍给我的，是信得过的。"陈接着说："叶春是中山大学的进步学生，毕业不久于1938年春就追随将军，多年来做过不少重要事情，从不泄密。"张炎说："他是忠诚的。况且会议后他一直没离开过我身边，也没有外人接近他，是不可能泄密的。"陈说："郑坤廉夫人是你相伴多年的夫妻和战友，就不用怀疑了。"张炎被说得笑了，然后十分严肃地说："我们9日晚开会，10日早上，郑洪潮去塘㙍圩国民党县府探家属，11日邓龙光就开始采取行动，而且如此狠毒。就是郑洪潮，就是他！我们被他卖了。杀掉他！"当天下午，夕阳西下时分，张炎就扣留了郑洪潮，当晚命令程耀连执行枪决。陈信材生前曾将和张炎将军的这次谈话讲给杨子儒和程耀连同志听，我曾数度走访过他们，他们俩的回忆是完全一致的。

13日晚9时，詹式邦接到被撤职令和移交兵权的通知后，他与秘书梁宏道（中共党员）便驰两匹汗马到樟山找张炎将军。他们当机立断，决定14日凌晨携手率部起义，并通报南路特委策应。14日上午9时许，张、詹部队攻陷国民党吴川县政府所在地唐㙍圩，解除了五个中队的反动武装，活捉反动县长邓侠。经审讯后，得知郑洪潮的老婆亦参与告密，但到处搜查她不见踪影。

我党武装的南路人民抗日解放军二支队第一、二、三、四大队配合张、詹部队解放了吴川全境。

14日下午3时多,我看见有十多位佩有短枪的武装人员押解一位个子较矮、体形较胖的中年人到我初二班课室,并将其绑在窗柱上,这就是吴川县反动县长邓侠。晚8时许,邓侠被绑着跟随张、詹部队行军。我所在的学生中队编为张、詹司令部政工中队,亦随张、詹司令部转移,距离邓侠不远。大概晚9时,队伍行到尖山岭脚下的新屋地附近,突然前头传来数声枪响,队伍有点乱,过了十多分钟,队伍继续前进。当夜我政工队住在高山洞村,张、詹司令部住在高岭村。15日上午9时许,张、詹部队的政治部主任曾伟到政工队讲道:昨夜行军中枪响时,邓侠逃跑了。你们要提高警惕,防止内奸活动。当日下午3时许,曾伟又到我政工队宣布:昨夜邓侠和他的秘书带着县长大印逃到龙头岭企坎渡附近,正准备从企坎渡逃到湛江时,被我黄景文部班长詹守忠带班搜索时捉到,解回那蓑圩(今龙头镇尚圩)交大队部。当日是圩日,黄景文大队政委将他公审后枪决,真是大快人心!接着曾伟领我们高呼口号:"坚决拥护张炎将军抗日到底!""抗战胜利万岁!"

以上是我所知道的有关吴川起义的一些情况,从中也反映了黄景文同志在吴川起义中的一些历史片段,特此写出回忆录以纪念他。

"老一团"西征经过[1]

1945年8月15日，日本帝国主义宣布无条件投降。我党领导亿万人民浴血奋战的抗日战争赢得了最后的胜利。

抗战胜利后，饱尝战乱的全国人民都渴望有一个和平环境来休养生息，建立一个民主富强的新中国。中国共产党代表人民的愿望和要求，为创造和平民主的局面而做出了真诚的努力。8月28日，毛泽东同志亲自率领中国共产党代表团飞赴重庆和国民党当局谈判，签订了一个促进和平建国的《双十协定》。但是，以蒋介石为代表的国民反动派，一面提出国共两党和谈，欺骗人民；一面在美帝国主义支持下，加紧部署内战，抢占敌占区，进攻解放区，妄图鲸吞中国人民抗战的胜利果实，实行其法西斯的独裁统治。在广东南路，抗日战争一结束，国民党第二方面军副司令兼粤桂南前进指挥部司令邓龙光，就按照蒋介石的电令，率领第六十四和第四十六两个军先后开进化吴、廉、梅和雷州地区，接受日军投降，并以"绥靖"为名围攻我游击区。其中，第四十六军第一七五师、第六十四军第一五六师进攻湛江、廉江、吴川、遂溪，第四十六军第一八八师，新编十九师和戴朝恩（诨号"铁胆"）的雷州挺进

---

[1] 徐太宏整理，原载于《南天星火》1984年第2期。

队分别开到海康、徐闻，大肆劫收南路人民抗战的胜利果实。在粤桂边区的国民党当局为消灭人民革命力量，先后成立了"剿匪总指挥部""清剿司令部"等军事机构，收编日伪汉奸和地方兵痞、土匪，组织侦缉队、谍报队和特务队，扩充保安团等地方反动武装，任命南路地主反动势力头子陈学谈为军事委员会第二方面军先遣军第二支队司令，统率上述反动武装，配合国民党正规军，向我游击队进行疯狂的"清剿扫荡"。

在这急剧变化的历史关头，中共广东区党委于1945年9月20日发出指示："我们的工作方针：一方面是坚持斗争，保存武装，保存干部；一方面是长期打算，准备将来合法民主的斗争。"并指出，南路应坚持在十万大山及勾漏山开展斗争。根据区党委的指示精神，结合南路的斗争形势，南路特委于9月下旬在赤坎召开会议，会议决定：南路人民抗日解放军，以第一团为主，再从各团抽调部分力量，由团长黄景文、政委唐才猷率领，挺进十万大山，保存主力和开展十万大山的武装斗争；其余团队迅速返回各县，分散活动。

1945年9月下旬，南路人民抗日解放军第一团接到南路特委关于要实行战略转移，突围挺进十万大山，依靠当地群众、建设十万大山根据地的指示。当时，除团部第一营在遂溪外，第二、第三营还在海康北上途中。为了迅速执行特委命令,"老一团"党委当即果断决定分两批突围西征,并相约于廉、博边境会合。

9月底,团长黄景文率领团部和第一营,首批从遂溪泥地出发,突围西征,夜行晓宿,隐蔽穿插行军。沿途屡遭敌人堵阻和追击。进军至廉江塘蓬,又遭敌700多人堵阻包围,血战数日,毙敌70多人,我部只牺牲3人。自此一役,大挫了敌人兵锋,争得了西征的主动权。10月中旬,首批部队抵达广西博白县境马子嶂地区。

第一批突围队伍在塘蓬与敌激战前后,政委唐才猷率领的第二、第三营已到遂溪,隐蔽在山内村一带。此时,当地党组织送来情报,说日寇在遂溪风朗村飞机场仓库存放着一批武器弹药,国民党军队正在接收中。为了补充西征部队的武器弹药和减轻敌人对首批突围部队追击的压力,唐才猷经请示南路特委同意,决定袭击风朗机场仓库。

战斗于10月16日夜深进行。突击队员们乘着夜色悄悄摸近仓库,消灭了仓库门前的卫兵,然后发起攻击,以迅猛异常的密集火力打得敌人措手不及。不到半个小时就全歼敌百人,缴获重机枪3挺,飞机用的机枪8挺,20毫米机关炮3门,步枪130多支,子弹3万多发。战斗结束,我部袭击队迅速撤回山内村与部队会合后,即越过遂溪、廉江边境,按计划西征。10月下旬到达马子嶂,与第一批突围西征队伍胜利会合。当时,第三团第一营也从遂、廉边境转移到马子嶂,按南路特委指示,编入第一团战斗序列。

突围的部队会合于马子嶂后,立即进行整编。全团在整编后仍保持三个营的建制。第一营营长廖华,政委陈熙古;第二营营长涂明堃,政委林敬武;第三营营长黄建涵,政委庄梅寿。整编后全团进行西征十万大山思想动员,提出"打到十万大山去,坚持斗争,争取最后胜利"的战斗口号。在这期间,国民党反动派准备发动全面内战,广东之敌正在部署向各地游击队发起进攻。特委认为第一团应从速西征,不宜在马子嶂过久停留,派原特委委员、钦廉四属党组织负责人杨甫到达马子嶂传达了特委指示,于是,该团继续西征,经灵山县南部的古文水、钦县小董以北地区进入十万大山。

1945年12月上旬,第一团由于沿途得到合浦、廉江、博白、灵山和钦县党组织和地方革命武装的有力支持,终于顺利到达初步预定的目的地——十万大山东端钦县贵台地区。我军歼敌一个分队30多人,占领贵台圩,收缴了反动头子张瑞贵老家兵丁20多支步枪,当天下午即开仓济贫,宣传群众,继而打退了两广地方反动民团接连三天的多次骚扰。

部队进驻贵台的第三天,尾追之敌保一团已逼近。我部连夜向马岠山转移。翌日清晨,敌保一团和地方民团共

3000多人大举向我追袭，企图在我部进入十万大山纵深地带之前，将我聚歼。为了摆脱敌人，团领导决定利用该处有利地形，予敌狠狠一击。战斗于拂晓打响，敌为断我进山之路，在迫击炮和轻重机枪密集火力掩护下，先后向守卫白霞岭的第三营第七连发起13次冲锋，均一一为我击退。阵地前沿，敌人横尸累累。战斗持续至晚上9时许，我部主动撤离战场。是役，敌伤亡100多人，我第三营第七连连长廖培南等两人英勇牺牲。部队撤离战场后立即取道防城的天堂、那勒、小峰，向十万大山纵深地带挺进，于12月中旬到达十万大山西段南麓大勉村，与沈鸿周为大队长、彭扬为政委的防城人民游击大队胜利会师。后又移部至与越南毗邻的峒中地区驻扎下来，开辟与建设根据地。至此，我西征部队粉碎了敌人堵追聚歼的阴谋，实现了南路特委武装主力大转移的战略目标。

峒中是少数民族地区。部队进入峒中后，便立即深入到群众中去访贫问苦，宣传发动群众，依靠各族人民，在原来防城党组织开展工作的基础上，开拓与建设峒中游击根据地。这时，防城特派员谢王岗赶来部队会见了杨甫、黄景文、唐才猷等同志，共同商议坚持十万大山的武装斗争问题。决定：①第一团以营为单位开展活动，配合地方部队和游击队，打击地方反动势力及缴其武装，拔除反动据点，摧毁国民党基层政权，扩大群众基础；②地方党及武装群众全力支持和配合第一团的斗争；③防城游击大队的军事作战行动，由第一团统一指挥。

会议刚结束，敌保一团从钦县向峒中追来。我第三营即插向北仑、北基一线，利用那里群众基础好、地形好的条件，与敌周旋，伺机打击敌人；第一营东出那湾，向华石、防城推进，威胁敌统占中心；第二营坚持在峒中地区打击正面敌人；武工队插出光坡、企沙海滨地区筹措给养，骚扰牵制敌人，配合山区斗争。团部与防城县游击大队即移至中心区大勉，全面指挥反"扫荡"。

战斗首先在北婆打响，第三营第八连与敌接触。接着，进犯峒中之敌300多人又在滩散附近的竹叶坳与我第二营第四连发生激烈战斗。在防城大队滩散中队配合下，组织瑶、壮族同胞占据隘口要道，用土枪土炮射击敌人。此两次战斗牺牲了第二营政委林敬武以及十余人。由于我部主动出击，接连在峒中、板贞、茅坡、华石等地成功袭击刘瑞龙等反动土豪的据点，缴获了一批武器，其中第一营在摧毁了军阀陈济棠侄子陈树尧的官僚地主庄院，击毙原国民党团长陈树丰之后，乘胜前进，一举攻下曾任反动军队师长陈克强的老巢，继续向县城推进，给敌很大的打击。

第一团在反"扫荡"斗争中，还十分注重政权建设。他们依靠峒中游击中队和少数民族领袖人物马文初、黄志端（均系壮族），在峒中乡深入宣传党的民族政策，开展减租减息，改善人民生活，深受群众拥护。团长黄景文、第二营政委谢森和峒中中队指导员郑云等与黄志端等歃血为盟，誓为革命同生死共患难。1946年1月，峒中乡召开各族群众代表大会，民主选举黄礼德为乡长，黄志端、周秀明（壮族）为副乡长，成立了防城县第一个乡人民民主政权。接着建立了乡民兵大队，黄志端兼任大队长。长期受歧视、受欺凌的峒中各族人民首次获得政权，这极大地鼓舞了他们的革命热情。在红色政权下，我们的部队和群众患难与共，群众情愿忍饥挨饿，也要尽力为部队献粮草、救护伤病员。在危急关头，他们冒着生命危险保护我们部队，充分体现了军民鱼水情。

敌保一团"围剿"失败后，1946年2月，国民党调第六十四军第一五六旅（原师），旅长刘镇湘率该主力第四六七团2500多人及两个保安团和地方反动武装，对十万大山区发动更大规模的"围剿"。为了避敌锋芒，在我部与敌进行几次战斗后，经请示上级同意暂时撤入越南休整。

我南路人民抗日解放军第一团从雷州半岛突围西征，历时两个多月，行军千里，沿途粉碎了敌人的前堵后追，终于到达了十万大山，实现了南路主力大转移的战略目标。此后，我部入越整训一年多，帮助越南人民培训军事干部，为开展华侨工作、组织华侨武装、参加抗法战争做出了很大的努力。

1947年9月下旬,我部宣誓回国参加解放战争。10月初,接到分局指示,暂不回广东南路,改向桂滇黔方向发展。于是,由周楠、庄田率团回国,进入桂西镇地区。尔后,他们与桂滇黔边区人民并肩战斗,为桂滇黔边区人民的解放事业做出了卓越的贡献。

挺进六万大山[①]

"我们都是神枪手,每颗子弹消灭一个敌人;我们都是飞行军,哪怕山高水又深,在密密的树林里,到处都安排同志们的宿营地,在高高的山岗上,有我们无数的好兄弟……"

每当我听到这激昂而悦耳的战斗歌声时,心情久久不能平静。当年挺进六万大山艰苦战斗的情景犹如电影般,一幕幕闪现在我的脑海里……

(一)

1944年,日寇在中国的势力已面临全面崩溃,而其在太平洋战场上所处的不利地位更加严峻。为了挽救灭亡的命运,日寇又增加了来华的军队。从1944年3月开始,日

---
① 作者张鸿谋。

寇向我国大西南发动全面进犯，企图打通从东北到越南的大陆交通线，使中国大陆的日军与孤悬在南洋的日军联络起来。同年8月，日寇进入广西。由于国民党反动军阀不战而退，日寇在广西不费吹灰之力就占领了70多个县市，畅通无阻地打通了从北到南的交通线。这年初冬，原先窜犯到粤桂边大山区的日军已撤到了南宁、吴圩及钦州地区的龙木一带驻防。

次年2月9日，在中共中央华南分局领导下的我广东南路抗日部队第二支队，奉司令员兼政委周楠同志的命令，从雷州半岛的遂溪县山家解放区向浦北（今广西合浦县）敌后活动。挺进六万大山，以便建立敌后抗日根据地，配合全国大反攻。

这支挺进六万大山的部队一共有300多人，由部队司令部参谋长李少芳同志、第二支队长陈光（现名黄景文）同志和第三支队长张世聪同志负责领导工作。张世聪同志是浦北县白石水人，早在1940年就开始从事党的地下活动，曾在浦北的金街、白石水、苏村一带发动群众，建立民兵组织，打日寇、锄汉奸。当地的青年人十分尊敬他，都亲热地称他为"张二叔"，群众还把组织的民兵队叫作"张二叔的队伍"。张世聪同志能加入部队的领导工作，给部队开展群众工作带来有利的条件。我当时是第二支队二中队的中队长，也跟他们在一起。

清早,细雨纷飞,寒风不紧不慢地刮着,我们这些衣裤单薄的游击队员感到有点凉意。天未亮,部队就开始吃早饭了,随着集合哨声,战士们精神抖擞地列队出发了。不一会,长龙般的队伍就消失在朦胧的晨雾里。

为了不暴露目标,部队在崎岖的山间小道上向六万大山方向前进。部队离开廉江以后,山越来越高,山上的杉树成林。小雨不停,山高路滑,长满青苔的小路上,不时听到"扑通"声,不知是谁又摔跤了。"快,跟上!"随即有人这样喊道。尽管山路这么难走,速度还是相当快的。傍晚,部队到达了公馆(合浦县境)。经过一天的急行军,大家的肚子早已咕咕地"闹革命"了。本来应该在公馆吃一顿饭、休息一晚再走,可是后有国民党反动派的挺进队和保一团,如果被他们发觉了,就会影响我们的行动。为了挺进敌后,部队连夜兼程,早已把饥饿、疲劳置之度外了。第二天,我部二中队当尖兵连,在途中袭击了石埇河防队,俘虏20多个敌人,缴获步枪20多支、子弹5箱。第三天(农历十二月三十日)到达了目的地——浦北县金街。

金街,是一条小街。我们部队分散在许多个自然村驻扎。这里位于六万大山山脉末端,四周群山环抱,古木参天,是一个开展游击战争的天然战场。这一带的群众基础较好,便于部队在这里活动。

我们到金街时已是傍晚了。因为我们穿的都是便衣，群众不知道我们是什么队伍，都不大理睬。经过我们的解释，张世聪同志亲自出面做工作，于是"张二叔的队伍回来了"的消息顿时传遍了各家各户，人们都十分热情地为我们腾住房、烧热水、筹备粮食等等。大人小孩都忙个不停。晚饭后，第一、第三大队驻在金街周围。支队都住在离金街一公里的一个村庄里。第二大队奉命去打白石水，以扩大我军政治影响。

（二）

这些日子，由于敌众我寡，力量悬殊，战斗频繁，我伤亡较大。部队没有粮食弹药补充，伤病员没有后方医疗，是十分困难的。我们到达敌后，能在金街休息，是多么高兴啊！

1945年2月13日，正是农历大年初一，我们在金街休息待命。中午时分，哨兵发现从张黄方向来了一个男人，身背竹篓，到金街后鬼鬼祟祟地东张西望，行动可疑。哨兵盘问他来干什么，他说来探亲。探亲？哨兵更警惕了。按当地的风俗习惯，大年初一是不探亲的，为什么他却探亲呢？哨兵看他这副鬼鬼祟祟的样子，就把他带到了我这里。听了哨兵的汇报，我仔细打量了他一下：此人40多岁，瘦高个子，上身穿一件与身材不相符的唐装，下着一条宽裤子，胶鞋上沾满了泥巴，头戴一顶旧毡帽，蜡黄脸、尖下巴，稍向上翘的鼻孔出着白气。贼眉鼠眼。瞧这模样，便知道他准是个心怀鬼胎的人！翻开他的竹篓一看，有一块大约两斤重的腊肉和二三十个糯米粑粑。他正战战兢兢地注视着我，我用手向靠近墙的凳子一指，让他坐下来，问道："你从哪儿来？"

"张黄。"

提到张黄，更引起我的警惕。据了解，当我们部队到达浦北时，国民党一七五师和广东保一团也到了浦北。保一团就驻在离金街不远的张黄，他们不去抗日，专搞反共，大举"围剿"我军，并在我军到过的村庄实行"三光"政策。

我严厉地问道："来干什么？"

"探亲。"

"大年初一。你探什么亲？"我紧逼一句。

"我……"

"你探哪家的亲？"我声音更大了。

"……"他答不上。低着脑袋，脸色有点苍白。我走近他身边，直截了当地问："你是不是保一团派来的？"

"不是……"

回答的声音显然是强装镇静，但总掩饰不了害怕的心理。

我大吼一声："你看着我。"

他慢慢地抬起了头，苍白的脸马上变成了青色，大腿也开始瑟瑟发抖了。这时，我心里明白了八九分。于是，我向他讲明"坦白从宽，抗拒从严"的政策。经过审问，他承认自己确是保一团派来的密探，并供认了一个重要的情况：保一团近千人在正月初三要来"围剿"我游击队了。

（三）

支队司令部得悉情报后，即通知各队正月初三早晨4时开饭，5时转入阵地，准备打仗。同时，命我抽出一个小队，由叶副中队长率领，到张黄来金街路上的山沟警戒，并动员群众都转移到大山里去掩蔽。除外出执行任务的部队外，我留在金街的第一大队一个小队和第三大队共七八十人，也迅速进入了阵地。

正月初三早上9时左右，从张黄到金街的路上果然有保一团一个排的兵力大摇大摆地来了，走到山沟边时，遭到埋伏在山沟上的我队一小队战士一阵猛袭。保一团先头部队遭到这一迎头痛击，赶忙仓促应战。我队一小队居高临高，地势十分有利。保一团在低处，一不能攻，二不能躲，被我队英勇的战士打得狼狈不堪，喊爹叫娘地抱头鼠窜。正当战斗打得激烈的时候，保一团的大部队到了，他们集中全部兵力冲上来，还增加了当地民团几百人的兵力，一共约有1500人。他们大部队听到前方枪声,知道先头部队已遭到我武装力量袭击,便加快速度向我阵地猛扑过来。我一小队寡不敌众,只好边打边撤。保一团紧追而来,眼看快冲到金街了。这时,埋伏在我第三大队阵地前面山头上的七名金街民兵利用熟悉的地形,忽东忽西,时左时右,奋起还击,从而赢得了时间,掩护支队部撤退。当我支队部刚刚撤出,保一团就冲破了第三大队的防线,占领了金街。支队部卫生队还有四个女同志和两位炊事员因来不及撤走,光荣牺牲。

这天,我带领两个小队到张凤仪高地,左等右等却不见保一团来,因为没有支队部的命令,虽然我们听到别处枪声密集,却也不能撤出阵地。当支队部撤出金街以后,我们与支队部的联系中断了,与其他两个山头上的兄弟部队也联系不上,只好在山上等待天黑再行动。

晚上,保一团的岗哨遍布,并加紧对附近几个高地挖掘战壕,预防我军反攻。我各部队隐蔽在山林里,听到叽里呱啦的讲话声,连口音都听清楚了。我们想利用保一团的口令,准备去袭击保一团。但因我们的是手枪而且部队分散集中不起,所以最终放弃了袭击计划。这一天,我军击毙保一团士兵十多名,我第三大队在战斗中也牺牲了五个战士。在抽去警戒的小队归队后,叶副中队长向我报告了一天的战斗情况,还介绍了金街七名民兵的英勇事迹。

可惜，那七位民兵的姓名现在我已记不清楚了。经过一天的战斗，大家都没有吃饭，与支队部又失去了联系，下一步该怎么办呢？困难摆在每个人的面前。我们几个干部决定：向深山里撤，一定要找到支队部。

正月初五，我们终于找到了第二支队队长陈光（黄景文）同志、第二支队第一大队队长郑世英同志、第一大队政委王平同志和他们带领的第一中队战斗人员。据陈光同志说：保一团快冲进金街时，支队部分两路撤退，李少芳同志和张世聪同志带了一部人员不知撤到哪里去了。虽然眼前的困难不少，但有了陈支队长的指挥，我们心里又踏实多了。

会合后，我们的人数有了近200人。陈光同志立即召集中队以上干部分析敌情：国民党顽固派的兵力多我军数倍，我们用硬拼是拼不过他们的，如果我们想法子使他们消耗更多的弹药，就可以把他们赶出金街去。大家一致认为这个方案可行，便决定趁夜行军，明天继续战斗，把金街夺回来。

当晚，天黑得伸手不见五指，部队由当地民兵带路，又向金街进发了。山高岭陡，道路崎岖，路窄苔滑，有不少人摔跤，后面的人怕掉队，就传话"前面走慢点"。前头怕后面跟不上，又传来"后面快跟上""不要讲话"等口令。一次，前面传来口令"后面注意，路边有个癫狗"。大家都感到奇怪：半夜三更，路边怎么会有癫狗呢？当时，我走在队伍后面，就传话反问。才知道是前面传错话了，把路边有个"缺口"传成是有个"癫狗"。因为是秘密行军，要不然真不知道有多少人要笑痛肚子呢！为了尽量少传话，就改为后面的人拉住前面人腰上的皮带，一个一个地拉着走，从而避免了掉队。

第二天早上到达金街岭脚时，东方已经发白。由于保一团抢占了制高点，我部队不能强攻，于是我们就后退分散占领附近山头，引诱对方开枪。他们以为我队伍后退是计，始终不敢下山追击，只是集中火力猛烈扫射。近晚，他们的弹药快完了，果然不敢恋战，夹着尾巴逃回张黄狗窝去了。我部队收复了金街。晚上，李参谋长、张支队长以及开去白石水的第二大队都回来了。

（四）

正月初十，部队开到马兰开展群众工作，扩大武装力量。我们到马兰后，马上开仓济贫，群众欢天喜地来分粮。我们抓住这个有利时机，在建立了民兵组织后，同时进军袭击龙门乡公所，在国民党援军赶到时，我们才撤退到北基、苏村、梨木、太平一带活动，扩大我游击根据地。

这时，国民党顽军及当地民团对我军恨得要死，怕得要命。他们在我部队未到的地方，大肆诬蔑我游击队是

"土匪"，并威胁群众：谁通"匪"就杀绝全家，妄图割断我游击队与群众的鱼水关系。面对反动派的嚣张气焰，我们只有狠狠打击，才能顺利扩大我游击根据地。

农历正月十八日，我一大队奉命袭击福旺圩国民党县自卫队，击毙民团18名，俘虏2名。以后，游击队又攻打博白县南边国民党的弹药仓库，虽未能攻克，但我军英勇顽强的战斗作风，使反动派闻风丧胆。并且，我们又取得了与群众的密切联系，继续活跃在六万大山区……

怀念老首长黄景文同志[①]

在1945年5月左右，中共广东南路特委成立第一团，任命黄景文同志为团长，唐才猷同志为政委。在他们的领导下，第一团挺进十万大山，然后进入越南进行整训。1947年秋打入桂西，1948年秋又转战云南直至新中国成立。

黄景文同志从团长到担任桂滇黔纵队参谋长，我随他战斗有五年多时间，对他的印象很深。他的军事知识渊博，又善于做政治工作，是一个文武双全的领导干部。他和政委唐才猷率领第一团西征到桂西、云南等地，在敌人强大的情况下，未被敌人打垮，既保存了主力，为祖国的解放

[①] 作者黄胜。

和建设提供了一批骨干，又发展了许多部队。他们俩在创建桂滇黔边区时做出了巨大的贡献，在配合大军解放滇桂时，也有伟大的功绩。五年多来，他们基本上执行了人民游击战的战略战术。人们评价他们是"将"才，将军级官衔是当之无愧的。黄景文老首长有如下优点值得我们学习。

一、谦虚谨慎团结同志

1. 尊重上级，对上级命令坚决执行，谦虚谨慎，不骄不躁，平易近人，待人接物好，有礼貌。在越南时曾受到越南领导人的尊重和赞扬。他带 300 多名战士到越南中部训练，得到越南战区司令员阮山的赞扬。阮山同志是参加过红军长征的老干部，曾任吕正操司令员的旅政治部主任。日本投降后被派回越南参加抗法斗争，他把越南军的一部分农兵编入我们部队训练，扩大我军为一个小团，中团政委要我军派沈杰同志担任，又要黄团长（黄景文）任战区副司令员。黄景文同志说："感谢贵国政府的信任和重用，我还是中国共产党员，我要服从中国共产党的领导，我要回国参加中国的解放战争。"1947 年回国后，黄景文得到庄田司令员的重视，1948 被提任为粤桂滇边区纵队参谋长。云南解放时，他也得到兵团司令员陈赓同志的重视。

2. 对同事互相尊重，团结合作，虚心学习别人的长处。黄景文和团政委带领部队西征时，敌人前堵后追，情况是非常危急的，所以要正确判断敌情，一旦分析敌情有误，就有全军覆没的危险。他常常说："唐政委分析敌情比我技高一筹，应向唐政委学习。"他这不是哗众取宠，而是在唐政委不在场时，和越南中部讲军事课时讲这番话的。

3. 对下级做到同甘共苦，体贴入微，特别是对伤病员很关心。在1945年日本投降后，国民党来争夺胜利果实，日夜"围剿"我军，在敌强我弱的情况下，我们准备转战到十万大山去建立新的根据地。黄团长先带领第一营冲出敌人的封锁线，到达廉江地区。敌人发觉我们北上，日夜追击。那时已是寒冬时节了，北风呼呼地吹，而战士只穿一件破烂的单衣。特别是涂明堃的营（即廉江营），战士们只穿一条渔网做的短裤，冷得直颤抖。在这饥寒交迫的情况下，他看到战士这样艰苦，他有一件毛衣也不穿了，只挂在颈上，同战士一样只穿一件薄衣。对伤病员特别关心爱护，让战士们发扬互相帮助的精神，他还帮战士们背枪背行李，他的马也让给伤病员骑。当时我病重不能随队，暂时留在当地治疗。那时敌情非常紧张，部队要日夜转移，但他还是派了卫生员李穗珍同志给我医治，当时一个连队才只有一个医务人员。

二、军事训练

我们都是从农村出来参加部队的，在游击战争中都是日宿夜袭，多是要掩藏的，有时间才能学一下瞄准，而其他军事知识就根本没有条件学，入越南后才安定下来学习军事技能了。黄景文同志带领部分战士到越南中部后，学习军事是当时的主要任务。黄团长是黄埔军校毕业生，他的军事知识比较全面，对军事训练抓得很严很紧。

1. 从早操开始亲自抓，跑步、正步、便步、立正、左右转、队形变换……姿势要正确，做不好要重做，谁做得好就给予表扬，或请出做示范，或提为班长。

2. 吃早餐后就做操，学习散兵群前进，如跃进、滚进、匍匐前进等姿势，学习到下午2时才收队。在越南中部之南，夏天是非常炎热的，一场训练下来满身汗流如雨，确实辛苦。

3. 夜间学习摸哨兵，在两个时辰内要捉住哨兵。摸哨兵的同志也发挥了技巧能力，把衣服脱光，使身体和土地颜色相同，便于接近哨兵，一跃而上把哨兵捉住了，这样教育了哨兵也提高了提防摸哨兵的技术。越南农村是不设厕所的，总是在屋前屋后拉屎拉尿，我们夜间训练回来沾一身屎尿没水洗，真是臭味难闻啊！夜间还假设敌人进攻我们：在半夜一两点钟真枪实弹向我们营地袭来，看每个干部战士的动作如何，是否反应过来，以便教育他们。

4. 学习三大技术，即射击、掷手榴弹、刺杀等。

（1）学习射击。在200米射程内卧射，黄团长亲自抓，战士射击时卧在地上，他检查战士擦枪柄、扣扳机、呼吸、瞄准等姿势是否正确，脉搏是否正常。等全部都正确了才能批准射击，否则要进行再学习。我们初学射击时命中率不到10%，经过数个月的艰苦训练，成绩提高很快，命中率达85%。

（2）掷手榴弹。我们初学投弹时投不到20米远，经过训练学习，因为投弹姿势、角度和用力正确，一般能投到四五十米远，有个战士叫亚色，他能投到70米远。

（3）学习刺杀。初时我们没有人会拼刺刀功夫，我们就自己创造一套功夫路，或者请日本人做教练（这些日本人是向我部队投降过来的），学习他们的技术。

经过艰苦训练，三大技术均大大地提高了。

5. 课堂中讲战略战术。黄团长做总结发言，以我们经历过的多次战斗为例，把我们成功的一面和失误的一面都分别做了分析总结，既生动又实际，大大提高了我们的战术水平。

三、学习政治

黄团长懂得单纯学习军事是不能把部队建设好的，必须用正确的政治思想来武装每个战士的头脑。没有正确的革命人生观，没有明确为谁打仗，军事也是学不好的，更会产生不良的思想观念。所以，他把政治思想工作做得很细致。

1. 每天下午由指导员讲政治课,或是文化教员上文化课。文化是一切工作的"钥匙",学习政治没有文化理论也难学,他亲自写政治课提纲,经常检查政治工作情况。

2. 积极发展共产党员。共产党员是连队的战斗堡垒,一个连队如果有80%的党团员,那么这个连队是不会被敌人打垮的。所以他非常重视发展党团员,他布置党团员每天要和非党团员交谈,交流思想,请非党团员同志提意见、提要求,从中将思想进步的积极分子作为发展对象,抓紧教育,使其思想认识得到提高,从而达到党员的标准。

3. 每个党员每两天要向党小组长汇报一次工作情况和战士们的反映和要求等,从中检查党员的工作情况并给予指导。小组长每三天要向支部书记(即连指导员)汇报班排中的情况,即发生了什么问题、解决与否、还存在什么问题、准备怎样解决。指导员每周召开支部大会,总结支部工作,做得好的给予表扬,对有思想问题者进行解释,讲道理,并布置下周工作。

4. 关心伙食卫生问题。黄团长对战士们的卫生、生活情况都管,而且无微不至。

(1) 我们连队有个时期用煤油罐煮饭,结果罐底的饭煮焦,中间部分煮成粥,而上面的米还是生的。罐底的焦火气味腾上来,闻都不敢闻,更不用说吃了,大家饿得呱呱叫。黄团长知道这件事后,感到是个大问题,吃不饱饭,怎样行军打仗呢?他叫连长召集会议,会上他提出一个问题让大家讨论:"怎样煮好饭?"他最后综合归纳出几个煮饭方法:首先把水煮沸,火烧旺才下米;其次不要一次下完米,先下一瓢米,待米浮上罐面后再下第二瓢米,这样使后下的米能沉到罐底。就这样一瓢一瓢地下米,煮的饭就底面一致了,饭也变香了,战士们都吃得饱了。这个办法也适合越南人用的大铜锅。黄团长召集全体干部来开现场会,推广这个煮饭方法,说是"从群众中来,到群众中去"。

(2)越南中部的天气太热,战士经常生病。究其原因,他感到首先是饮水不足,其次就是饮生水,再加上水土不适所致,因此他提倡大家饮盐开水,全军都推广这个倡议,这样生病的人逐渐减少了。

(3)由于越南天气热,战士不适应,有时脚碰伤了一点点,或者身上生个小疮,几天后就会烂成一个大洞,没有医药怎么办呢?他就提倡用盐水洗伤口,效果也很好。

(4)他还提倡每个连队在班中设数个组长,帮助班长工作。如担水组长到宿营地后就派人轮流担水,煲水组长到宿营地后就派人煲水洗脚。因为我们行军路程太远,脚都肿了,所以每个同志都要用姜水洗脚。取药组长,我们行军太辛苦,生病战士多,但医生少,管不了那么多病号,所以小病就只讲明病情,医生就把药交给取药组长带回治疗。清洁组长到目的地后就负责分配营地、打扫卫生，离开时也要打扫卫生及检查赔偿失物等。班排长就去查看地形、派出哨兵，搞好安全工作。所以，每到宿营时大家各尽其职，很快就能完成任务，争取到了休息时间。

四、黄景文同志带部队到越南中部训练

军事、政治、日常生活等都是他个人管，亲拟教育提纲，亲自检查督促。越南的战区司令员阮山同志还要他参加研究作战方案，顾内又顾外，所以他的工作是很忙的，没有好好休息过一天。他费了很多心血，使部队在一年多的训练里，在政治上和军事上都起了重大变化。从下面的情况中可以看出。

我们在1947年9月从越南中部回到北部广西和唐才猷政委部队会师，恢复原来的第一团建制，以后还打了几场仗。第一仗是打广西镇边县保安团，消灭保安团大部分，俘虏敌人多人，缴获轻机枪数挺、步枪大批。第二仗打广西靖西县保安团，把敌人全部消灭，俘虏了敌军的司令员和官兵多人，缴获轻机枪数挺、步枪及弹药一大批。第三仗是反击进攻我解放区北斗镇的敌人。我军击退来犯之敌并乘胜追击到清华镇，把敌人消灭了一部分，并缴获轻机枪、步枪及弹药一大批。第四仗打南坡镇。敌人是正规军，有轻重机枪和大炮，一样被我军打得落花流水。是役缴获

敌轻机枪、步枪及弹药等一大批战利品，可惜重机枪没有全部缴获，只缴到机枪脚一部。第五仗打银华镇敌人正规军，缴获两挺轻机枪、步枪弹药一批。因敌人数量过多，我军主动撤回解放区。第六仗打龙州水口关，消灭全部敌人，缴获轻机枪数挺、长短枪 100 多支及弹药一大批。

从这些战例可以看出，我们部队通过训练学习，不仅政治觉悟大大提高，士气旺盛，打仗勇敢，而且军事技术熟练，射击准确。战士们听到枪声就冲锋，手榴弹轰轰地响，拼刺刀势如破竹，打得敌人溃不成军，所向披靡。敌人甚至还误以为我们是日本人，派飞机到桂西散发有日本文字的传单。我们从越南回国一年，从未打过败仗，相反，我们建立了大片解放区，成立了人民民主政权。1948 年 7 月，我军奉命与云南朱家壁部队会师，成立滇桂黔边区纵队，解放了滇东南数个县，边区各县都有游击队。我军协助解放大军，为解放全云南省做出了应有的贡献。

五、黄团长指挥作战，身先士卒，是为全体指战员做表率

他总是站在最前线指挥战斗。如他奉命带第一团冲过敌人的封锁线，北上廉江县，孤军无援，日夜被敌军跟踪追击，在塘蓬被敌人包围，被迫作战。为了不再给敌人机会，我们从早上 9 时打到天黑才撤退。当时他站在一连最

前线指挥战斗，我排阵地被敌人发现，敌人用重机枪向我排进攻，子弹如雨，大炮隆隆。我排长李康生同志光荣牺牲，黄团长仍站在我们身边指挥作战。他命令部队撤退后，他最后才走。我退出阵地几百米时，发现丢失了一颗手榴弹在阵地上，我想手榴弹就是我的生命，便转身回去拾那个手榴弹。他问连长："怎么黄胜还未退回？"他一直等到我退回才一齐撤退。1948年在云南省伏击国民党正规军时，他也是站在最前线指挥战斗，结果消灭敌人一个整营共400多人。在云南贾雨村被敌人正规部队包围，他率领我们杀出一条血路，全军安全脱险。

在数年的战斗中，他艰苦朴素，与战士一样宿营在山林中。在严寒的冬天，白雪皑皑。战士们单衣薄毯，忍受风吹雨打，在十万大山吃树叶，初到越南时吃芭蕉蕾和野菜，在云南睡雪地，以薄布为毯。他总是和战士们"三同"：同住山林，同喝稀粥，同战士们在一起作战。由于缺少营养，他体瘦如柴，但他不以为苦反以为乐。

长期的共同战斗铸成了我们之间的深厚感情和友谊。新中国成立后，他任海军基地副司令员时，因工作关系来到湛江市，还亲自到我家来探望我，这是在战斗中建立起来的战友谊情啊！现在他与世长辞了，但我们的友谊长存。

1994年2月18日

黄景文团长带领队伍的几件事[①]

一、黄团长的武功创作

自从队伍南征，我与黄团长相处较为密切，对他的了解尤为深刻。除了大家所公认的军事知识，以及那百发百中的枪法之外，他还练得一身十分过硬的武功，确实是世上难逢的文武全才。但是他为人谦逊，从不露才，这些年来极少数战士知道他的"底细"。一次，我发现他的腰间无时无刻不秘密地缠着一条用白绸子做的腰带。因不解其意而问他，他只是敷衍地说他有胃病，这带子可以减轻痛苦，这些话可以瞒过别人，但瞒不了我。因为我是胃病的老病号，因而继而追问。然后他找了个傍晚的饭后时间，邀我到野外散步，才把那带子的秘密告诉我，说是为了随时对付意外的袭击。说罢，摆架势练起武功。只见他脚轻如猫儿落地，拳重如猛虎下山，运足了气，一掌击在一株松树上，只见松树干动枝摇，抖抖擞擞。别看他平时文质彬彬，却内藏这样高强武气，一时把我吓得目瞪口呆。而后他对我叮嘱多次，要为他保密。队伍的练兵，步步深入，在没有一字一纸材料的情况下，黄团长的"秘密"终于瞒不住

[①] 作者朱日成。此文摘至《芳草》（1940—1950）《朱日成革命回忆录》。

了，不得不打开他的"锦囊"了。

白刃战，是陆军必授之课，各国都有自编的教材，连不成材的国民党陆军也有自己的那一套。黄团长早已对各国的刺枪术有了暗识，以他的武功水平来衡量，只有日本的刺术较为实用，但也有其不足之处。日本人十分了解白刃战胜负就在一秒间，绝不像国民党那些像耍功夫那样来练刺枪。所以日本人的刺枪术简单、易练、实用。它的内在要领是以守为攻，以攻为守，攻守合一，尽可能缩短时间与空间的距离，全部武艺只不过是几道功夫即可出奇制胜。虽然它简单易练，但一个没有武功基础的人是难以接受和运用的。黄团长将日本的白刃术与中国的功夫相结合，编创出一套完整的刺枪术，既可用于战场，还可增强武功之基础。黄团长亲自言传身教，使战士们十分愿意接受。早晨起来，操场上刀光闪闪，战士们健步轻身，怒目圆睁，喊声连天。后来此术推广到越南人民军，得到一些军事家的好评。越南人把它称为"越北部队刺枪术"。

我们到义安，见到越南部队中有些队伍没有枪，以大刀为主要武器，几乎每一个子团都有一队大刀队。他们大刀的造型也很美观，刀形为中国的大刀，将近一市尺的木柄，类似古代的冲锋刀。大刀是用法国人留下的好钢材打成的，非常锋利。遗憾的是，威风凛凛的战士，手持大刀却苦无用刀之技，阮山同志正是因为这个问题，内心不安。

自从"越北部队刺枪术"在越南部队推广后，阮山便对此赞赏不已，故把编大刀术的重任交于黄团长，黄团长欣然接受。真正的大刀术，在武林中并不罕见，但欲施之于现代战争的游击战术中，乃是史无前例的新课题。黄团长考虑，以古之兵器，用之于新时代，已经失去其许多适应性，应避其局限性，发扬其优越性。大刀最大的优越性就在于冲锋陷阵时不会受到客观条件的影响，只要把它磨得足够锋利，就可战斗到底，它不像枪械要受弹药的影响，而且大刀轻便敏捷。黄团长凭借自身功夫，创造出一套独此一家的大刀术。当他练熟后，亲自向战区领导人做了表演。大刀术创编完成之后，黄团长另有重任，不能亲自掌教，他回到越北部队①后，找到武术能手吴桂南（吴养）以及几位具有武术基础的战士，组成一个教练组，由黄团长亲自言传身教。经过吴桂南等人一番苦练，很快就出了师，接着再由战区司令部派到越南军队去，为越南战士教练武功，传授大刀术。从此，中国武功和黄团长的大刀术在越南的国土上发扬光大。

二、黄团长的射击术

黄团长的枪法早已闻名于全军，他不但用步枪在300

---

① 越北部队——1946年8月为了掩护"老一团"，越共中央正式将"老一团"编为"越北部队"。

米开外能击中只有比拳头大的野鸭，也曾用过小撸子手枪，在100米射程击毙一只正在狂奔的黄猄。他那高超的射术当然来自本身的苦练。

黄团长把人和枪这两个有机体的结合做了哲理性的分析。他认为，凡是从正规兵工厂造出来的枪，经过一定的机器校对，对于缺口、准心以及枪管的机械理论是正确的，这只能说是枪本身的内在固有因素，但影响事物的成功与失败，尚要有与之适应的外在因素相结合。以射击术而论，枪本身肯定是准确的，至于不能命中的原因，应该是种种外因。但在这些外因中，必有其适应之一种，这就是我们教练的关键。因此，首先要过好瞄准关。对于三角瞄准，这些年来通过战士们不懈地练习，自认为已有了一定的基础，但队伍在都良进行的一次普遍瞄准检查中，不及格者占了大多数，把团长吓了一跳，感到十分遗憾。经过了一段时间的观察，团长在战士的身上找出了许多原因，他一个一个地指点，一道一道地传授，对一些心不在焉的战士，还个别进行思想工作，最后大家均以优异的瞄准成绩，过了第一关。

如何把握枪把？这一点在射击教程中找不到很明确的理论根据。以黄团长的经验，这方面的理论是相当深奥的，由于战士们的疏忽而影响了命中率。经过战士们苦心的摸索和团长科学的总结，得出的结论是："如何使人体与枪体构成机械性的联合体，子弹出膛，也就是依照这机械性的轨道，命中目标。"

1947年夏，越北部队的活动都在都良河上游，利用一条过去挖掘的运河削了一块山壁为靶场，进行实弹射击，全军命中10环者占96%。时隔多年，我估计那一块陡壁上还留有当年的斑斑弹痕。越北部队的射击术，很快就被推广到越南中央所办的武备军官学校，学员们的射击成绩青出于蓝而胜于蓝，竟超过越北部队，达到97%。第四战区的抗战学校也急起直追，最后赶上越北部队，达到96%。

三、一盅盐茶

义安之盛夏，白天，人们只要有一丝之挂，就像披上火袍，若是出门打赤脚，那就等于踏上火焰山。到了这个地步，战士们顾不得什么军容军纪，白天只能穿一条短内裤，戴上一顶太阳帽，还要穿一双胶底凉鞋，从上到下赤身露体。出操时还要背起子弹袋，扛起一支大枪。这像什么样的军队呢？越北部队是特种部队！越南人民军对军容军纪管理很严格，但他们管理不了这支特种部队。部队转移到农村，农民见到我们和他们一样打扮，感到亲切，说这才是农民的子弟兵。

鸡盲症、烂脚这种地方病总是缠着我们，眼下又出现一种奇特的疾病——肚痛病。这种病不是瘟疫，却犹如瘟疫，一旦个别出现则倍数剧增。眼下越北部队再一次整编出一支特殊兵种——"肚痛排"。在义安的越北部队，全部只不过三个连，现在已出现"肚痛一排""肚痛二排"，再加上未撤销的"烂脚排"，已经超过了一个连的兵力。事态正在向着更恶劣的方面发展。在这种严重的情况下，我回忆起一年前初进十万大山的凄凉景象，各种疾病几乎把西征部队拖垮。今天不同的是，我们已经有了后方，病了可以休息，不像过去病了还要行军打仗。休息是可以的，但万万不能睡大觉，因为这块地方历来是兵家必争之地，法国人的空降部队随时都可以空降到这个地方来。战士们仍然"人不离甲，马不离鞍"，枕戈待旦。

　　肚痛病像瘟疫那样袭击了越北部队。消息很快地传到正在顺华前线参加指挥作战的黄团长那里，他火速从前线回到部队。其实他并非医生，纵使他回来也没有什么灵丹妙药。不过战士们见了他，在精神上就有了依托，也能起到精神治疗的效果。黄团长风尘仆仆地赶来，立即前去看望患病的战士。有的病号见了他就骂他不该从前线回来，说这是瘟病，如果让团长染上，我们这些人则群龙无首。没有患病的战士不是这么想，他们认为团长神通广大，他回来了会给我们做主，说不定他有办法呢。

　　好话不灵，鬼话灵，果然，不到第三天，黄团长真的就染上了这个瘟病，他没有被编进"肚痛排"，而是单独住进老百姓的家，他的病显然不比别人的轻，但他不转辗呻吟，只是咬紧牙关沉默寡言。干部和战士去看望他，他不作声；医生去见他，他只是勉强地点头招呼。他正在琢磨这种病的原因，凭他那丰富的经验，他认定此病是我们不适应气候而起的病，与十万大山时一样是土病。以往的经验证明，土病必须用土办法来医治，洋医生治不了这个病，因而他想起中草药。可是这片地方是沿海的平原，纵横百里，除了村边的一些竹子以及人工种植的桉树之外，连野草都很少，中草药就更难寻了。到百里以外的山区去找并不难，可是李医官在千里之遥，眼前的医生是洋医生，她们不懂得中草药，也不相信那些木头草根能够治好疾病。他越想越着急，越想越激动，肚子越是痛得厉害，出了一身大汗。剧痛稍微缓和些，他感到喉渴如焚，急命警卫员给他一盅茶，警卫员拿起茶盅倒茶去了。黄团长忽然心有灵犀地想到：这里的人为什么天天喝茶呢？为什么这种瘟病不找当地人呢？难道这个"茶"字上存有大好的文章不成？可能！完全可能！他自问自答地想了又想，不一定吧！我们的战士不也是和老百姓一样天天喝茶吗？如果认为茶里有文章，为什么瘟病偏偏找我们呢？不！茶仍然是好东西，茶可以消暑、可以助消化、可以利水，特别是这里的生茶叶未经炮制，原味不变，料想其效果更好，是不是在茶水里再加进些什么东西，就能起作用呢？眼下什么也没有，最方便的是生盐。对！生盐是好东西，西征途中陈医官那支灌肠器所用的药水，并不是什么灵丹妙药，而是纯粹的生盐水，生盐水灌进大肠，打通大便，使多少战士得到康复，现在于生茶里面加进生盐，两生相加就是活。他拍起大腿坐了起来，喊警卫员在茶水里加进一些生盐，放咸些。黄团长接过警卫员递给他的一大盅盐茶，一饮而尽，喝下去后闭目养神。几分钟后，他感到肚子里叽里咕噜地作响，他想难道是"踏破铁鞋无觅处，得来全不费功夫"？再过几分钟，肚子的声响越来越明显，半小时以后，病情稍减。这时他高兴极了，来个乘胜追击，再来一大盅，不久他可以起来走动了，一会儿大便迫肛，真没想到哗啦的一泻，肠胃里的什么热积毒积通通地付之大便。黄团长好像服了太上老君的仙丹，病痛完全消失，他高兴地对人们说是用盐茶治好的，但谁也不相信，尤其是那两位洋医务员更不信。

在这紧要关头，不由谁信谁不信，团长用起他的权威，命令医务员将五名病号迁于他的身边，由他来治，同时命令煮好足够的茶水。一会儿病号搬进来了，团长将他为何想起盐茶，又如何去饮盐茶，后来又发生了怎样的变化，直至病好全告诉了他们。不多时，茶水煮好了，团长亲自监督加盐服用，果然立竿见影，那五名病号就在当天晚上撤离"肚痛排"了。

次日早晨，团长起得最早，立即召开排级以上干部会议，将如何解决肚痛瘟病的任务布置下去，命令立即执行。到了上午9时，一切准备就绪，命令"肚痛排"返排集合，团长向病号讲话，同时也是命令，不管谁信谁不信，一律照办。黄团长一声号令，盐茶水犹如千军万马，将侵害越北部队的"瘟神"解决。

采取措施之后，为巩固其成果，就理所当然地要采取善后措施。黄团长亲自挂帅，带头在全军范围建立起严格的制度：强制加自觉地规定，从今以后，全体官兵一律必须在早晨起床之后、早膳之前按质按量地饮下一斤半重的生盐茶水，任何人不得违反。一把钥匙开一把锁，一盅十分平凡的生盐茶水，竟能治愈一系列的地方性疾病。从那个时候起，鸡盲症根除、"烂脚排"撤销，连一些感冒、皮肤病等，皆不敢染指越北部队。战士们身强力壮，情绪高涨，确实是一支名副其实的特种部队。

凡是真理，一定要经得起时间的考验，一盅盐茶水的故事到此为止，但盐茶水的功劳却远远没有终止，它已成为越北部队的"传家宝"。尔后，在我们未尽的征途中，经过更为艰险、更为恶劣的环境和气候，战士们都把盐茶水作为最可靠的"灵丹妙药"。战争结束，全国解放，战士们分散到各个岗位，但是一盅盐茶水和我们结下了不解之缘。新中国成立后的30多年，我经过许多的坎坷，可是我仍然坚持饮用盐茶水，看起来红光满面，几乎忘却了我已是年近古稀。

中共领导的南路人民武装力量与越盟合力共同抗击法军[①]

1946年底，撤向越南北部山区的越军主力与中共领导的武装力量，即广东南路人民抗日解放军第一团的千余名官兵相遇了。

这支中共武装力量是按照中越两党协议，为免遭国民党军围歼，在1946年3月由团长黄景文、政委唐才猷带领进入越南高平整训的。他们入越后，立即应越南党的要求，并经中共广东区党委批准，由黄、唐亲率一批军官出任越军顾问和教员。

1947年初，越北法军总兵力达到了10万，继续向北进攻，很快攻占越北绝大多数城市。但是，由于战线太长，机动兵力不足，加上雨季到来，进入5月，法军的攻势停顿下来了。不仅如此，法军面前还出现了新对手。

1947年6月，中共香港分局任命参加过长征的琼崖纵队副司令员庄田为"粤桂边纵队"司令，以进入越南的第

[①] 钱江：《越南密战：1950—1954 中国援越战争纪实》，四川人民出版社、华夏出版社2015年版，第564-566页。有改动。

一团为主力发展武装力量。庄田到越南后会见了胡志明，立即受邀担任越军高级顾问。他从第一团抽调骨干整训越军部队。至1947年7月，边纵一团共接收了830多名越军干部前来培训、实习。

1947年10月7日，法军分南北两路夹击位于越北太原、宣光省交界处的越方根据地，法军伞兵实施了突如其来的伞降。伞兵降落在距离胡志明住所仅仅几里的地方，包围了正在主持会议的越共中央书记长征。伞兵手持冲锋枪冲进胡志明住所时，发现胡志明的信件还摆在他的办公桌上。而胡志明、长征都从法军包围圈的空隙中冲了出来。于是，越、法两军在丛林中激战。法军坦克时常陷入泥潭，兵力难以在狭窄的林间小道两侧展开，越军常常突然闪现在他们身边猛烈开火。这场丛林激战持续10天以后，法军攻势受到抑制。越军战士则付出了重大代价，法军士兵也在山林中成排地倒下，最后撤围而去。

1948年春，法军再次进攻越北的太原中心根据地。在越共中央和军委联席会议上，庄田发言指出，根据兵力密度计算，法军此次动用1万多人，不能形成严重威胁，越军能够以运动战方式打败敌人，他建议在凉山到七溪、东溪一线伏击法军。

与会越军将领同意庄田的建议，并请庄田参与指挥。

战斗在太原根据地外围展开。庄田协助武元甲在中越边境地区设伏，重创法军一个营。一团政委唐才猷、作战股长林杰亦参与指挥，又歼敌一个连。法军此次围攻即告失败。

越南抗法战争进入相持阶段。这时，规模宏大的中国人民解放战争如大海怒涛，奔涌于辽阔的国土。1949年8月，渡过长江的解放军继续向南进军。庄田受命担任中共滇桂边纵前敌工委书记，率领在越南整训的部队回国参加解放西南的战斗。

跟随陈赓第二次赴越参加边境战役[①]

1950年6月中旬，西南军区副司令员兼第四兵团司令员陈赓接连收到中央电报，命令他代表中共中央前往越南，帮助越军组织、实施边界战役。中共中央在6月18日给陈赓的电报中说：

"你去越南，除与越南方面商谈和解决具体问题外，主要任务应根据越南各方面的情况（包括军事、政治、经济、地形、交通等项情况在内）及我们可能的援助（特别注意物资的运输条件）拟订一个大体切实可行的军事计划，以便根据这个计划给予各种援助，分别先后运输各种物资，并训练干部、整编部队，扩大兵员，组织后勤，进行作战。

---

① 本文出自钱江：《越南密战：1950—1954 中国援越战争纪实》，四川人民出版社、华夏出版社 2015 年版，第 72–73、105–131 页。

这个计划必须切合实际，并须越共中央同意，望你到越南了解他们各方面的情况之后，和越共中央一道共同拟订一个可行的计划。同时我们援助他们的计划亦加以拟订，报告中央批准后实行。"

战争环境中，情况瞬息万变。6月21日，罗贵波电告中共中央，在老街的越军缺乏粮食，难以实施原定作战方案。越共中央和总军委决定暂时放弃老街战役，改而进行高平战役，争取在7月下旬开始。考虑到在云南整训的第二〇八师对高平较为熟悉，拟将该师调往高平作战。

接到这份电报的次日，6月22日，中共中央电告陈赓，要他准备尽快出发去越南协助组织战役。同一天，毛泽东电告广西领导同志："现在云南整训的越南部队约1万人，准备于12—15日由砚山启程，7月下旬到达靖西，并准备作战。请你们指示沿途给予帮助，并替他们选择集中地点，代为准备1个月的粮食。该部队到达靖西后，如枪械军火有所不足，向你们要求补充时，你们应尽可能给予帮助。"

陈赓行事果断，即刻确定了随同他赴越的工作班子。他们是：第四兵团宣传部部长曾延伟，兵团作战处副处长王振夫，兵团机械处副处长杨进，兵团机要处副处长刘师祥，第十四军作战处处长梁中玉，后勤处处长张乃詹、副师长王砚泉，炮兵团团长杜建华。

除以上人员外，和陈赓一起去越南的，还有原滇桂黔边纵队参谋长、36岁的黄景文和团政委黄为。他们两位都是"越南通"。

原来，在1945年日本战败投降后，根据国共两党协议，坚持敌后抗战的东江纵队主力由司令员曾生率领，经海路撤到山东烟台。中共中央指示，广东南路武装坚持粤桂边地区游击战争。1946年2月，由于受到国民党军压力，经中共南方局与越南党商洽，南路武装主力第一团，由团长黄景文率领，大部入越整训，余部原地坚持斗争。

黄景文率部入越后，曾协助越军在北江和海宁省与法军作战，得到越方称赞。为此，黄景文于1946年10月被聘请为越南高级步兵学校（校址在义安省）顾问。黄景文当时化名"陈光"，他刻苦学习，越南语水平明显提高。

1947年，在越南整训的解放军部队于10月返回国内，并于1948年初编入新成立的"滇桂边区纵队"（简称"边纵"），黄景文任一支队司令员。1949年7月"边纵"改称"滇桂黔边区纵队"（简称仍为"边纵"），庄田任司令员，林李明任政委，黄景文任参谋长。

有了这个背景，边纵参谋长黄景文入越自然顺理成章。据黄景文夫人李夏湘后来的回忆，陈赓组织入越工作班子的时候，黄景文主动请缨说："请组织上让我参加顾问团吧，我对越南的情况熟悉。"

陈赓拟定了作战部署。1949年8月22日，陈赓将作战计划呈报毛主席。

8月23日，武元甲召集越军团以上干部会议，进行东溪战斗动员。谁知道，动员并不顺利，一些越军指挥员有疑虑，议论纷纷。为什么不按计划打高平？次日，武元甲请陈赓到场释疑解惑。前后整整讲了4个小时。越军军官们开头还窃窃私语，到后来完全被陈赓说服了。

8月24日，毛泽东以中共中央军委名义复陈赓："同意你们的作战计划"。

9月12日，按照战役计划，越军西北地区武装力量向老街发动佯攻，使法军司令官产生了几分疑惑。

9月16日拂晓，第一七四团突然袭占了东溪北部的两个据点。

9月18日上午10时，东溪守敌全部被歼。至此，法军横在中越边界的一字长蛇阵被拦腰截断。

10月3日，法军放弃高平，沿着4号公路向南而去。

10月7日，边界战役越军大获全胜

毛泽东于10月10日致电陈赓："越军大胜极慰。"

11月1日，陈赓带着他从昆明带出的一班人马启程回国。山叠嶂，水纵横。在绿色的山野中，武元甲、陈登宁将陈赓部队送出很远很远。

第三部分 哈军工教职员工的回忆

祝贺院庆 缅怀先贤[①]
——记海军工程系奠基人黄景文、邓易非

今年（1993年）9月1日，是哈尔滨军事工程学院（以下简称"哈军工"）创办40周年纪念日。值此院庆40周年之际，我们深切地缅怀哈军工的创始人陈赓院长及其他已故老同志的建院功绩。学习革命前辈艰苦奋斗的创业精神，继承和发扬哈军工优良传统，仍然具有十分重要的现实意义。

从1953年筹建哈尔滨军事工程学院开始，黄景文、邓易非两位主要领导同志，就在以陈赓同志为核心的学院党委领导下，负责海军工程系的创建工作，并在后来长期担任了海军工程系的领导。我在海军工程系专科和教务处任职的十几年间，一直都是在黄景文、邓易非两位同志的直接领导下工作的。现在，他们已先后逝世，但他们那种忠于党、忠于人民、忠于共产主义事业的高尚品德和感人事迹，让人永志不忘。

黄景文、邓易非同志都是经过长期革命斗争考验的老党员、老干部，有很强的党性和组织观念。海军工程系成

[①] 作者冯捷，哈尔滨船舶工程学院院长。此文摘自1993年9月1日《船工周报》。

立以后，遵照毛主席给哈军工的"训词"，贯彻院党委以教学为中心的办学思想，他们很重视加强党的领导，发挥系党委"一班人"的集体领导作用。即使在建系初期、系领导暂时实行"一长制"的情况下，担任系主任的黄景文同志，对于系的政治副主任邓易非同志也是很尊重的，有事都能主动同邓商量，或提交党总支讨论。1953年末，以邓易非为书记的第一届系党委组成后，我被选为党委成员，并参加了以后的历届党委和常委，经常参与对一些重大问题的讨论。在工作实践中，我体会到易非同志是个称职的"班长"。他有民主作风，有全局观念，善于团结同志。有时开会讨论问题，我们会争得面红耳赤，但事后仍和好如初。黄景文、邓易非两位领导同志，都有较好的批评与自我批评精神，党委成员和其他领导同志有什么问题和意见，也愿意主动找他们谈心。1955年，邓易非同志被任命为海军工程系的政治委员以后，也是一如既往，非常尊重系主任的工作，主动密切配合，支持黄景文和其他领导同志行使职权。凡属重大问题，黄景文、邓易非两位领导同志都能够自觉地提到系党委会集体讨论决定。凡是机关和基层能够处理的事，他们都放手让下面去干，充分发挥机关和基层组织的作用。

对于自己的本职工作，黄景文、邓易非都有着强烈的革命事业心和政治责任感。海军工程系的建系工作，在院党委和院首长的直接领导下，得到苏联专家的帮助和海军领导的关怀支持，发展很快。从1953年的5个专科、60多名教师、90名学员共200多人，经过短短三五年的时间，到1958年第一期学员毕业时，全系人员总数已发展到1500多人，其中教学人员400多人、学员1000多人。全系共有17个专业、20个教研室和50多个实验室。海军工程系的建设每前进一步，都倾注了黄景文、邓易非两位老领导的大量心血。

为了贯彻执行好党的教育工作方针，黄景文、邓易非两位领导同志始终把教学工作作为经常性的中心工作来抓。在有关科研发展的方向性问题上，他们有远见，总是要求全系教学人员，在搞好教学的同时，承担更多的科研任务。1958年军工各系送到北京向八一建军节展出的献礼项目中，海军工程系的科研之多受到了军委和海军首长的好评。作为系党委书记和系政治委员的邓易非同志，他不仅要协调各方面的力量，同心协力，围绕教学科研搞好本职工作，而且还身体力行，在当时开发的技术革命与革新活动实践中，他直接参与，有时还同科研组的同志一起突击夜战，给师生以巨大的鼓舞。系主任黄景文同志，为了海军工程系专业的建设与发展，为了不断地提高教学质量和科研水平，更是呕心沥血。长期以来，他为此把几乎所有的业余时间和精力都用于工作。他经常找人谈话或召开各种座谈会；针对教学发展过程中的不同情况，他也经常有计划有重点地找一些专家、教授到他家里去或者是自己登门拜访，调查研究；有时还亲临海军、七院等有关部门请教，听取意见。

多年来，他们尊重知识，尊重人才，重视发挥知识分子的作用。根据学院党委的指示，海军工程系就曾多次认真检查了贯彻执行党的知识分子政策的情况。以陈赓院长为榜样，邓易非同志在给全系人员讲话中，就曾多次提到过陈赓同志礼贤下士、珍惜人才的事迹。黄景文、邓易非两位领导同志，在多种场合都反复要求和教育干部，要把知识分子当作自己人，当作办学的依靠力量。他们自己身体力行、体贴入微，因此赢得了广大教学人员的尊敬与爱戴。尤其是景文同志那种谦虚诚恳的和蔼态度和密切联系群众的优良作风，更是有口皆碑，即使在学院其他单位的一些老教师群体中，只要一提到"三系黄景文主任"，许多人都会交口称赞并表达敬仰之情。

黄景文、邓易非辛勤耕耘，功绩卓著，他们在创业过程中的好思想、好作风，在广大干部教师中产生的巨大作用和深远影响，更为可贵，给后来船舶工程学院的筹建与发展也奠定了良好的基础。十多年来，我和黄景文、邓易非朝夕相处，合作共事，结下了深厚的友谊。他们一直是我敬重的老首长，也是我的良师益友。他们的言传身教，使我受益良多。他们那种实事求是、无私无畏、清正廉洁和严于律己的精神，永远是激励我们奋发前进的动力。

学习黄景文主任　忠诚人民教育事业[①]

黄景文（1914—1983）同志是1952年秋最早参加军事工程学院筹委会（10名委员）和临时党委（6名委员）成员之一，旋即担任海军工程系系主任，直到1966年春调离学院。我于1953年春从海军调来哈军工后，便一直在他的领导下从事舰炮等专业建设工作，以及教学和科研工作。在党委集中领导下，黄景文主任对海军工程高等教育事业无限忠诚，并且做出了重大贡献，他给我们留下的最深刻的印象及若干重要事迹简述如下。

一、坚持狠抓专业建设　狠抓教学质量

从1952年筹备工作开始，他就首先按筹委会的部署，亲自从各方面选调教员和干部。1953年，海军系首批建设和招生的5个专科（当时一个专科有一个专业）组建后，我们炮舰和鱼水雷两个兵器专业的教师，由于过去都不是搞武器的，只能采取边进修、边建设和边教学的"三边"

---

① 作者何水清，哈尔滨工程大学副院长。此文发表于1995年9月8日《工学周报》。

做法，来进行教学培养工作。不过，由于学院和海军等有关方面的积极支持，我们都在黄主任的直接领导和关心帮助下，通过紧张刻苦的工作，不但确保了上课有教师，学习有教材（讲义）和实验有设备的"三有"的基本条件，而且很好地完成了第一期学员的教育培养任务，还为以后的继续发展提高打下了良好的基础。例如，由于党委和他的"教育者先受教育"的思想明确，我们舰炮专业教师都在认真进修专业课程，试做课程设计和毕业设计，等等。助教傅廷灼同志还因为进修成绩突出，受到在军旗前照相的奖励。也由于黄景文主任对学院当时"以教学为中心"的指导思想明确，坚决贯彻执行，对教学和学习的要求严格，检查认真，因而学员学习成绩不但普遍较好，而且在毕业设计中都表现出较强的独立思考和独立工作能力，有的设计还具有创新性。舰炮专业谢群以"提高舰炮自动化程度和发射率为目标"的毕业设计，连答辩委员会委员、海司枪炮处专家郭克同志都说，这正是我们当前海军舰炮要解决的技术问题。

这里要特别提一下实验室建设工作。我们舰炮实验室在早期建设中，有个中口径舰炮射击运动性能模拟实验项目。这除了动力源之外，需要有坚强的炮座设施，其工程规模和耗资都甚大。由于黄景文主任的决心，很快便得到了院领导的批准，并及时解决了这个基座工程问题。还有，在1963—1964年间，我任水声教研室主任时，学院为了更好地发挥贵重实验仪器设备的作用，同志们经过调查研究后，提出了将全院声学测试仪器（主要是进口仪器）集中到水声实验室统一管理使用的建议。也正是在黄主任的全力支持下，这个建议很快得到了学院的批准。实践表明，这项措施是好的，对后来的教学和科研工作起到了重要作用。

二、根据海军建设的迫切需要确定专业发展方向

就我们炮舰专科专业来说，1953年开始招生后，便于1954年筹建炮舰指挥仪专业，并于1955年开始招生。到1958年我任专科主任时，我们专科不但有舰炮和指挥仪两个专业培养军工科技人才，而且还有培养炮业务长的能力，随时可以招生。从全海军系来说，1953年仅有5个专业（科），1954年便增设雷达与声呐专业，以后逐年都有发展，到60年代，全系已有8个专科17个专业，连同准备分出去的5个专业和2个停办专业，共有24个专业了。同时，教师和学员人数也分别从1954年初的60多人和90人，增加到约200人和1000人。此外，还从1955年起在少数几个专业招收少量的研究生。所以，人们把这样大规模的系称为"院中有院"。学院发展速度这么快，与黄景文主

任的辛勤操劳密切相关,这也为后来筹建哈尔滨船舶工程学院奠定了坚实的基础。

1962年,海军系根据中央军委的调整方案,将舰炮、指挥仪、鱼雷、水雷四个专业和舰艇消磁专业的全部学员、仪器装备和大部分教师,都同时移交海军工程学院,并在该院设立海军兵器系,继续培养人才和开展科研。这些专业因为在军工海军系打下了良好的基础,所以在海军工程学院也发展提高较快,是现在海军培养常规海军兵器高层次专业技术人才仅有的几个专业。

三、积极推进科研工作

当时,学院和系领导都非常重视在教学过程中培养学员独立工作的能力,发挥教师教书育人的主导作用。在黄景文主任的大力推动下,我们广大教师都围绕这些要求开展各种开放式的教学法研究。我也曾多次在全系教学方法研讨会上做专题发言,介绍自己对专业的经验体会。由于空军、炮兵、海军和装甲兵这四个专业都有常规兵器专业,1956年便首先联合召开了兵器专业教学经验交流会,并做出了加强各系兵器专业教研室之间加强联系和协作的决议。海军系内还成立了构造课、战术课、测量课和造船课四个教学方法研究小组,组织了多次观摩听课和经验交流。这些活动对于保证和提高教学质量,确实起到了很好的作用。

1958年春，在"大跃进"的浪潮中，在党委和黄景文主任的大力号召和认真推动下，我们舰炮专业因为已有一个循环的专业教学工程和实践工程，也积极开展科技研究工作，由我具体主持，并与舰炮专业教师和第二期学员一起，承担了我国第一门57毫米双管自动舰炮的研究设计任务。经过大家的共同努力，我们于1959年底在国家靶场进行了弹道炮试验。结果表明，其最大射程、射高和射击精度等主要战术性能，均优于新型的苏式同口径自动炮。后来，此炮获1978年全国科学大会重大科研成果奖。

　　当时，海军系船、机、电、水等各类专业的科研工作就更加活跃，后来成就也更大。例如，1958年学院送北京展览的科研成果（包括阶段成果）中，海军系的35项科研成果主要都是这些专业完成的，这些成果受到中央和海军首长及有关部门的赞扬。

四、坚持党的领导、密切联系群众、重视调查研究、充分发扬民主

　　我在黄主任的直接领导下连续工作那十几年，就是实行"一长制"的建院初期。黄主任在工作中也十分重视党组织的领导作用，重要问题都是经过党组织讨论决定后，再向下传达意见。工作中也总是以商量的语气来谈问题，耐心听取各种意见，特别是我们这些老教师的意见。他经

常深入干部、教师和学员群众之中，了解情况和调查研究。我的办公室和家里，他来过不知多少次。由于他是大忙人，我为了能及时汇报和请示工作，就想了一个办法，即在下班前到他家里等着，待他回来便立即进行汇报请示，解决工作问题；有时候还跟他一同到首长食堂吃饭，边吃边谈。这样饭吃完了，事情也办完了。他在军工就是这样十几年如一日，呕心沥血、夜以继日地把全部精力都用在海军工程高教事业上了。

黄景文主任常常亲自主持和参加各种专题调查，并写出有重要指导作用的调查研究报告。例如，1962年，他对一年级教学情况检查后写出的报告，就受到院教务的表彰，认为"不仅对海军系一年级的教学工作有指导意义，而且有普遍的指导意义"。

黄景文主任身体力行，经常深入专业建设和科研试制的关键地方，同我们教学人员同甘共苦，既做思想工作，又做服务保障工作，他的工作作风因而深深地影响着教学人员和干部，他被学院领导认为是工作成绩比较突出的系主任。海军系1963年度工作总结中曾特别提道："教师不但重视技术化，也重视革命化；不单教书，还要注意教（育）人；不但注意培养学员成为技术工作者，还要注意培养学员成为革命者。"

黄主任的优良传统和作风，也影响着其他系的教师和干部，他的成绩都是有口皆碑的。在我们老教师中，只要一提到"三系黄主任"，不但人人熟悉，而且会称赞和景仰他。

黄景文主任在军工的十几年，对海军工程高等教育事来做出了突出的贡献。他那无私无畏、清正廉明、严于律己的精神，是我们学习的榜样。

1995年7月于哈尔滨工程大学

缅怀黄景文主任[①]

1952年岁末，我们由大连海军学校调到哈尔滨军事工程学院的六个助教，由于刚报到不久，尚住在招待所等候分配。有一天下午，一位神采奕奕的中年军人前来招待所找我们，他自我介绍说是海军工程系筹建负责人，详细询问了我们各自的专业和部队工作经历，了解了大连海军学校教学的组织实施情况，并约请我们通过给海军工程系筹建组的干部讲一节海军常识课程的形式，实地介绍大连海军学校教学的组织实施。这是我第一次见到黄景文主任，他对下属的亲切和蔼、对业务的深入细致，给我留下了深刻的印象。

---

① 作者杨士莪，中国工程院院士、哈尔滨船舶工程学院副院长。

黄景文主任向学院提出要求：凡由海军各部门调来军事工程学院的干部，希望都能分配到海军工程系工作。我于1954年由学院训练部基础课教研室调到海军工程系。当时我和其他几位新调入的同志一起，由黄主任和系顾问共同亲自谈话，研究专业分配。我被分配搞天文测量。过了两个月，黄主任找我谈话，问我对分配的专业工作有什么想法。我率真地表示：过去对天文测量一无所知，现在也没兴趣，但会努力做好分配的工作。黄主任没直接批评我，而是耐心教育我：兴趣不是天生的，也不是熟悉不熟悉的问题，兴趣是对于革命工作的认识。又过了三个月，黄主任突然从青岛打电话回学院，通知让我火速到青岛去见他。我到了青岛后才知道，他在青岛基地参观时，了解到基地有一个天文测量站，当即与有关部门联系落实，安排我到测量站进行短期实习，以便能接触到一些实际的知识。类似的情况，其他教师还可以举出更多、更生动的例子。这些都深刻地表明黄主任对部属的爱护，关心他们的思想和业务能力的成长、提高。他曾经说过："过去的经验表明，一个同志在革命队伍中工作了一段时间以后，就会对所在单位产生深厚的感情，在任何艰难困苦的情况下，都将紧跟不舍而决不动摇。"正是因为有像黄景文主任这样的领导，才能带出那样坚强的队伍。

我在苏联进修期间，中间曾因工作需要，回国到科学院电子所协作干了几个月。当时曾有人向黄景文主任建议，由于我当时和科学院的关系过于密切，搞不好进修结束后会被留在科学院的，最好借我回学院汇报工作的机会将人留住不再放出国外。但黄主任在听到我说在国外进修尚有未了事宜后，就毫不犹豫地同意我去莫斯科继续完成进修。后来又同意我回国后直接去科学院参加了中苏联合水声考察，直到考察结束，资料整理工作初步告一段落后才返回学院。60年代初，黄景文主任不止一次委派我单独一个人代表他参加海军副司令领导的专业组活动，或到有关单位协作，对我表现出极大的信任。在各项教育、科研工作中，他也仅仅指出对海军建设急需的关键，并协助解决人员编制与经费等方面的重大问题，其他方面则放手让大家自主发挥积极性和创造性，从而反映出他高水平的领导艺术。在他的领导下，在短短10年多一点的时间里，海军工程系各专业迅速地从无到有、成长壮大，并培养锻炼出一大批技术干部，他们中不少人在海军建设的不同岗位上都做出了积极贡献。

1965年黄景文同志奉命调到海军训练基地工作，虽然离开了直接领导我们的工作岗位，但依然关心着这些老部下的工作和生活。每次我们出差到海军训练基地，他都亲切地接见并询问我们的专业和个人情况，认真地协助安排落实各项求援协作事宜。直到他病重在锦西住院治疗时，我去医院看望他，他还安排他的秘书陪同我去参观塔山英雄纪念碑。何曾想到，这竟是我与他最后的一次见面。返院不久，我就听到他不幸去世的消息。

黄景文同志虽然永远地离开了我们，但他首创的事业依然留存，并将随着祖国的日益强盛而不断发展壮大。他当年的部下永远怀念他的教导，学习他的品德，继承他的遗愿，在祖国海军建设事业的道路上努力前进！

1995年8月9日

怀念黄景文主任[①]

——尊重知识、尊重人才的好领导

我转到哈尔滨工业大学做研究生。毕业后，本该返回清华大学建立新专业，当时哈军工刚刚建校，急需要高科技人才，上级领导决定把我调到哈军工海军工程系筹建鱼雷射击指挥仪专业。我报到时，首先受到黄景文系主任的接见。他身材挺拔，站如松、坐如钟的军人英姿，给我留下了深刻的印象。当时黄主任见到我非常高兴地说："非常欢迎您参加海军系！把您调来很不容易，希望您把您这个新专业创建起来。"回忆往事，历历在目，他的音容笑貌、

---

① 作者柳克俊，原海军装备论证研究中心总工程师。

他的为人师表、他的领导才华，他为海军培养人才呕心沥血积极努力的工作精神，永远留在我心中！

我刚到海军系就在系309教授会和三乙实验室工作。当时，从苏联引进的潜艇机电模拟式鱼雷射击指挥仪，既昂贵又笨重，而且操作也不方便，至于快艇的鱼雷射击就是用很简陋的快艇三角瞄准器。对此，我想进行技术改造，联想了很多模式。1956年国庆假期期间，苦苦思索中的我萌发了搞电子数字计算机的初步设想，也就是想用数字式来取代模拟式，用电子器件取代机电器件，而且要操作自动化、通用化，并且要有推广意义。为了把计算机用在指挥仪上，首先必须把实战条件提炼成一个数学模型，交由计算机计算以得到是否可以发射鱼雷的指令。经过反复摸索，我根据苏联潜艇指挥仪的射击理论，结合我到部队了解的快艇的运动规律和最佳射击状态，构思出一个适合快艇发射鱼雷的数学模型，并做了几个月的摸索试验，由此做出了一个总体方案。1957年8月10日，我将方案向以黄主任为首的系领导做了报告。之后，黄主任召开了会议，让我论证方案，会议持续了几个小时，黄主任一直都在场认真倾听，及时提问，我都一一回答。会议结束后，黄主任代表领导对我搞计算机的设想方案给予了充分的肯定和支持，鼓励我抓紧干下去。为了争取立项，黄主任亲自带我单独向刘居英副院长汇报，得到了刘院长的赞许和鼓励。

之后，黄主任就指挥仪采用计算机方案，积极地向海军争取立项。9月，系党委就批准了该项目，邓政委在我的报告上做了批示："同意搞。要有中国人的志气，一定要搞好，相信能搞好！"并把此项科研工作命名为331型电子计算机，因为它是代表海军系（三系）水中兵器科（三科）的第一台电子计算机，所以叫331型。1957年底，海军做出了研制的决定。

从此，黄主任就经常到我们的教授会和实验室视察和了解科研工作的进展情况，也经常叫我到他的办公室讲解计算机的原理和技术，并研究如何开展工作。在我向黄主任汇报研制的进展情况以及出现的问题时，他总是不厌其烦地认真倾听，有时还会"打破砂锅问到底"，直到弄清楚为止。当时，我深为黄主任不耻下问、谦虚好学的精神所感动，也减少了我的拘谨心理。这样，我和黄主任的关系越来越熟悉了。在我眼里，他既是我的首长又是我的长辈，是我遇到的尊重知识、尊重人才的好领导。

无论遇到什么样的阻力，黄主任始终不渝地作为计算机项目强有力的支持者、宣传者和组织者，为我们的科研工作开辟道路，帮助我们排除各种障碍，为我们创造了一个宽松的科研环境。

项目刚上马时，由于当时中国没有计算机，中科院也只是刚刚开始组织人去苏联学习，再加上计算机所涉及的知识面很广，因此院内、系内不少人不了解也不相信我们能搞计算机，就连苏联顾问都坚持用苏联进口的昂贵的机电指挥仪而不同意我们上这个项目。苏联顾问说："连我们苏联也才刚开始研究，你一个年纪轻轻的柳克俊不可能搞什么计算机！更不用说搞军用计算机了！"黄主任就用种种理由和苏联顾问争辩。当时黄主任支持我。一次，黄主任在他的办公室对我说："柳克俊，我们中国人应该有这种志气，不要听苏联人这种话。我们中国的革命道路与苏联的就不一样。现在我们解放军政治工作也听苏联人的，我们的政委职能就不同于苏联政委的职能。邓政委和我都是支持你的。"此时正好邓政委进来，黄主任向邓政委介绍了情况，邓政委也说："黄主任讲得很对，我是政委，我们的政委职责和苏联的就不相同，对苏联的经验不能完全照搬照抄。"为了争取各方面的支持，我积极宣传、讲解计算机的优越性、重要性以及它的发展前景。黄主任也常常从系主任的角度讲搞计算机的必要性。上到海军司令部有关领导，如周希汉副司令、赖副参谋长等，到学院领导陈赓院长、刘居英副院长等；下到系的干部、教职员，目的是让领导和群众能理解和支持这个新生事物。随着科研工作的进展，需要增加人力和物力资源，黄主任除调用本系资源之外，还争取系外的有关资源，如向院技术部领导要求调拨示波器等电子设备，抽调技术人员充实科研队伍，并任命我为技术的总负责人。

在以黄主任为首的系首长和系党委的领导下，计算机的研制工作不断取得进展，科研队伍也不断壮大，已经成了一个新的学科，当时三系已有八个专科，计算机就算到了第九科，于是任务代称由331就改成了901（即九科第一台计算机）。随着1958年"大跃进"的到来，同志们在"大跃进"精神的鼓舞下，更是干劲冲天，日夜奋战，黄主任亲临第一线，常常很晚才下班。当时三系的科研成果之多，在学院中也是排在前列的。在1958年国庆节前夕，我们研制的第一台军用电子机研制成功了。当时喜报贴在三系大楼大厅里，前来参观和访问的领导和同行们络绎不绝。我们到实验室观看计算机的表演，都感到很新奇和神秘，对它的功能都赞叹不已！我们这些科研人员看到此情此景，都非常高兴，我们终于成功了！我国第一台军用电子计算机在哈军工海军系诞生了，并成了哈军工的科研强项。黄景文作为系主任，此时此刻他的喜悦心情更是不言而喻！

真空电子管计算机研制成功后，为了使计算机能够适应海上作战环境，就必须采用固体电子器件（即用半导体三极管），以缩小计算机的体积，减少损耗，同时还要使机器有很强的抗震动和抗冲击的能力。当时我国半导体三极管正在起步研制阶段，人们都怀疑能否用它来做我国的计算机。由于周围没有搞这方面的人才，于是我自己就刻苦钻研导体脉冲电路理论，研究如何用不够可靠的半导体器件做出可靠的计算机部件，另外还要解决指挥仪出海防潮、防霉、抗震、抗冲击和耐高温的计算机加固工艺问题。对解决上述问题的想法，我不断向黄主任汇报，黄主任积极以行动予以支持。三年经济困难时期（1959—1961年），国家要求收缩科研战线，且中央下文半导体项目一律下马，哈军工的很多科研项目也停办了。但是，我们认为计算机太重要了，而国家这方面又太落后了，黄主任领导大家想尽各种办法保留了这个项目。1961年3月，我们这个计算机晶体管化的项目终于获国防科委批准。

该项目自始至终是系里直接抓的，黄主任和邓政委经常深入第一线了解工作进展情况，及时组织和协调。有时黄主任和我一起回家，在路上他和我边走边交谈，并教导我如何处理各方面的关系等，使我受益匪浅。他经常鼓励我要大胆去做，不要因为可能的失败而不敢想不敢试。我说："如果失败，理所当然责任在我。你们革命前辈为了人民的利益不惜牺牲自己的一切的精神是我的榜样，我会不考虑个人的得失尽力去做的。"他说："如果失败，责任由我来承担。我是业务工作的第一把手，我不入地狱谁入地狱！"他这种对工作敢于担风险、敢于负责任的精神，对党和军队的事业无限忠诚的精神，是晚辈永远学习的榜样！

为了培养计算机人才，黄主任从三系有关专业抽调尚未毕业的学员，即所谓的"拔青苗"，由我对他们讲授我所钻研出的新知识和实验体会，并要求我对他们严格要求，在工作中培养严谨的科研作风，遇到问题要百折不挠、顽强拼搏。黄主任鼓励大家要在战斗中成长。这批学员数量很大，有100多人。记得当这批学员达到108人时，人戏称为"一百零八将"。事实证明，在国家计算机事业刚起步的年代，对这批人才的培养具有前瞻性的意义。

  国防科委领导优先调来了大量的国产半导体三极管给我们。由于军用计算机的工作环境十分恶劣（如快艇的战斗环境），为了保证研制军用计算机的质量，我们配备了大量的人力，对成千上万只半导体管进行测试、筛选。往往从100多个里面才挑出几个能用的，这个工作非常辛苦……当时正值国家三年自然灾害，大家都吃不胞肚子，加上工作强度大，有的同志身体出现浮肿，有的肝脾肿大。此时，黄主任及时调来了黄豆、白糖发给大家，还派医务人员给大家注射了丙种球蛋白，这在当时是很珍贵的药物。

  哈军工成立以来，中央领导十分关心哈军工，许多领导都亲临哈军工视察，如周恩来、朱德、邓小平、林彪、陈毅、贺龙、薄一波等，当然也少不了视察我们的军用计算机实验室。在中央领导视察之前，黄主任每次都亲自提前来检查一遍，然后再陪中央首长前来。我们接待过许多中央首长，我用计算机做汇报表演，受到首长的许多鼓励和鞭策。

晶体管化后，就要组织海上试验。我们做了调研，黄主任十分仔细地听取了海上试验计划，并多次上上下下联系，落实了各项准备工作。黄主任还请了刘居英院长、院科研部冉萍副部长等组成海试队伍。1963年，黄主任、冉部长带队首先前往北海旅顺海军基地进行海上军用半导体计算机指挥仪的试验。海军基地首长、国防科委领导机关参谋等都亲临现场。日夜出海，风大浪高，很多人都晕船。在这样的条件下，用我们研制的计算机指挥了鱼雷攻击，取得了满意的效果，受到了各方面的赞扬。当然，黄主任也非常高兴。

随后，应海军的要求，我们又到东海和南海做不同季节的试验，均完成了任务。每次试验，黄主任都十分关注。如有一次我们科回哈尔滨时，黄主任冒着黑夜的严寒，亲自带着一些皮大衣到车站月台去接我们这些从海上试验返回的人员，大家都十分感动。

哈军工海军系在全国率先搞出了数字计算机，尤其是最先搞出了军用国产半导体计算机，并成立了相应的专业，培养了人才。黄主任派我向第七研究院领导汇报军用计算机，我并得到了热情的鼓励和支持。随后，七院要求我们帮助创建这样的研究所。我回来汇报后，黄主任热情支持。七院就派人到我们海军来学习，而且要我们的毕业生不断补充他们的队伍。他们派的人员学成回去后就建立了这方面的研究所——就是现在船舶工业集团所属的716所的前身，它现在已经成了海军电子计算机系统最大的研制生产单位，为海军的装备建设做出了很大的贡献。

自从1966年哈军工转为地方院校、黄主任调往海军23基地后，他仍关心着我们的科研工作。1970年，哈军工迁往长沙，黄主任得知后，让我路过锦西时到23基地做个报告。我到基地后，看望了黄主任等基地领导并做了报告，受到了黄主任的热情款待。到长沙后，我们进一步发展了计算机，成立了研究所，随后成立了系统工程系。有时我出差北京，也正赶上黄主任在北京，我就去看望他，他仍然十分关心计算机的发展和海军的建设。

近半个世纪前的哈军工海军系的电脑火花，现在已是星火燎原，电脑已经遍及全国。黄景文主任的在天之灵一定非常高兴！黄主任是尊重知识、尊重人才的好领导，他的形象永远活在我们心中！

2003年6月19日初稿

修改于2003年10月26日

缅怀黄景文主任[①]

借此黄主任90周年诞辰之际,我深切地怀念我们敬爱的黄主任。

我是1954年11月从大连海校调到哈军工的,来到三系后在各方面一直得到黄主任的关怀和培养。记得刚到系时,黄主任找我谈话,向我询问大连海校的一些情况。我问我将担任什么课程,黄主任说:"你担任航海技术器材课程。"他向我介绍了海道测量专业的情况,最后对我说:"你们专业的苏联顾问已经来了,你要向苏联顾问好好学习。你们海道测量专业有三个教授,大家一起共同办好这个专业。"

1958年中苏关系开始紧张,苏联撤回对我国的援助项目。搞核潜艇,苏联拒绝援助我们,我们更不可能从美国人那学到技术。当时党中央决定自力更生研制核潜艇,毛主席说:"一万年也要把核潜艇搞出来!"黄主任带领我们到海司接受了研究任务。我们航海设备教研室要研究的课题是如何解决核潜艇长期水下航行的问题。当时已有的航海设备,如电罗盘、计程仪、测深仪等是无法解决这个问题的。回哈尔滨后,黄主任指示我们从搜集资料入手,抓

---

① 作者雷渊超,原海军工程系导航教研室主任。

紧工作，他也经常到教研室来了解情况，给予具体指导。我们在一些英文文献资料中找到了一些报道，是用惯性导航来解决核潜艇长期水下航行的问题，辅以无线电导航和天文导航为配合手段。方向有了，黄主任十分高兴，指示我们要尽快搞出方案。当时研究室有一位苏联顾问，我想向他请教关于惯性导航方面的问题，他却向我泼冷水，说："这是科学院院士才能干的事，你们干不来的。"黄主任知道了这件事后，鼓励我们："他们干不来，你们只要通过艰苦奋斗，一定能搞出来。外国人不帮助我们，我们一定能自力更生。"在短短一个多月时间里，我们通过紧张的努力，做出了方案。1958年12月底，黄主任带领我们这些教研室主任向海军罗舜初副司令汇报各自的课题的研究结果。我汇报了用惯性导航解决核潜艇长期水下航行的方案，罗副司令很感兴趣，当即决定要海司海道测量部门组织一次论证会。1959年1月初，我们这个方案在论证会上得到了肯定，海军采纳了我们的方案。1960年，海军在原来海道测量部第四研究所的基础上，成立了七院707研究所，专门进行惯性导航的研究。

时值海军工程系进行调整，我们这个海道测量专业停办并调整到测量学院。在黄主任的领导下，我们系在原来航海设备教研室的基础上开办了导航设备专业。原来我们这个教研室没有几个人，现在专业性质变成了一个机电类研究设计型的专业，要新办这样一个专业困难很多。黄主任对这个专业的创立关怀备至，他指示我们要边搞科研边培养师资，同时通过从其他教研室抽调、从毕业生中留校、从各地院校分配来的毕业生中拨给等各种渠道充实我们这个新起步的专业。其中，从无线电通读专业调来的徐宗芝同志还被送到苏联学习无线电导航。在黄主任的精心策划和培养下，我们教研室迅速成长起来，人数达到27人之多。我为主任，颜本慈为副主任。因为大部分同志年龄在30岁以下，黄主任戏称我们这个教研室为"娃娃班"。

1961年，学院新成立了电子系，将我们这个惯性导航专业划归到电子系。黄主任出差回来，听到这个消息，极为着急，立刻进行了调查研究，在统一了思想的基础上，他向院里陈述了惯性导航专业应该留在海军系的意见。他认为惯性导航是海军工程的重要组成部分，与海军系其他专业联系十分密切；另外，惯性导航的专业特点是一个精密机电专业，并非纯电子专业。他的意见后来为学院采纳，这个专业最终留在了海军系。

另外，黄主任还从各方面给我们创造条件搞科研。三年困难时期，科研工作处于低潮，当时国家从苏联进口了一套综合导航系统，黄主任得到消息后，立即和有关部门联系，指示我们派人去学习。1965年，全国形势好转，惯性导航系统的研制工作又重新抓起来了，我们几个人被派参加了六机部于 1965 年 9 月召开的惯性导航全国大协作会议，会议确定由我院承担配套设备平台罗经的研制任务。回来后，黄主任十分重视，亲自布置抓这项工作，并联系组织全院的大协作。1966 年 3 月，黄主任调往 23 基地，在去之前，还要我带平台罗经的设计方案图纸去汇报科研情况，鼓励我们继续努力，早日拿出成果。

黄主任平易近人。有一次我到他家汇报工作，他拿出热腾腾的嫩玉米给我吃，告诉我是他家院子种的，在这种氛围中谈工作，我感到十分亲切。

我们导航专业能有以后的发展，这应该归于黄主任打下的基础。想到这些，我永远怀念他。

怀念哈军工海军工程系黄景文主任[①]

在隆重庆祝哈尔滨工程大学建校 50 周年之际，回顾哈尔滨工程大学在教学和科研方面取得的巨大成就，作为我国"三海一核"领域最大的人培养基地和重要的科研基地，她为国家培养和输送了大批优秀人才。哈军工取得的种种成就，让我想起当年哈军工海军工程系筹建负责人、自哈军工海军工程系成立到体改的 14 年中一直担任系主任的黄景文同志，怀念他在建立、建设哈军工海军工程系中的丰

---

① 作者臧克茂，原哈军工海军工程系教员。

功伟绩，以及他对我们的教育、培养、关心和爱护。在黄主任的领导下，哈军工海军工程系从无到有，从建立、发展到有24个专业，并且如水声、计算机等专业达到国内一流水平甚至居领先地位，以此奠定了筹建哈尔滨船舶工程学院和发展哈尔滨工程大学的基础。黄主任在领导和建设海军工程系过程中所表现出的优良的思想作风和工作作风，更是一笔无形的宝贵财富，对哈尔滨船舶工程学院和哈尔滨工程大学的建设、发展更有着十分重要的现实意义和更为深远的影响。

1955年10月18日，我由助教队分配到海军工程系。48年过去了，黄主任接见我们这些穿着便衣、刚从学校毕业的青年学生的情景历历在目。之前，在我的想象中，军队的高级领导都是态度严肃、非常威猛、让人敬畏的。黄主任接见我们时，满脸笑容，很温和地和我们说话，态度热情，语言诚恳，十分亲切。我原本的紧张心理一扫而光，我感到部队真是一个名副其实的革命大家庭。我迅速建立起在哈军工海军工程系好好工作的信心，从此我便心情愉快地努力进行工作和学习。在不到一年的时间里，我就被批准参加中国人民解放军和加入了中国共产党，从此走上了积极追求革命的道路。

1957年6月，我到大连电机厂联系安排55级（即军工三期）学员的工厂实习。待我好不容易将实习计划安排好返回系里时，学院正在开展反"右"运动。当时我对这种政治形势认识不足，我又比较喜欢搞业务，打心里不想参加这种政治活动，所以我强调的理由是要按计划去工厂实习。黄主任知道后，亲自找到我，用咨询和商量的口吻问：学员是几年级？他们今后有没有实习机会了啊？能否在以后的实习中将这次的内容补上？当时学员是二年级，他们的学制是五年，在三、四、五年级都有工厂实习，所以我只能说这次不去，今后能有机会补上。黄主任就说，现在政治活动很重要，院里规定三年级学员的实习照常进行，二年级的实习暂不进行，看来院里的这个规定是正确的。

我当时只是工作不到两年的助教，微不足道。黄主任在百忙中亲自找我，不是用行政命令的方式，简单地说是院里的规定，而是态度和蔼，采用委婉的提问方式，使我心服口服，我从而能愉快地参加那场政治活动，不至于有抵触情绪。这件事足以说明黄主任对年轻教员的关心和爱护，以及其领导艺术的高超。

1965年，哈军工海军工程系在教改中，黄主任提出了教学要加强与工厂和研究所的结合，为此要向专业对口的工厂和研究所宣传教改的精神，并建立起经常性的联系。这种事本来由我们教员去办就可以了。黄主任则不辞劳苦，亲自带领我及教务参谋王松林同志到武昌712研究所和湘潭电机厂去做工作。黄主任的亲自驾临，712研究所的彭所长、申政委和湘潭电机厂的高厂长、王书记都不得不出面接待，因此事情办得很顺利、圆满，为以后的教学科研工作带来很大的便利。这件事又可见黄主任工作作风是何等的深入细致！

我在哈军工海军工程系的数千人员中是一名普通教员。以上所举，表现了黄主任对党的事业无限忠诚。黄主任为哈军工海军工程系的建设和发展做出了不可磨灭的贡献，为国家培养出了一大批栋梁之材。我们将永远怀念黄主任，并永远学习、继承黄主任的崇高品质和优良作风。

缅怀原军事工程学院海军工程系创始人黄景文主任[①]

2003年9月1日是中国人民解放军军事工程学院创建50周年纪念日。我在黄景文主任的直接领导下工作多年，受到他的言传身教和多方面的培养教育。回首往事，我非常怀念在黄主任身边工作的岁月。每逢佳节倍思亲，在欢庆哈军工创建50周年之际，我沉浸在对敬爱的老首长黄景文主任的深情缅怀中。

---

① 作者陈丙福，原军事工程学院海军工程系秘书，原哈尔滨船舶工程学院党委统战部副部长。

黄景文主任于1914年1月出生于广东惠阳。少年时代就读于香港英华书院。九一八事变后,为抵抗外倭、报效祖国,遂投笔从戎。1932年以优异的成绩考入黄埔海军学校(第19期),学习舰长专业。毕业后留校任教,到1936年已是少校教官。在校期间,在中国共产党的引导下,他积极参加革命活动,曾与几名同学一起于1932年组织"秘密读书会",在同学中组织学习进步书刊,追求革命真理,进行抗日宣传活动。"读书会"暴露后,被国民党查封,只身前往广东南路,投入党的怀抱,于1939年加入中国共产党。曾参加我党东南特委地下党领导的广东省南路特别守备区司令部"学生队",任"学生队"内党总支部组织委员,遂溪县二区区委宣传委员,中共吴(川)廉(江)边特派员。1939年5月起到1944年6月,他在艰苦的环境中,不畏艰险,克服重重困难,一直坚持党的地下工作,几度开辟边沿新区,完成了党交给的任务,为该地区党组织的发展壮大做了大量艰苦的工作。1944年7月转入抗日部队后,历任广东南路人民抗日解放军第二支队长、第一团("老一团")团长,打出了"老一团"的声威。解放战争期间,历任中国人民解放军滇桂黔边区纵队参谋长兼第一支队司令员(兼政委)。1944年7月至1950年4月,他带领部队在极端困难的条件下,转战国内外,英勇作战,身先士卒,经受了艰苦的游击战争的考验,并表现出了优良的指挥才能，为祖国的解放事业做出了积极贡献。1946年根据党中央的指示，率部队转入越南河阳地区整训。在此期间，他受聘担任越南总高级步兵学校顾问，为越南同志讲解游击战术，帮助指挥过多次战役。他与越南共产党领导层很熟悉，特别是胡志明、长征、武元甲、黄文欢等，他还曾同黄文欢同志搭档担任越南太原军区领导，他为司令员，黄文欢为政委。他第二次援越是1950年被陈赓同志指名调到越南，参加在那里的中共中央代表团工作和边境战役。陈赓同志任团长，黄景文同志任第二顾问组组长。在援越期间，他发扬了国际主义精神，严格执行党的方针政策，舍生忘死，协助指挥作战，圆满完成了任务。他多次受到当时越南共产党领导人胡志明、黄文欢等同志的赞扬，但从不居功自傲。全国革命胜利后，他对工作职务的选择总是把革命事业的需要作为出发点，从不计较个人地位和级别待遇的高低。例如，在解放战争的末期，当陈赓同志率领二野四兵团南下去云南昆明与他所在的滇桂黔边区纵队会师合并时，陈赓同志曾想让他担任四兵团副参谋长，可他认为自己需要学习，自愿弃高职去办学，到了二野军大四分校任教育长，即自愿由军级干部降为师级干部。这充分说明了他不计个人得失、忘我无私的革命情怀。

1951年初，他又服从国际革命斗争形势的需要，跟随陈赓同志到志愿军三兵团出任军务处长。高举国际主义旗帜，赴朝参加了抗美援朝战争，为援助朝鲜人民保家卫国做出了新的贡献。在朝鲜志愿军三兵团，组织上曾想让他回国担任武汉军区副参谋长。可是这时为了安邦定国，建设现代化国防的需要，党中央和毛主席决定由陈赓同志负责创办我军历史上第一所综合性高等军事科学技术院校——军事工程学院，尤其是组建海军工程系，急需懂海军的领导人。当时，在我军经过战争考验的老干部队伍中很少有人经过海军学校的训练，而黄景文主任却有过在黄埔海军学校学习和任教的经历，又有在越南抗法和在朝鲜抗美作战的经验，经过现代战争的考验，恰是合适的人选。他又一次被陈赓同志指名点将调去参加哈军工的筹建工作。于是，他再次服从革命事业大局的需要，欣然于1952年回国，跟随陈赓同志参加了军事工程学院的筹建工作和海军工程系的创建工作。历任军事工程学院筹备委员会委员、筹委会临时党委委员、历届学院党委委员、海军工程系主任、历届系党委委员、系党委常委委员等职。

毛主席说：办好学校，一是选好校长；二是选好教员。有了好的教师，才能教出好的学生。在哈军工筹建初期，选调教授是办学的重中之重。在开国之初，国家大举建设，到处都缺人才。尤其是知名度较高的少数教授、专家，多数集中在我国经济发达地区，特别是上海、江浙等地。要他们从多年从事的工作岗位和习惯了的生活环境中抽出来，调到远在"关外"高寒地区新建的军事学校去，无论对单位还是对个人来说都有一定的困难。陈赓院长充分考虑到调教授的难处，所以先在中央要足了政策，拿到总理和教育部签发的指令后，特意选派了善于掌握政策、办事干练的黄景文主任去具体落实。黄主任作为陈赓院长的得力助手，不负重托。他到上海等地后，谦虚谨慎，礼贤下士，多说好话，商量办事，坚持以礼相待。他不顾劳累，穿梭深入到各个预设教授的单位和家里，包括苏步青先生、卢庆骏先生等，去同他们促膝谈心，宣传创办哈军工的重要意义、办学宗旨以及党中央、毛主席、周总理对哈军工的关怀。黄景文主任深入细致、卓有成效的工作，感动了这些知名教授，他们都欣然接受到哈军工任教。例如，曹鹤荪、卢庆骏、梁守槃、马明德、曾石虞、张良起、刘景伊等许多知名教授，都是黄景文主任亲自逐个登门礼聘来军工学院任教的（这些教授都成为哈军工教师队伍中的核心骨干、学科带头人，先后担任教研室、系、院各级的教学领导工作）。黄主任为哈军工选聘知名教授和骨干教师首立赫赫战功。

黄主任在出色地完成了学院选调教授的任务后，立刻以全部精力紧张地投入到海军工程系的创建工作中。海军是我军的新军种，海军工程系是在全国全军最先创建的培养海军高级工程技术干部的新型学校。创办这样的新军种的新型学校,既无师资和其他办学条件,又无经验可循,只能白手起家。他知道,创建哈军工是党中央、国务院、中央军委和毛主席、周总理等老一辈无产阶级革命家根据我国国防现代化建设的需要做出的英明决策,是为实现我军现代化打头阵、奠基础的。为了尽快上马,早出人才,他怀着强烈的革命事业心和责任感,以只争朝夕的精神,克服重重困难,以最短的时间、最快的速度,全面展开了海军工程系的创建工作。从专业的设置、培养目标的确定、教育计划的制订、教师队伍的选调和培养提高、教学设备和教材、图书资料的准备以及实验室建设等各个方面,他都一一谋划,做出具体规划安排,亲自操劳。经过短期的紧张筹备,本着"边建、边学、边教"的精神,海军工程系于1953年8月下旬开始接收第一期学员入系。1953年9月1日正式开学。根据中央军委的指示,海军工程系为海军培养两方面的军事专业干部:①在工程方面,培养海军武器及技术的工程师;②在指挥方面,培养业务长。按中央军委批准的第一期教育计划,先为海军培养五种专业海军工程师(即①海军测量专业;②舰炮专业;③鱼水雷兵器专业;④海军无线电通信专业;⑤造船专业)。在教学过程中,学员须学习马列主义理论、普通科学及技术基础课程、军事课程和专业课程,并须在工厂中实习和在海军舰艇编队与部队中实习和见习。经过毕业设计、答辩及国家考试合格后，授予各专业军事工程师学位。毕业后将分配到海军各有关技术部门任专业工程师，海军高级领导机关任工程技术干部，各军用工厂担任海军军代表，国防科学技术部门担任研究工作以及各海军技术院校担任教学工作，等等。

正式开学后，黄景文主任作为全系的主管领导，对教学工作抓得特别紧。从教员的备课、讲课情况，到学员的学习情况，他都亲自认真检查指导。教员的办公室、讲堂，学员的教室、宿舍、操场以及食堂等处处都有他的身影。从建系开始，他坚持"以教学为中心"的思想就非常明确，反复强调"全系一切工作都要围绕教学服好务"。他要求各教研室及系直机关各部门每学期都要制订教学工作计划；各教研室均建立教材编写、讲义审查和试讲的制度；要求每个教员的试讲，一般均需经过教研室主任及本专业骨干教师集体审查、讨论指导，以确保讲课的质量。他自己带头，并要求各专科主任、教研室主任等每月听课至少两次以上。他经常组织检查全系的教学情况，对各专业所开的课程，从教学大纲、教学日历、讲义、实验、模型、图表以及教学方法等均作全面检查。每次检查完之后，他都亲自主持，一面向院领导写出检查报告，一面组织有关教员针对检查的情况讨论研究改进教学工作。根据教学双方的反映和要求，研究解决教学中遇到的各自存的问题。在教员教的方面，按课程性质、特点相近的课程编组，分组研究改进教学方法。在学员学的方面，各学员班互相介绍学习经验，并请有关教师介绍专业性质、特点，指导学员改进学习方法。为了提高教学质量，他非常重视教学方法的研究与改进。为此，他主持在全系成立了"教学方法研究会"，定期讨论研究，及时总结教学方面的经验教训，不断改进教学方法。黄主任还特别强调加强对学员独立工作能力的培养，在每次全系讨论改进教学方法的会议上，他反复强调指出："改进教学方法的中心问题，是培养与提高学员的独立思考与独立工作能力。"为此，他对教员的备课、讲课、辅导、答疑以及课程设计的答辩、实习等都做出规定，提出具体要求。为使学员学得主动，他还注意减轻学员的学习负担，要求大家认真执行学院关于"学员每周实际学习时间不超过 56 小时"的规定，要求教员和学员注重从改进教和学的方法上解决问题，提高教学质量。在他的领导下，全系在组织和实施教学方面，建立起一整套严格的教学计划、严密的教学组织、严肃的教学态度、严格的教育管理、严整的教学秩序、严明的教学纪律，学员们也逐渐养成了自我严格要求的习惯和意识。事后，海军工程系不少毕业生都深有体会地反映，正是这种意识和习惯使他们受益终身。由于黄主任始终重视并亲自抓教学，海军工程系的各项教学考核指标，一直在全院处于前列。

"善之本在教，教之本在师。"没有好的教师队伍，就难以培养出高质量的人才。黄景文主任对全系教师队伍的建设更是倍加重视，亲自抓全系教师的选调与培养工作。建系初期，他就通过各种途径和方法，从全国各地特别是从海军和地方造船专业的有关院校选调骨干教师，并送到国内外有关院校有针对性地进行深造培养。早在1954年就选派第一批优秀青年教师到海校去进修深造；1957年又选派第二批优秀青年教师去苏联留学深造。在他的直接领导下，通过选调骨干教师以老带新、对口跟苏联顾问学习、举办教师培训班、选送优秀教师出国进修以及在教学科研实践中锻炼等途径，经过几年的努力，海军工程系就建立起一支老、中、青相结合的素质优良的教师队伍，有力地保证了全系教学的需要。

在海军工程系的教师队伍中，有后来成为我国第一条小型潜艇主要设计师、并担任船舶工程院院长的邓三瑞教授，中国工程院院士、担任船舶工程学院副院长的杨士莪教授，有我国第一台海军舰用数字电子计算机主要设计师、现任海军研究中心总工柳克俊教授和去年（2002年）在全军荣立一等功，并曾受到时任军委主席江泽民嘉奖的臧克茂教授等，他们都是在黄景文主任的亲自领导下培养成长起来的。

在建系初期，抓教学是当务之急。当全系的教学工作走上正轨，并建立了规范化的教学秩序时，根据中央和学院党委提出的"学院既有培养军事工程技术干部的任务，又有发展军事科学技术的任务"的指示精神，黄景文主任又不失时机地把科学研究工作提到了全系的重要议事日程，并且作为与教学同等重要的大事来抓。在他的倡导和支持下，1956年成立了"军事科学技术协会海军工程系分会"。最初先在部分教师和少数高年级优秀学员中，围绕专业的教学和科学技术方面的一些基本问题开展起来。后来在党中央提出"向科学进军"的号召鼓舞下，形成了大闹技术革命、大搞科学研究的热潮。面对新的形势，黄景文主任作为全系主管科学和科学研究工作的主要领导人，与系党委书记邓易非政委紧密团结、互相配合，既抓点又抓面，带领全系广大师生员工，苦干实干加巧干，在较短的时间内就搞出了一批具有国内先进水平的科学研究成果。

系党委和黄主任在领导全系科学研究工作中，坚持"解放思想、破除迷信、自力更生、大胆创新、勇于实践"的指导思想，以国家下达的科学研究任务和本系自己选定的某些重大尖端项目为重点，以实验室为依托，教学与科学研究密切结合，以教师和实验人员为骨干，以高年级学员为有生力量，开展全系科学研究大协作。当时，黄主任和邓政委以具有远见卓识的战略眼光共同商议决定：把电子计算机这一重要尖端项目作为全系科学研究攻关的重中之重，在人力物力等方面给予重点保证，尤其在技术器材的供应上，以首先满足电子计算机需要为前提，全力以赴给予重点保证。当时全系科学研究的一些新课题，尤其像电子计算机这样在当时的尖端项目，几乎都是在缺乏资料、缺乏经验的情况下，凭着某一线索和一些基本理论知识搞起来的。一切科研成果都是从实践中经过无数次失败，从失败中获得成功的。例如，电子计算机在独创中遇到了难以计数的困难，计数器不计数，整形器不整形，电子门不开、开了不闭，等等；今天试对了，明天又不灵，各种技术难关出现，一卡就是几天。每遇到一个难题，黄主任都亲临现场，鼓励大家不怕失败，克服困难，坚持攻关。他经常工作到深夜，坚持和大家一起围在机器旁边，一面观看实验，一面发动实验人员，让每个人说出自己看到的现象和解决的办法，然后经过集体讨论，反复实验，排除各种可能的假象，求得解决难题的途径。在黄主任和邓政委的亲自现场指挥下，在我军第一台数字电子计算机的研制过程中，全体参与人员解放思想、勇于创新、群策群力、顽强攻关、反复实验，确立了先进的技术方案，最后获得成功。为此，1958年9月30日，学院刘居英院长、谢有法政委专门打电报向国防科委主任聂荣臻元帅、总参谋长黄克诚大将和海军司令员萧劲光大将、政委苏振华上将报捷，报告了"海军工程系自行设计和试制的第一台舰用数字电子计算机于1958年9月28日胜利完成"。1958年10月，这台计算机在北京展出。11月12日，周恩来总理，李富春、陈毅、贺龙副总理，罗荣桓元帅等参观了样机，并给予了高度赞扬。海军工程系当时试制成功的铁金氧电声转换器部分性能达到了国际先进水平（超过了荷兰等国），1958年7月受到国防部来电嘉奖。1958年8月14日，海军司令员萧劲光、政委苏振华等首长又专门致电海军工程系黄景文主任、邓易非政委，热烈祝贺铁金氧电声转换器研制成功。

黄主任在组织领导全系开展科学研究工作中，不仅指导思想正确，方针政策贯彻得好，组织指挥有力，而且以身作则，率先垂范，深入科研第一线，和大家一起艰苦奋战，极大地调动和鼓舞了广大科研人员的积极性。不仅电子计算机科研组的同志日夜苦战、顽强拼搏，其他各科研组也是如此。例如，水翼艇研制组的实验基地设在松花江一个人烟稀少的江心岛上，科研组的同志住帐篷、睡沙地，自己砍柴烧饭，大葱吃完了下河捞鱼吃，早晚蚊子成群，下雨天日子更不好过。虽然生活这样艰苦，他们仍然坚持了出操、学习、工作、课外活动的制度，当时我们以革命乐观主义的精神，把这种艰苦生活戏称为"集体的鲁滨孙生活"。黄景文主任也亲自深入到这样的科研现场，和大家一起体验"集体的鲁滨孙生活"，并鼓励大家赶在国庆节前完成了试验快艇的改装设计，性能达到了预期的要求。在黄主任和邓政委团结一致、以身作则的感召下，全系广大科研人员历经艰辛、废寝忘食，充分发挥了大家的智慧和高度的创造精神，表现出了克服困难的顽强意志，许多科研成果、技术难题，都是经过数十次、上百次试验才获得成功的。真是"失败千次心不灰，返工万遍气不馁，苦战通宵觉不睡，不获全胜家不回"。"困难愈大，干劲愈大；困难愈多，创造愈多。"全系的科学研究工作，由过去只有少数人进行的冷冷清清的局面，变成几乎是全体教员、实验人员和高年级学员参加的群众性大搞科学研究的新局面；由过去偏重于理论性的小型问题的研究，发展为直接为国防建设服务，紧密结合教学的重大尖端项目的研究设计和试制，改变了全系科学研究的方向，初步找到了一条正确进行科学研究的道路。全系形成了一支包括老教师、青年教师、实验人员、高年级学员在内的科学技术攻关队伍，为以后的科学研究工作打下了良好的基础。

据不完全统计，仅自1958年至1961年期间，海军工程系取得的主要科研成果约计83项，其中在当时属于国内先进水平的就有30多项，被列为重点科研项目的12项。详见下表。

1958—1961年海军工程系取得的重大科研项目

序号	项　　目	主要负责人
1	高速高通过性气浮登陆艇（33号艇）	顾懋祥　恽良
2	海军舰艇专用数字电子计算机（901）	柳克俊
3	122K鱼雷快艇改装水翼艇	顾懋祥
4	水滴型内燃动力潜艇（船体设计）	邓三瑞
5	舰用大功率调速柴油机（703型）	唐后啟
6	快艇雷达（331型）	储非　吴铁柱
7	钛酸钡	周福洪
8	铁淦氧电声转换器	辛业友　周福洪
9	声呐探雷器	叶文亮
10	声速度梯测量仪	叶文亮
11	瞬间高功率发射机	胡寿秋　包文宏
12	快速通信终端通信设备	胡寿秋　周兆祺

另外，黄景文主任在对海军工程系专业设置、调整和建设上，也具有远见卓识和超前的战略眼光。早在20世纪50年代末、60年代初，他就提出并积极筹建海军现代化建设和未来战争中急需的一些尖端技术专业。如核潜艇动力和船体、导弹指挥仪系统、电子计算机、惯性导航、水声

等专业都是在他的积极筹备下创办发展起来的。

为更好地贯彻德、智、体全面发展的教育方针，黄景文主任在抓好教学工作和科研工作的同时，也很重视对军人素质和作风的培养，大力推动全系体育和文娱活动的开展。海军工程系的行政管理工作，在全院也是走在前面的，对各种条例、条令和规章制度的贯彻执行非常认真严格。他经常深入宿舍检查内务卫生，亲临操场指导队列教练。每逢重大节日举行阅兵时，身穿鲜艳海军服的海军工程系方队，步伐走得最整齐，总是格外引人注目，受到大家称赞。在观礼的人群中常有人指着海军工程系的队伍赞扬说："这是黄主任以身作则良好的军人姿态带出来的队伍。"

在体育方面，他经常在百忙中挤出时间去亲自过问及指导，既重视群众性体育活动的开展，也注意各种体育代表队的训练。他常对在海军工程系工作的体育教员说："你们既要抓好群众性体育活动的开展，又要抓好各种体育代表队的培养训练。"在每次全院举行的体育运动大会上，海军工程系的人数虽然不多，但获得的奖牌却不少。

黄景文主任在领导作风上，既严肃认真、雷厉风行，又谦虚谨慎、平易近人。他作风民主，深入实际，联系群众；经常到教研室、学员队蹲点，与教员和学员实行"五同"（同吃、同住、同工作、同学习、同娱乐），和大家打成一片，谈心、交心、交朋友，大家有什么心里话也都愿意跟他说。他不但在工作上兢兢业业、勤恳操劳，在生活上也非常关心群众。对教员的家庭生活、对学员的学习生活，他都利用工作的空隙经常关心过问。如在三年自然灾害时期，为帮助大家度灾荒，他亲自带队到黑龙江打鱼，以此改善全系教员和学员的伙食。他处理问题总是把党的整体利益摆在第一位，从不计较个人得失恩怨。他关心群众，爱护干部，与人为善。他善于团结人，对来自四面八方差异很大的干部，一视同仁，不分亲疏，不拘一格，用人之长。他民主作风好，平等待人，布置工作交代任务，总是以商量的口气谈问题。而对于不同意他的意见，甚至顶撞他的人，他从不介意。在他的领导下工作，人们感到心情舒畅、温暖幸福。在哈军工创建50周年专门召开的海军工程系老教授缅怀黄景文主任的座谈会上，不少老教授带着满怀崇敬和深切怀念的激动心情说："黄主任为海军工程系的创建做到了全面关心、无微不至。回顾哈军工50年的历史，我们永远不会忘怀的，除了陈赓院长之外，就是黄景文主任。"

黄景文主任在领导海军工程系前13年建设和发展的特点，可以概括为"两快、八好"，即"建设速度快，发展进步快；上下团结好，贯彻知识分子政策好，教学与科研结合好，又红又专、德智体全面发展的方针贯彻得好，尊师爱生好，教学质量好，师资培养好，行政管理作风培养好。"

在中央军委和学院党委的领导下，在海军和各有关方面的大力支持下，经过短短几年的努力，海军工程系就由最初的5个专业迅速发展到24个专业，几乎包括了海军现代化建设需要的所有专业，逐渐发展成为海军和军用造船工业培养高级工程技术干部的重要基地。海军工程系前13年就招收培养了13期学生。培养出的这些毕业生，输送到海军和其他军兵种及地方领导机关、科研单位、工厂企业和有关院校，都相继成长为各级党政机关和军队的领导干部，以及教育、科研领域的骨干。如原"第二炮兵"副司令杨恒同志（海军工程系第二期学员），国务院原副秘书长、国务院参事室主任徐志坚同志（海军工程系第九期学员）和现任海军副司令员金茅同志（海军工程系第九期学员）等都是在黄景文主任的领导下培养出来的海军工程系优秀毕业生的代表，他们为国家和军队的建设做出了应有的贡献。海军工程系的创建和发展，不仅为国家和军队出了人才，出了成果，还为探索社会主义高等教育规律，建设新型的社会主义国防科学技术院校，尤其是海军现代化建设方面的高级军事科学技术院校积累了丰富经验。

黄景文主任在领导创办军事工程学院海军工程系的13年教育生涯中，殚精竭虑、呕心沥血、鞠躬尽瘁、无私奉献，为海军工程系的创建和发展做出了不可磨灭的贡献。他的高贵品质和优良作风，永远值得我们和后人学习、发扬。

今天，我们缅怀黄景文主任等哈军工前辈的功绩，继承和发扬哈军工的优良传统，我们要更加自觉地以"三个代表"重要思想为指导，与时俱进，开拓创新，忠诚奉献，为我国的社会主义现代化事业努力做出新的贡献。

2003 年 8 月 31 日于哈尔滨

激情的年代　难忘的岁月[①]

——黄景文系主任督率我们攻克"901"任务纪要

我年纪大了，记忆力衰退，据说是脑萎缩，但回忆起"901"任务，好像是发生在昨天那样的清晰和真切。

话说起来，那是 50 年以前的往事了。1959 年 9 月，我大学毕业后，统一被分配到哈军工海军系，经系首长黄景文主任接见后，分到"二科"所属的"304 教授会"。当时的教授会相当于现在的教研室，助教职称，中尉军衔（正排）。

---

① 作者石振东教授。

一、我所知道的"304教授会"

"304教授会"是哈军工计算机系前身,是讲授与舰艇观通器材等相联系的、以数字计算机为核心设备的射击指挥仪为专业的教研室,是个新专业的教研室。当时教研室有主任胡守仁同志、副主任柳克俊同志,成员有刚大学毕业的戴世宗和我,实验室成员有技术员陈福接、耿惠民、卢经友和实验员盛建国。当时的教学、科研任务繁重,而且人手不够,力量过于单薄。系主任黄景文决定从海军系各专业高年级中严格挑选出周兴铭、冯昭逢、李仁德、史庆余等17棵精英苗子,组成了57-321班,边工作、边学习,在战斗中成长,对口培养以数字计算机为核心的舰艇射击指挥仪人才。后又调来第二期毕业生李勇、郭德纳,三期毕业生裘式纲、李彦鸿、袁继成等同志。为加强政治与技术的领导力量,特调花栅"老"教师(时年29岁,后因任务急需,于1963年借调原子工程系204教研室,任主任。研制出光学、机械、光电三种设备,为我国第一颗原子弹的测试与计量做出了新的贡献)任党支部书记兼901科研组副组长。至此,教研室才初具规模。

二、304教研室任务

初具规模的304教研室,肩负两项重大任务:一是教学工作。给58-331班（该班是从国内各名校一年级新生中挑选并经政审后组成的一个班，为我军培养急需的数字技术方面的人才）上课。二是科研方面。901鱼雷快艇数字式射击指挥仪的研制，简称"901任务组"。因此，教研室内分成两个大组，一个组主管教学，另一组专司科研。我的任务则是教学与科研并重。

"901任务组"属系直接领导，由黄主任直接抓。当时的海军系共有8个"科"，"901任务组"中的第一个数字9及最末位的数字1，分别表示第九科及第一个科研任务的含义，与"科"并重，其重要性可见一斑。

"901任务组"成立初期，系副主任慈云桂同志到过组内三四次，询问情况并做了些技术性的指导工作，以后在组内就很少看到他了。可黄景文主任的身影经常在组内出现。他告诉我们，鱼雷快艇在保卫海防、"抗登陆"时的重要作用，勉励大家努力工作，要劳逸结合，注意身体健康；并告知我们，工作中有何困难，或急需何种器材时，可直接向专司科研的宋培华（系教务处副处长）、过传义参谋（曾任海军论政中心主任少将）直接汇报，及时解决。

人生中有些往事如过眼烟云，淡漠了；有些事却历久弥新，随着时间的流逝反而愈浓愈烈。与黄主任接触的时间多了，也不害怕首长了，我曾大胆地问："听说您是黄埔海校舰长指挥专业毕业的？"他微笑不语，我想这是默认了。黄主任举止端庄，无论走到哪里，他那挺拔的身躯始终保持着站如松、坐如钟的标准军人的仪态，让人难以忘怀。

三、"901任务组"的兴起

"901任务组"成立时没举行什么重大仪式，仅是黄景文主任的讲话，事隔近50年了，讲话的内容已不能尽记了，但"海军誓要争第一"的话语，却牢记心头，并以此鼓励激励自己。

31号楼三楼东侧尽头处的两个近百平方米的大教室和四个小教室，是"901任务组"的工作基地。我们这群小青年朝夕相处，摸、爬、滚、打在一块。任务组内又分成运算、控制、内存、电源、输入、输出、结构等小组，各司其职，各尽其责。每一小组的任务、工作计划的进展，均由柳克俊同志统一安排，每月进展情况由柳克俊直接向黄主任汇报。

大约是在1961年夏季的某天晚上8点，电话召我到黄主任办公室开会，我快速赶到，发现柳副主任（此时的"901任务组"组长改称副主任了）亦坐在那里。黄主任劈头就问我：从元器件齐备到生产出一部"901"机器，需要经过哪些阶段？我回答说："至少经过四个阶段，即实验室模型样机（关键部件）→实验样机（1∶1）→生产样机→

定型样机。"黄主任思索良久并征询柳教员意见后，断然决定："901"任务急需，缩为实验样机（1∶1）制作后，直接跨入定型样机。

当时，国内辽河晶体管厂生产的晶体管，体积小、技术先进，但质量尚未过关，国内某些理论权威及领导，真诚地断言用"辽河管"不可能制造出性能稳定的机器来，致使国内许多科研机关不敢使用它。然而，柳克俊同志认为：经严格筛选、"老化"后，是可以制造出性能稳定的机器的。那时集成电路尚未诞生，都是些分离元件，须在一块胶木板上钻孔、镶嵌铆钉形成电路板，再将电阻、电容、电感器件、晶体管作型后，手工钎焊在电路板上，加工方法原始，也很费事，这些都得自己动手去干。搞电路的同志们，每日守着三大件：电烙铁、信号发生器和示波器。电路定型试验时，免不了犯判断性的错误，必须不厌其烦地拆了焊、焊了拆，反反复复，不知经过多少个日日夜夜的劳动，流了多少汗水，才能将某一线路定型。在这些极其平凡的劳动中，以我观之，手工钎焊工艺最佳者，当属"年长者"花栅老师。

我则由柳副主任直接安排任务。教学方面：依据苏联克雷洛夫海军学院相关专业，为我制定了精密机械装置的教学大纲，具体要求是：半年内写出36学时、约25万字的讲义，并装订成册，于开课前交到学员手中；科研方面，柳副主任交给我一本英文书——*Digital Computer Components and Circuits*（R. K. Richards），需将该书内（两页多一点）描述的避免边界区域产生粗大误差的 V 形电刷扫描原理，将"射击命中公式"内所需的由快艇"观通器材"等 13 个战斗诸元的模拟量，转换成计算机可识别的二进制 10 位的编码，绘制、设计并制造出一个可手工操作的 2^{10} A/D 转换器。这对于我这个刚毕业的大学生来说，工作量是够饱和的，也可以说是超负荷的，但我没有退缩，在柳教员的帮助下，终于完成任务，亲手制作并成功地试制了（1:1）的第一台（2^{10} A/D）转换器，我在全系大会上得到了系首长的口头表扬。

四、伟大的时代，激情燃烧的岁月

纪律规定，每日晚 9:30，一切人员必须离开 31 号大楼。"901"任务重，计划进度急需加班才能完成，经系首长"特批"，允许 11 点后离开实验室，我们每日夜晚 11 点后才得返回宿舍休息。整日忙碌着，连星期日也不能休息。时值国内三年困难时期，在那食不果腹的年代里，苏联电影里的瓦西里说："……面包会有的，牛奶会有的，一切都会有的，……"希望困难即将过去的话语，鼓舞着我们。校园内的苏联专家已全部撤走，刘居英院长那卧薪尝胆、发愤图强、教人爱国、催人奋进的语言，激励着我们。在那激情燃烧的岁月里,任何人都会被感染,尽管苦些、累些,但都觉得自己在做一件非常光荣的事情,没有一个人选择休息和退出,这是一种不甘人后、不讲报酬、勇于贡献的精神品质。追求一种信念、一种理想,也显示一个人的精神素质。

忙呀!忙!干呀!干!在忙与干的紧要关头,黄主任指出,健康的身体是承载一切的资本,"901任务组"可在每日课间操时打20分钟的乒乓球(轮流),或教唱革命歌曲。"901"研制时期正值国内万金难买粮食的时期,食品匮乏,营养来源短缺,最有效的物质是糖和大豆,每人每月供应一斤绵白糖和两斤黄豆,规定只发给知识分子。我的老乡、政治处的张晓明干事戏称我是个"糖豆干部"。而手中掌握"票证"大权的后勤人员却什么也没有,但没有一个多吃多占者,他们个个都是"瓦西里",令人钦佩。当万籁俱寂、夜深人静时,盛建国同志用电炉炒制出的黄豆,送到每个人手中分而食之的时候,吃得那个美!那个香!那个甜啊!简直无法用言语形容。食毕,情绪来了,不管词序是否正确,我们共同引吭高歌乔老爷(乔羽)作词的《祖国颂》:"长江大桥破天险,康藏高原把路开,克拉玛依荒原上,你看那石油滚滚流成海,……"这是伟大的时代迸发出的情感,讴歌了那个时代的激情和真诚。大家高兴极了,兴奋极了,忘却了整日的疲劳。

啊！年轻时代的食物离我们越来越远了，即便是能吃到，也非当初的味道了。时序在变，物象在变，此时的平静怎能与当年的壮怀激烈相比，自然是吃不出当年的味道了。

忙呀！忙！干呀！干！分配至七院十六所（连云港自动化所）的58级、59级毕业生，他们是我军首届计算机专业的毕业生，也加入了"901"战团，他们是生力军，加速了"901"科研的进度和进程。日后，他们多位同志成为716所的所长和技术骨干。

钢梁磨绣针，功夫不负有心人。我们于1963年初终于制成了"901"（1:1）的实验样机，需进行三天三夜72小时连续工作的稳定时效考验，事关重大，国防科委四局指派汤玉和、袁林祥两位参谋赴哈军工海军系督察此项工作，学院通知市电业局，在"901"考核时间内不准发生停电事故。因是长时间的连续性工作，两位参谋长让我们在"901"机控制台前放置一张军用木板单身床，以便轮流值班、轮换休息。正式考核开始了，他们俩端坐于控制台前，瞪大眼睛（眼球像哈市道外区"老鼎丰"生产大月饼似的），直盯着那几个提供输出显示的数码管（当时，资本主义国家对我国进行经济封锁，这区区可数的几根数码管，还是梅兰芳艺术团赴日本演出时买的，回国后径直转送给我们的），轻易不敢眨眼，生怕漏过一点儿的瞬时差错。他们俩目不转睛地工作着，愣是挺了三天三夜。他们那种严格、严密、一丝不苟、一抓到底的认真负责精神，值得我们学习。当时没有什么"招待费"，也无"客饭"之说，我们是到"301"食堂打饭后，送至他们面前，用电炉热一热后食之。他们除表示感谢外，还按照规定，要给我们钱票和粮票，给的是全国通用粮票。当时生活的清苦、政府官员们的清廉可见一斑。

"901"实验样机的表现，正如我们所期望的那样，一切正常，未出现一点儿差错，两位参谋对实验过程及实验结果表示满意。并告诫我们，要戒骄戒躁，继续努力，但机械结构不够完善（该结构由系工艺室制造），待试制出生产样机后，即可出海实验。

从此，"901"一跃成名，柳克俊同志也因此荣誉多多，成为海军工程系"技术领先、独树一帜"先进标兵中的标兵。

五、与生产劳动相结合

随着科研任务的进展，黄主任指出，要积极响应党中央号召，教育必须与生产劳动相结合。当时的生产基地——四海机械厂三车间，在"901任务组"有关人员的建议与指导下，建立了元件筛选、测试工段、磁心工段、钎焊工段、底板布线工段、印制电路工段、精密加工工段，已具备了生产定型样机的能力。于是，"901任务组"成员纷纷下厂，一是向工人阶级学习，改造思想；二是与生产劳动相结合，加快生产进度。工人师傅们从未把我们当"改造对象"对待，而是相互学习、取长补短、和谐相处。

"901"出海实验是上报国防科委后审定的，只能坚决执行不容许更改，因而加班加点如家常便饭。当时没有报酬亦无加班费之说，得到的至多是车间开会时党总支书记田素义同志的口头表扬。待车间加工出某一装置后，根据黄主任指示，须按"军品"验收，需要到哈国营935厂进行不同频率、不同振幅下的振动实验与冲击实验，到封闭实验室内做高温（50—55 ℃）、低温（−30 ℃以下）时效实验，到乡村土路上做运输实验（实验过程中，人员个个是灰头土脸且呕吐不止）以及电源的拉偏实验等等。出现问题后，拿回来，再讨论，再修改，直至达到规定的技术指标为止。总之，"901"大至重大的技术改革或变动，小至各项实验技术要求等的细枝末节，这一切的一切都是经过黄主任一一审定后付诸实现的，黄主任对"901"任务的研制，流下了大量的汗水，花费了不少心血。

六、出海实验

1964年8月中旬，"901"机在四海厂三车间制作完毕、装配停当后，运至三棵树车站，由宋培华副处长率领我们乘"军用专列"直奔北海舰队基地——旅顺。待"系泊""港内航行"等实验完毕后，刘院长、黄主任、国防科委两位参谋、院科研处长冉萍同志，以及上海交大、华中工学院等兄弟院校的"观察团"齐集旅顺观察"901"机的表演。

在刘院长的督率下，历经白天、黑夜几十个航次实验，在风浪大、颠簸剧烈的海况下，"901"机始终能稳定可靠地工作，命中精度比艇长使用的射击三脚架提高了许多，"901"机表现优良，获得成功（但在敌舰规避时，战术尚需改进）。座谈会上，上海交大计算机教研室主任说："我们的计算机是置于安静的房间里，你们的计算机竟能安放在海上航行的快艇上，……"对此表示敬叹和佩服。

在我国海军发展史上，"901"机是第一台用国产元器件安装于快艇上、性能稳定且实验获得成功的专用计算机。

七、回忆与思考

"901"科研任务的完成，归功于院党委、系党委高瞻远瞩，认准方向，认准数字机是今后科技发展方向，认准数字机与舰艇武备相结合是改善现有武器装备的发展方向，并且大力支持建办计算机专业。

"901"机的研制时代：国际上是社会主义阵营解体，"老大哥"在卡我们的脖子，在逼债。资本主义国家对我国进行"经济封锁""技术封锁";国内正处于全民吃不饱的三年困难时期,是处于国内外交困的年代。院党委号召,在自力更生、艰苦奋斗、卧薪尝胆、发愤图强精神的鼓舞下,将众多的群众拧成一股绳,劲往一处使,团结起来,克服困难,完成了重大的科研任务。是什么样的人才干得成这样的大事啊!他就是光荣、伟大、正确的中国共产党。

工作之余我爱开玩笑,过了头,得罪了人,但同志们厚爱我、宽容我,使我感激。尽管我性情耿直、做事主观,不成熟,但我坚信马列,百折不回。我于1960年申请入党,经25载磨砺,方才如愿。

一项重大的科研任务不可能是一个人的事业,得由众多人去完成。每个人都有自己的奋斗目标,都得付出艰苦的劳动,贡献大小尽管不同,但成果人人有份。"901"任务的完成,是哈军工人劳动的结晶,誉不可毁,名不可没。

岁月流逝,青春不再,半个世纪过去了,我和我的祖国都经历了很多、很多,变化就发生在我们周围,每个人都能从身边发生的一切中感受到祖国的亲切和伟大。在尽一个公民的共同义务时,没有旁观者,都是参与者。原"901"组周兴铭同志,如今已是中科院院士了,李仁德同志现是东海舰队某研究所总工(少将)。他们今日的业绩,得益于昨日的"苦其心志,劳其筋骨,饿其体肤"的磨砺,他们始终保持着一股勤奋学习、立志上进的动力。社会主义建设事业任重道远，艰苦奋斗、自强不息的精神要一代一代地传承下去。

时光不会倒流，历史故事不可能重现，它永远定格在当时的那个年代。让我们共同努力洗去时间的蒙尘，让历史故事更加准确。以上记述，是一个普通群众个人的七零八落的片段回忆，难免挂一漏万，今抛出一块"砖头"，殷切盼望处于那个伟大时代的人们给予指正、补充。

难以磨灭的印象[①]

——纪念黄景文主任90周年诞辰

1956年8月我高中毕业由海澄中学党支部推荐，保送入哈尔滨军事工程学院预科学习，是哈军工第五期学员。1957年9月进入海军工程系本科舰炮专业学习。身穿上白下蓝的海军服，很好看，也很精神。当时我年轻幼稚、充满幻想，就是冲着海军服装好看，本科填志愿我填了"312"（即第一志愿为海军系，第二志愿为空军系，第三志愿为炮兵系），结果被分到海军系学习，我非常高兴。那时思想政治教育抓得很紧，海军工程系黄景文主任和邓易非政委经常为我们做报告、讲党课（那时领导讲党课，党员和非党员都要组织参加）。黄主任要求我们努力学习毛泽

---

① 作者李仁德，海军东海舰队指挥所总工程师。2004年10月5日于宁波。

东著作，积极参加政治学习，树立正确的世界观、人生观，努力学习，争取全优，积极锻炼身体，把自己培养成德、智、体全面发展的人才。

一、黄主任关心爱护青年学员，深入群众、平易近人，与群众打成一片

（一）黄主任和我们一起参加防汛斗争

1959年8月松花江水猛涨，防汛紧急，学院停止放暑假，组织学员到松花江边防汛抢险。大家挑土背石块，加固堤坝，海军系学员挑土抬石块在堤上飞奔，汗流浃背、挥汗如雨。在学员防汛队伍中有一位个子高挑、身材匀称的中年领导，他就是我们敬爱的黄主任。他和年轻小伙子一样步伐矫健，挑着土在堤上奔走。劳动间隙，大家围着黄主任盘膝就地而坐。黄主任稍带着广东口音关心地问大家累不累，指着边上的一位学员问："今年多大了？老家在哪里？想不想家？"被问的学员一一作答。黄主任像拉家常一样地与大家亲切交谈，消除了大家的紧张心理。我看到黄主任长得很帅，和蔼可亲，尽管黄主任不认识我这个无名小卒，我也壮着胆问黄主任："您今年多少岁？"黄主任听到我的提问，含着笑卖关子讲："你猜猜看，我多少岁？"我稍为想了一想说："30多，不到40岁吧。"黄主任听了

后哈哈大笑说:"不对,我快50岁啰。"大家听后瞪着眼感到很惊奇,50岁看不出,40岁还差不多。黄主任亲切地对我们说:"毛主席讲过,青年人好像早晨八九点钟的太阳,朝气蓬勃,希望寄托在你们身上。大家要努力学习、团结友爱、互相帮助,走又红又专的道路。"黄主任在这种特殊场合对我们的谆谆教诲深深印入我的脑海中,至今不忘。我于1959年3月入党,是入党不到半年的新党员,黄主任在松花江防汛抢险环境讲这番话,使我印象更深。

(二)带头参加系田径运动会

1960年9月刚开学不久,哈尔滨秋天气候宜人,秋高气爽。三系在学院田径场举办田径运动会,全系干部、教员、学员踊跃参加。黄主任也带头报名参加了干部组100米比赛。黄主任身体很好,步伐矫健。100米决赛时,全系教职员工热烈鼓掌为黄主任加油鼓劲。黄主任像训练有素的运动员一样,起跑、冲刺都完成得很好,并以轻盈快捷的步伐第一个冲向终点,获得了冠军。黄主任高兴地向大家招手致意,运动场上又一次响起热烈的掌声。

那时我兼任三系四科俱乐部主任,自己个头不高,但喜欢锻炼,群众性体育活动应当积极参加。我报了两个项目:学员组跳高和5公里竞走。尽管身高才167厘米,但弹跳还可以,比赛时用剪式跳过155厘米,获得了第三名。

可是由于5公里竞走以前没有训练过,个头矮、步幅小,跟着其他参赛的同志比,吃亏不少。参加该项目比赛的有近20人,比赛不久,我已经落在中间偏后,明摆着竞走比不过别人。我一边走一边鼓励自己,比赛重在参与、重在锻炼,要像鲁迅说的那样"不为最先、不耻最后"。自己尽力往前,走路姿势、脸部表情博得了大家鼓励的掌声,我看到坐在主席台上的黄主任微笑着鼓掌,为大家加油。赛程过半,有些运动员由于体力或其他原因,中途退出比赛,走到最后两圈(800米),我成了倒数第一名。自己在鼓励自己:"咬牙一定要坚持,一定要走到终点。"我那种倔强、认真的表情和走路的姿势,又一次博得鼓励的掌声。我最后走到了终点。我想倒数第一名肯定没有名次了。过不久,广播中宣布我意外获得了第六名(系运动会规定,获得前六名有奖品)。原因是比我早到的几名选手因竞走技术犯规被取消了名次,这样我从最后一名幸运地提升到第六名了。比赛后仍有一些领导、教员和学员冲着我笑,有几位同学告诉我,比赛时黄主任和王主任(系政治处主任)兴致勃勃地指着我问身边的同志我是谁。这小伙子很认真,有一股拼劲,就是要有这种精神。5公里竞走的情景我至今没有忘记,黄主任的鼓励一直记在心中,在以后几十年的工作中,每当我遇到困难,就用这种精神鼓励自己,直到克服困难,完成任务。

（三）黄主任叫我坐小汽车

1963年10月一个星期日的上午，我到马家沟医院（军工学院医院因地处哈尔滨马家沟，大家叫它马家沟医院）去看望病号——石振东教员，他患腰椎间盘突出症住院做牵引治疗。看毕回学院途中，在路边人行道上行走，突然有一辆"胜利牌"苏联小轿车从后面开到我身边停下，车内有位首长在叫我名字："李仁德快上车"。我一看是黄主任在招呼我，真是出乎意料。当时我的心情是既高兴又犹豫，不太好意思，不敢上车。黄主任好像知道我的心理，边招手边笑着说："快上车吧，我们一起回学院。"语调像长辈对小辈说话一样，非常和蔼。我道声"谢谢首长"，就上车了，一直开到文庙街八一楼，我下车后向黄主任敬礼："谢谢首长。"黄主任笑笑向我招手，坐着小汽车离开了。

二、黄主任深入科研第一线，组织领导"901"研制工作

"901"舰载计算机（鱼雷攻击指挥系统）是我国第一台自行设计、研制成功的舰载计算机，是哈军工著名科研项目之一，在国防科研、海军科研中有一定的知名度。1958年9月，第一台电子管"901"计算机研制成功；10月，陈赓院长指示把"901"送北京展览，向周总理汇报。

1958年至1964年邓小平总书记、刘伯承元帅、谭震林等中央和军委首长以及萧劲光、张爱萍、余秋里、徐立清、李聚奎、刘志坚、伍修权等总部首长先后对"901"进行视察，做了重要指示。视察"901"的首长之多在哈军工科研项目中是罕见的。

（一）"娃娃兵"开拓计算机技术事业

1964年春节刚过，哈尔滨仍然是北国风光千里冰封，经海军系黄主任、邓政委同意，柳克俊和支部书记宫德荣上北京领受任务回来。他们刚下火车就直奔科研组，告诉了大家一个好消息：国防科委李庄局长接见了柳、宫两人，他代表国防科委下达研制全晶体管化的"901"鱼雷攻击指挥仪任务，大家要发奋图强、自力更生，打破封锁把机器搞出来。我们这些"娃娃兵"听了满脸笑容，实验室里充满了春天般的活跃气氛。说起"娃娃兵"的称呼还有一段来历呢！

1960年，苏联撕毁协议，撤走专家，对军工学院的教学、科研带来严重影响。"901"怎么办？要不要坚持下去？院系首长明确指示要发奋图强、自力更生坚持下去，并决定从三年级学员班中抽调品学兼优的学员提前毕业，参加研制小组。1960年8月，叶德明、李仁德、张绍贤、周兴铭、吕学荣、谢鸿洲、李应友、陆靖、冯昭逢、王世荣、史庆余 11 名同志从海军系不同专业抽调出来，参加"901"科研小组。由于都是 20 岁刚出头的小伙子，首长亲切称呼我们为"娃娃兵"。柳克俊是研制小组组长，当时才 27 岁，已成为我国计算机技术领域的开拓者之一。

我们这些"娃娃兵"原来是学有线电、消磁、机电指挥仪、鱼雷等专业的，我原来学海军炮专业，对计算机一窍不通。可是我们"初生牛犊不怕虎"，对计算机不懂就学，没有资料就做试验。科研组有个响亮的口号："边学边干，在战斗中成长。"柳组长一边给我们讲课，一边布置任务，我们忙着设计线路、选购元器件、做试验"跑逻辑"（当时没有"逻辑设计"这个词，我们俗称"逻辑设计"为"跑逻辑"）。

1961 年 3 月，柳组长在一次布置任务会上讲："在院系首长关心支持下，1958 年 9 月底我们研制成功第一台'901'计算机，这是一个重大胜利，但是这仅仅是开始，我们不能停步，要继续往前走，要把电子管计算机推进到全晶体管化计算机，装备部队。现在美帝、苏联都在卡我们，1957 年我随刘居英院长访问苏联，看到鱼雷快艇上有许多先进的设备，其中有机电式的鱼雷攻击指挥仪，他们没有给我们。我们一定要争气，要把数字式的鱼雷攻击指挥仪搞出来。1958 年 10 月，在北京陈赓院长陪同周总理视察'901'计算机时，给予我们很大鼓励，我们要把它变为动力，一定要在1963年院庆十周年前研制成功。"60年代初我国用锗半导体研制成功二极管、三极管，但合格率很低，非常"娇贵"。能不能用国产锗晶体管研制舰载计算机，以前没有人做过，我们心里也没有底。有一次黄主任来参加我们支部组织生活，组织我们学《矛盾论》《实践论》，按"实践—认识—再实践"指导科学实验。国防科委很重视"901"任务，专门从科学院109厂调来一批晶体管给我们做实验，用晶体管设计计算机，线路定型工作量很大，不像第三代、第四代计算机，许多线路定型工作已经集成化了。用晶体管设计触发器，一个触发器由100多个元件组成。在一块12厘米×15厘米的双面印制板上只能设计两个触发器，还有组合门、译码器、磁心存储器、读放电器、转换电路、编码器等都用分离元件设计组成。一个线路设计定型要做大量试验，记录成千上万个数据，从中找出规律。我们认真对待每一个试验：正确性试验、时效性试验、例行试验（高温、低温、冲击、振动、防湿等）。试验、失败、再试验，直至成功。我们科研组的工作干劲在全院是闻名的，星期日和节假日都很少休息。我们夜以继日地在实验室工作，有一股拼命精神，夜深人静时实验室也灯火通明。黄景文主任、邓易非政委经常深夜到实验室关心研制工作，了解研制情况，讨论解决问题。刘居英等院首长常来实验室检查工作，鼓励我们埋头苦干，为国争光。

（二）科研要贯彻"双百方针"，发扬技术民主

1961年10月的一天下午，我和柳克俊组长在办公室讨论"901"模拟/数字（A/D）转换输入技术方案。这是一个如何把雷达方位、距离模拟信号转换成数字信号并自动输入到"901"主机进行处理运算的重要设备，在讨论中我与柳克俊有不同看法，正在争论时，黄主任来"901"科研组检查工作正好到我们办公室，看见我和柳克俊组长讨论问题，他坐下来仔细听我们讨论，因为分歧比较大，各抒己见，谁也说服不了谁，黄主任一直在耐心听我们辩论，没有插话，后来柳组长着急了，来了个"以权压人"，对我说："如果按你的方案做，你能负责得了这个责任吗？"这时黄主任插话了："柳克俊不要那么讲嘛，技术问题要贯彻'双百方针'，要发扬技术民主，走群众路线，大家多讨论，多研究。"我和柳克俊，柳是"强者"，我是"弱者"，黄主任显然在帮"弱者"讲话了，实际上黄主任是在循循善诱，指导我们如何搞科研，柳组长听了黄主任的话，气氛立即缓和下来："我们按黄主任的指示办，对技术方案要仔细分析、研究，征求大家意见。"

（三）"901"实验室样机研制成功

1961年12月，我到西安786厂试制改进V形编码器。

该编码器是一个雷达方位、距离模拟信号转换成数字信号的设备，由石振东教员设计，石后来抽调负责教学，由我负责试制、调试工作。当时我们正值三年自然灾害时期，我在工厂吃的是地瓜、咸菜，由于工作过于劳累，1962年12月因胃病加剧发展到胃大出血，上吐下泻病倒了，住进西安空军医院。出院后即投入紧张的装配调试工作，与工厂工人、技术人员一起完成装配调试任务。当两台表面喷着深灰色漆的精密设备运出总装车间时，我心里是甜滋滋的。1963年8月上旬，我按计划押运两台V形编码器回到哈尔滨参加"901"机实验室内联调工作。

1963年8月，"901"联调试验开始了，裘式纲、周兴铭、张昭贤、谢鸿洲、李应友、袁继成、冯昭逢、吕书荣、陆定远、陆靖等同志日夜连轴转，为了及时解决调试中出现的硬、软件问题，干脆把棉被铺在实验室地板上，累了就躺下稍微休息一会。机器240小时连续考验，我们紧张地工作了10个日日夜夜。黄主任和我们一样，白天、晚上到科研组了解、指导调试工作，有时深夜12点了，黄主任仍和我们一起共同战斗，给予我们极大的鼓舞和力量。1963年8月底，"901"指挥仪研制成功，实现了向院庆10周年献礼的愿望。

1963年9月1日，哈尔滨军事工程学院院庆10周年纪念日，军委派出一个总部代表团参加哈军工院庆活动，代表团由副总参谋长兼国防部科委副主任张爱萍上将、总政副主任徐立清中将、总后政委李聚奎上将组成，张爱萍上将任团长，总部代表团8月底到达哈尔滨。

9月3日上午，张爱萍、徐立清、李聚奎等总部首长由刘院长、谢政委和海军系黄主任、张政委陪同，来到科研组实验室参观视察"901"机，详细听取了柳副教授的汇报，我们操作指挥仪演示。总部首长对科研组自力更生、艰苦奋斗取得的重大成果表示赞赏。张副总长讲："你们搞得很好，奋发图强、自力更生、方向对头，要及时总结经验，早日装艇出海试验。"刘院长向首长介绍柳克俊今年30岁，一心扑在事业上，还没有谈恋爱，总后李政委听了后风趣地说："要发奋图强搞科研，可是对象也要找呀！工作、找对象两不误嘛！"总部首长视察"901"给我们很大鼓舞和鞭策。

（四）"901"鱼雷攻击指挥系统第一次出海试验

1963年8月，全晶体管化"901"实验室样机研制成功，向院庆10周年献了一份厚礼。经过一年的紧张工作，1964年8月，"901"指挥仪出海实验样机研制成功了，它由A/D输入转换装置、主机（运控、存贮）、数码显示输出组成。主机字长16位、内存容量1024字、16条指令，采用机器语言。这是我国第一台舰载计算机，也是我国首先采用计算机技术应用于作战指挥领域。1964年8月下旬，海军安排在北海某基地快艇支队试验。军工学院刘院长亲临基地主持试验，海军系黄主任以及院系两级科研处处长也参加了这次试验。机器包车押运，参试人员近30人。国防科委、海军、七院、十院等领导机关和兄弟单位派出代表参加了这次试验。基地十分重视这次试验，马司令员、刘支队长亲自组织舰艇参加这次试验，给参试人员极大鼓舞。我负责艇上"512"雷达方位、距离A/D转换工作，指导艇上人员使用"901"指挥仪工作。

"901"鱼雷攻击指挥仪是由海军系负责研制的。用国产晶体管研制军用专用机到底行不行？黄主任是主张和支持"晶体管化"的。因为是主官，他们自然有压力，黄主任考虑问题很慎重、细致，是一位事业型的领导。他到旅顺基地没有住高级宾馆，和我们一样住在基地招待所。他没有参加应酬，没有去游玩，一直在考虑如何完成出海试验问题。黄主任住在招待所一楼，晚上，我经常看到他在房间里踱步凝思。系科技秘书过传义同志对我们说："跟黄主任出差最累，每到一个地方他不去玩，总是考虑工作，我们也跟着忙，任务完成了就返回。黄主任做报告要大家注意劳逸结合，有张有弛，可是自己只顾工作，不注意休息。"

"901"指挥仪运到现场，准备上艇安装前，试验小组在现场开了一个动员会,黄主任亲自做动员报告,对试验小组提出了具体要求。黄主任善于把大道理与实际结合起来,讲得生动、亲切,大家容易理解接受并变成具体行动。比如,黄主任在动员报告中要求大家集中精力,努力工作,圆满完成试验任务。他话锋一转笑着说:"李仁德。"我听到后站起来:"到。""你出来以前,与女朋友告别了吧?现在不要想了,集中精力完成试验任务,回去后再去见女朋友好不好?"大家听了后都会心地笑了。我心想,黄主任真会做思想工作,他怎么知道我有女朋友呢?我是试验小组党小组组长,举我这个例子最合适不过了,大家听了都会理解,按黄主任的要求去做。动员会后,黄主任亲自率领我们去参观鱼雷快艇研究部署"901"指挥安装调试工作。

试验小组共组织五次出海试验,其中一次是夜间出海试验。在出海试验中,参试艇在"901"指挥仪引导下,对目标舰实施鱼雷攻击,全部命中目标。指挥仪经受了汹涌的海浪冲击,运行稳定可靠。试验结果表明:①计算机技术用于作战指挥领域是新的技术突破,填补了国内空白。②数字指挥仪具有机电指挥仪无可比拟的优点,是指挥仪的发展方向。③用国产晶体管研制指挥仪装在条件恶劣的快艇上是可行的,消除了过去有的同志认为国产晶体管计算机不能装在可动载体的观念。十院有位专家感慨地说:

"用国产元件研制的计算机装在快艇上,以前我是不敢想的,你们通过试验把它实现了,有胆有识,了不起。"

1958年至1964年,从电子管"901"计算机研制成功到国产晶体管化的"901"鱼雷攻击指挥系统研制成功并圆满地完成了第一次装艇出海试验任务,黄景文主任亲临科研第一线组织领导,事必躬亲,在"901"这项重大科研任务中融入了黄主任大量心血,他做出了不可替代的重要贡献。

1988年在"901"计算机研制30周年纪念时,时任军委副主席刘华清亲笔题词:"发展计算机技术为国防现代化作贡献"。"901"任务的研制,培养锻炼了一大批计算机技术骨干,为国防现代化和国民经济发展做出了重大贡献。在国防科大计算机学院、哈尔滨船舶工程学院、716所、709所等单位都可看到"奋发图强、自力更生、在战斗中成长"的精神在发扬光大。这就是原军工学院海军工程系黄景文主任、邓易非政委给我们留下的宝贵的精神遗产,激励我们生命不息、奋斗不止。

深深怀念我们的系主任——黄景文同志[①]

黄景文（1914—1983 年）同志，广东惠阳县澳头镇人。1932 年考入广州黄埔海军学校第十九期学习。1939 年 5 月加入中国共产党。历任中共地下党广东高州专署学生总队总支组织委员，遂溪县二区区委委员、吴（川）廉（江）特派员。1944 年 7 月任南路人民抗日游击队队长。1945 年 5 月起任广东南路人民解放军第二支队长、第一团团长，在张炎将军部队参加抗战。1946 年率部至越南整训，受聘为越南人民军总部高级步校军事顾问。1947—1949 年，历任中共粤桂边区工委委员，中国人民解放军桂滇黔边纵第一支队司令员兼政治委员，中国人民解放军桂滇黔边纵司令部参谋长，军政大学第四分校教育长。1950 年赴朝鲜作战，任中国人民志愿军第三兵团军务处长。1952 年任哈尔滨中央军事工程学院海军工程系党委书记、主任。1955 年授上校军衔。1955 年获中国人民解放军二级勋章。1960 年授大校军衔。参加抗美援朝作战时获朝鲜国家荣誉勋章。1966 年 3 月，任锦西海军第二十三所训练基地第二部部长。1978 年任海军试验基地司令员。

他在哈军工五个系的领导中，是年龄最年轻、身材最

[①] 作者周耕书，海军工程系第五期学员。

高、军姿最好的。他淡泊名利，为党、为国家和军队鞠躬尽瘁；他平易近人、待人热情。他任哈军工海军工程系领导期间，深受各级干部、教员和学员的尊重和热爱。他经常深入到我们学员的学习、生活第一线，对于教学工作更是深入到学员的班级中。黄主任和我们二科何水清主任在与学员的接触中，同样让我们深受鼓励和感到愉悦，其中有两种重要的因素：一种叫作纯粹明净，即情感追求纯粹，美好的感觉来自交往的无杂质；另一种叫作精彩绝伦，即理性追求超越，愉悦的感觉来自明白事理、通透的觉悟。1961年，我任57-361毕业班大班长期间，常要作为三系二科及三科毕业班大班长去汇报班里的学习情况。记得当年在场的领导还有三系主管教学的顾懋祥和刘恩兰（女）。黄主任听完各专业大班长汇报后，对我们说："你们不仅要使自己的学习在最后一年名列前茅，更要重视收集班里的学习情况，为即将面临的毕业设计带头做好准备……"这些教育使我们在场的人终身受益。还有一件让我牢记心间的事，当日轮到我当值班的大班长，召集组织二科、三科全体毕业班在大教室听黄主任主讲时事报告。他是以"大力推行调查研究之风"社论为专题来讲的，讲完后要我们提出问题来。温正雄（和我是重庆南开中学的老同学）提出一个令人关注的问题。温问："这篇文章十分重要，的确具有指导性意义。不知有何背景？是否是毛主席写的？"黄主任回答得很巧妙:"你们以后就会知道了。"这一问一答使原本严肃的会场变得很轻松。直到1962年初,我们这几个专业要离开哈军工,被调整到大连海军工程学院去搞毕业设计,直至毕业。黄主任一直都在关照我们二科、三科的全体学员。这正是我们长期敬爱他的原因。

由于他对我们二科的舰炮、指挥仪专业的建设和发展一贯重视,因此,这两个专业建设和教师培养都有了长足的进步。1962年,海军工程系根据中央军委决定的院校调整方案,将舰炮、指挥仪、鱼雷、水雷及舰艇消磁五个专业的全部学员和大部分教师以及仪器装备同时移交大连海军工程学院,并设立了海军兵器系,继续为海军培养人才和开展科研。由于这些专业在哈军工海军工程系打下了良好的基础,因此在海工大也发展得较快。现在,它们成为培养常规海军兵器系高层次专业技术人才仅有的几个专业,培养出多名海军英才。如邱志明(海军论证中心总工),1982年本科毕业于舰炮工程专业,1987年硕士毕业于兵器火力控制专业,专业技术少将,获中国科技青年奖及军队专业重大贡献奖;马献怀(海军装备部驻西安军代局总工),海军大校,1982年毕业于舰炮工程专业,获全军专业技术重大贡献奖;康郦,海军大校,1990年毕业于舰炮工程专业,海军优秀军代表,海军青年精武建功成才标兵,海军十佳青年,全军科技标兵;牟晴(海军装备部驻西安军代局局长），海军大校，1982年毕业于舰炮工程专业；高志恒（海军装备部驻西安军代局副局长），海军大校，1982年毕业于舰炮工程专业；苗锦（海军装备部驻武汉军代局副局长），海军大校，1982年毕业于舰炮工程专业；徐一天（国防科技大学政委），海军中将，1968年毕业于舰炮指挥浑仪专业；王超凡（海军试验基地原副司令），海军少将，1965年毕业于舰炮指挥仪专业；何友（海军航空工程学院院长），海军少将，1982年本科毕业于舰炮指挥浑仪专业，1988年硕士毕业于兵器火力控制专业；林春生（海工大兵器系教授、博导），海军专业技术四级，全国优秀教师，国务院学位委员会第六届学科评议组成员；胡友茂（"文革"后第一期学员），海军修理部维修研究所所长；马奇伟（"文革"后第二期学员），海军修理部军械部部长。还有苑秉成、李庆民、程锦房、吴茂林（四人均任系领导）、任志良、谢顺依、张振山、侯健、田福庆、王学军、焦自平、刘云秋、范志和、龚耘、黄俊斌、朱华兵、韩俊、严平、张可佳、杨文亮、刘忠、李安龙、胡晓辉、李敏勇、邢昌凤、王航宇、张静远、孙炯、陈喜、袁志勇、任德奎、周穗华、陈菊秋、颜冰（女）、王江安、乐元川、孔小建、陈维义、张晓辉（女）及何乃明、刘大明等，都在各自的岗位上干出了优异的成绩。我们作为哈军工在海工大兵器系留下的一批老教员，对他们的成长和贡献，感到无比的欣慰。真可谓"青出于蓝而胜于蓝"。前人启迪后人，后人超越前人，代代相传，发挥出不可估量的效能。更有哈军工海军工程系黄景文主任、何水清科主任、赵国华主任及叶平贤、谭庆海、陈宽、朱克定、陆珍年等老师们的辛勤付出。

这都是我们深深怀念哈军工三系主任——黄景文同志及何水清、赵国华、叶平贤等老师们的原因。

行动的力量①
——回忆哈军工几位领导的工作片段（摘录）

我在哈尔滨军事工程学院的学习生涯至今50年了。当时的学习和生活情景，随着时光匆匆流逝，有些已渐渐淡忘了。但我对我们海军系系主任黄景文同志、海军系海道测量科主任李承煦同志、海道测量科教研室主任刘恩兰教授兢兢业业、任劳任怨、身体力行、朴实无华的工作作风，却一直记忆犹新。

当时，在学院五个系主任中，海军系系主任黄景文同志是最年轻的，他在黄埔海军军校学习过，他作风干练，身形挺拔，充满活力，给我们留下难以忘怀的印象。虽然

---

① 作者杨桓，哈军工海军工程系第一期学员，留校后任讲师，后任二炮副司令员、中将、高级工程师，已离休。

我们与系里的领导隔着科这一层,"距离"较远,但他的身影还是经常出现在我们的面前。他经常深入学员当中,深入学习、生活第一线。在抓教学质量方面,他总是力争海军系学员的年度成绩排在各系的前面。在学员的作风培养方面,他要求十分严格。如海军系的内务卫生、队列动作曾在全院起到模范作用。但最让我难忘的是,无论冬夏,他总是最早出现在我们早操的操场上,还经常亲自为学员做示范,纠正动作,他的军人举止为我们学员树立了标杆。

黄主任对海军工程系的教学和发展投入了全部身心。1961年,学院系科调整,新成立了电子系,并将海军工程系的惯性导航专业划到电子系。他知道(调整时外出不在学院)后,极为着急,立刻进行了调查研究,征求各方面的意见,统一了思想,并向学院陈述了惯性导航专业应该保留在海军系的意见。他认为,惯性导航是海军工程系各专业组成的主要部分,从海军工程系的整体配套建设和发展,特别是从学科的特点——惯性导航是一个精密机电型专业,并非纯电子专业,而且它与海军系各专业的联系也更为密切。由于他的积极争取,其合理意见被学院采纳,后来学院同意惯性导航专业仍归属于海军工程系。

黄主任永远活在我心中[1]

我的好领导、好主任黄景文同志已经离开我们多年了，但至今他的音容宛在、笑貌犹存。时至今年哈尔滨军事工程学院50周年校庆之际，我更加怀念这位德高望重的好领导，以下是我对一些往事的回忆。

我是1954年10月从广州解放军体育学院毕业分配到哈尔滨军事工程学院体育教授会任教的，主要承担海军工程系的体育课及每年学员海上实习中的游泳训练。时至1959年，学院为适应当时国内形势，对体育教学进行了改革，体育课暂停。我们体育教研室的全体教员调到各系的政治处，以加强基层群众性体育活动的开展。我被分到海军系。到系的第二天，黄主任的秘书陈炳福同志通知我上午9点半到黄主任办公室谈话。黄主任对我说："咱们海军系从人数上讲在军工不是一个大系，但从教学质量、科研成果方面来衡量，均名列前茅。为了进一步贯彻德、智、体全面发展的方针，海军系的体育工作也要与教学、科研同步，一定要把体系里的体育工作搞上去，要努力把海军系变成一个体育强系、大系。"黄主任还教导我："只要时时事事依靠群众，依靠领导，使海军系变成一个体育强系、

---

[1] 作者聂毓海，哈军工海军工程系原体育教员。

大系的目标就一定能实现。"黄主任给我指出了明确的方向、奋斗的目标、工作的方法，使我很受鼓舞的同时也大大增强了工作的信心和干劲。

群众性体育活动的基础，关系到全系每一个人的健康。黄主任要求我一定要抓紧、要落实，告诫我抓而不紧等于不抓。首先要抓组织落实。我把全系师生员工按原建制单位分别按年龄、性别编成组参加锻炼，这是一种无形的力量，动员全系师生员工积极地投入体育活动中，群众性体育活动就这样热火朝天地开展起来了。黄主任常年如一日地在每天清晨起床号声刚一落时就出现在学员或干部宿舍的门口，检查大家出早操的情况；每到下午体育锻炼的时间，他经常身着便装，活跃在运动场上。为了消灭死角，他还经常不定期地组织基层干部到办公室、教室进行检查和登记，以督促那些室内的人出去参加锻炼。由于黄主任对体育工作的支持，抓得到位，因而每年劳卫制达标测验中，海军系一级达标率均保持在98％以上，二级达标率也保持在85％以上。在二级达标率的人中，有35％的人还在单项上通过了国家三级运动员的标准，同时还培养了一批各项运动的等级裁判员。群众性体育活动的开展，大大增强了全体师生员工的体质，患病率直线下降，从而保证了学习、科研和工作的顺利进行。

黄主任指示我，要想使群众性体育活动健康持久地开展下去，就必须同时抓体育运动水平的提高和推动普及。在群众性体育活动朝气蓬勃发展的基础上，海军系很快组建了篮球、排球、足球、乒乓球、田径、游泳及水球等运动队，并建立了一套完整的常年训练和竞赛的制度，定期训练和比赛。在运动队组建之初，黄主任给运动队规定了明确的任务；运动队对系内是一支群众性体育运动的技术指导队伍，对系外则是一支顽强、能战斗的队伍，代表系参加学院的各项比赛，为系争光。黄主任还经常深入到运动场去检查各运动队的训练和参观比赛，对一些自己的运动强项，如足球和田径，有时在比赛的关键时刻还进行一些专业性的指导。在国家三年困难时期，粮食定量不足、副食供应匮乏的情况下，黄主任也曾想方设法竭尽全力从系农场的储备粮中调拨一些粮油、农场饲养的家禽和牲畜以及一些豆制品等来增加运动员的营养。这大大鼓舞了运动员们的士气，运动员们都以饱满的热情和高昂的斗志投入训练和比赛。从1956年开始，海军系在学院的篮球、足球、游泳、水球等项的比赛中一直保持着常胜不败的战绩，在田径、排球、乒乓球等项目上也都保持前二、三名的水平。上述成绩反映了海军系全体师生员工良好的体魄和朝气蓬勃的精神面貌，也进一步推动了群众性体育运动的开展。

黄主任经常教导全系的师生员工："游泳对海军来说不

单纯是一项强身健体的运动项目，它是一项重要的军事技能。会不会游泳将直接影响海军部队的战斗力。"因此，他要求学员们首先要上好体育课，要通过劳卫制的二级标准，即游200米以上，然后到松花江去横渡和长游，再进一步到大海去进行实际的锻炼，接受大海的考验。

黄主任虽然已经离开我们20年了，但他那种时时、处处以身作则的工作作风，以及严格要求部下、耐心教育部下的工作方法，对我帮助很大，感受也很深。黄主任的优良工作作风和高贵品质对后代是一种革命的传家宝，我们应该继承下去直到永远！

2003年10月21日

缅怀原哈军工海军工程系创建人黄景文主任生前业绩座谈会纪要

在欢庆哈尔滨工程大学建校50周年之际，为纪念办校创业前辈的历史功绩，弘扬哈军工办学的优良传统，2003年9月3日在哈尔滨工程大学41号大楼会议室举行了"缅怀原哈军工海军工程系创建人黄景文主任生前业绩座谈会"。会议由黄景文主任生前的秘书、哈尔滨船舶工程学院党委统战部原副部长陈丙福同志主持并首先介绍黄景文主任的生平事迹。哈尔滨工程大学常务副校长黄胜教授到会致辞，他强调指出："这个座谈会很有意义，我是抱着学习的态度来接受教育的，我曾是海军工程系的学生，入校时就聆听过黄景文主任的讲话，直接受过黄主任的教导。学校能有今天，首先有老领导的功劳，我们不能忘记老前辈，座谈后要注意整理材料，这对教育年轻人有好处。"

哈尔滨船舶工程学院原院长邓三瑞教授、副院长何水清教授、副院长杨士莪院士、副院长蒋楠祥教授以及曹渝白、杨光升、雷渊超、陈朗、李启聪、李超然、李赫、程元龙、夏剑晖、邱聪、黄德鸣、陈维远等二十几位曾在黄景文主任直接领导下从事教学科研工作的老教授都先后在座谈会上发言。与会同志满怀崇敬和深切怀念的激情，回顾了黄景文主任生前在创建军工海军工程系的岁月里所做出的重要贡献。

哈军工海军工程系原系主任黄景文 1914 年 1 月出生于广东惠阳，少年时代就读于香港英华书院。九一八事变后，他为抵抗外辱报效祖国，遂携笔从戎。1932 年，他以优异的成绩考入黄埔海军学校（第 19 期），学习舰长专业；毕业后留校任教，到 1936 年已是少校教官。在校期间，他在中国共产党的引导下，参加革命活动，曾与几名同学一起组织"秘密读书会"，在同学中组织学习进步书刊，追求革命真理，进行抗日宣传活动。读书会暴露后，被国民党查封，他只身前往广东南路，投入党的怀抱，于1939年加入中国共产党。曾任我党东南特委地下党领导的广东南路特别守备区司令部"学生队"内部党员总支部组织委员、遂溪县二区区委宣传委员、中共吴（川）、廉（江）边特派员。从1939年5月起至1944年6月，他在艰苦的环境中不畏艰险，克服重重困难，一直坚持党的地下工作，几度开辟边沿新区，完成了党交给的任务，为该地区党组织的发展壮大做了大量艰苦的工作。1944年7月，他转入部队抗日后，历任广东南路人民解放军第二支队队长、第一团团长，打出了"老一团"的声威。解放战争期间，他历任中国人民解放军滇桂黔边区纵队参谋长、第一支队司令员兼政委。1944年7月至1950年4月，他带领部长在极端困难的条件下，转战国内外，英勇作战，身先士卒，经受了艰苦的游击战争的考验，并表现出优良的组织指挥才能，为祖国的解放事业做出积极贡献。1946年，根据党中央的指示，他率部队退入越南河阳地区整训。在越南整训期间，他受聘担任越南总高级步校顾问。新中国成立后，他自愿去办学，任二野军大四分校教育长。1950年，他被陈赓同志指名调到越南，参加在那里的中共中央代表团工作，陈赓同志任团长，他任第二军事顾问组组长。在援越期间，他发扬了国际主义精神，严格执行政策，舍生忘死地协助指挥工作，圆满完成了军事顾问工作，多次受到当时越南领导人胡志明、黄文欢等同志的赞扬。1951年初,他参加抗美援朝战争,出任志愿军三兵团军务处处长。1952年,他奉调回国,参加了哈尔滨军事工程学院的筹建工作和海军工程系的创建工作。历任院筹务委员会委员、筹委会临时党委委员、院党委委员、海军工程系代主任、主任、系党委委员、系常委委员等职。

在座谈中大家指出:在哈军工筹建初期他就为选调学院的骨干教师立下赫赫功劳。例如,曹鹤荪、卢庆骏、马明德、张良起、刘景伊、曾石虞等许多知名教授、学科带头人,都是他受陈赓院长委派,亲自到南方礼聘来学院任教的。他在海军工程系的创建和发展中,认真贯彻执行党的教育方针,坚持教育与科研相结合。他在选调培养教师队伍,端正教学指导思想,改进教学方法,提高教学质量,开展科学研究,加强实验室建设,树立良好的教风学风,培养学生德、智、体全面发展等方面,呕心沥血,辛勤操劳,做出了重要贡献。他作风民主、深入细致、平易近人、谦虚谨慎、严于律己,处处以身作则,密切联系联众。他一心扑在工作上,总是把星期日当成"星期七",节假日也都用来深入群众、走访教师、看望学生。平时在教学、科研第一线,在教室、宿舍、操场等场所,处处都有他的身影。座谈中有的教授说:"黄主任对教师不仅关心业务上的提高,而且从政治思想、军事素养到体育锻炼等全面关心、培养成长。"他深入教师中，亲自听试讲、亲自看实验、亲自个别谈话，面对面地指导、帮助。在教师中，除了专科教研室的领导骨干经常受到黄主任的言传身教外，海军工程系的一般教师与黄主任谈过话的人也很多。还有一位老教授非常激动地说："黄主任对事业无限忠心，对同志无限热心，回首军工往事，除了陈赓院长外，自己最敬重、最爱戴、最怀念的就是黄景文主任。"

与会同志一致认为，黄景文主任在创办海军工程系的教育生涯中，殚精竭虑、呕心沥血、辛勤操劳、无私奉献、为海军工程系的创建和发展做出了不可磨灭的贡献。他的高贵品质和优良作风是永远值得我们和后人学习发扬的。今天，我们缅怀哈军工前辈，激励哈军工后人，继承和发扬哈军工的优良传统，共同为把哈尔滨工程大学办成国际知名的中国高水平研究型大学献计出力，努力奋斗！

座谈会报道组

2003年9月4日

第四部分 来往书信摘要

王国强给李夏湘的信

李夏湘同志：

　　最近我和一些老同志参观海南归来，惊悉黄景文同志不幸病逝。惨耗传来，不胜悲痛！对景文同志不幸逝世深表哀悼，并向你和你的家人致以诚挚的慰问！

　　景文同志是一个优秀的共产党员，是一位很好的老同志、老干部。他一贯对党忠诚，坚决执行党的决议，坚持原则，执行党的政策，站稳党的立场，南征北战，英勇顽强，战绩辉煌。新中国成立后，他积极参加抗美援朝，保卫祖国，建设祖国，为国为民建立了很大的功勋。他生活艰苦朴素，密切联系群众，为人谦虚谨慎，善于团结同志，关心干部，为我党我军树立了光辉的榜样，我们和南路人民永远怀念他。

　　黄景文同志虽然与世长辞了，但他的革命业绩和革命精神是永存的。我们追悼他，要在党中央的英明领导下，化悲痛为力量，认真学习景文同志忠于党、忠于人民的革命精神，学习他的好思想、好作风，团结一致，共同努力，为实现社会主义四个现代化而奋斗！望你和景文同志的孩子们要继承景文同志的遗志，发扬他的革命精神，努力学习，积极工作，为祖国"四化"建设多做贡献，希望你要保重身体。

我怀着十分悲痛的心情写了一首诗《悼黄景文同志》。因我的水平不高,写得不好,寄给你指正。

临书匆匆,此致

敬礼!

王国强

1983年10月26日

关于吴、化、廉党史事——给陈枫的信一

元瑛*同志:

来信悉,关于如何写好党史、如何对待吴川起义事和对如何写张炎事,我完全同意你的观点。

湛江地委宣传部李军同志和杨飞同志等四人22日到我这里,昨晚(25日晚)返回北京,工作十天左右就回广州。可能你读到此信不久后,就会见到他们。我告诉他们无论如何要找你多谈一些。二支队的主要干部中的一部分,如林林、(陈)汉雄、黄飞等牺牲了;一部分很分散,梁涛鸣在云南,谢森在桂林,难以坐在一起来回忆。现在只有你在广州,是与当时和以后的骨干,广州与湛江还有一些

* 元瑛为陈枫曾用名。

遗风、新民、正奏小学的同志，交换意见的机会较多，所以还是请你花些时间为写吴、化、廉武装斗争这一页党史提供更多的材料。

他们在此，我给他们谈了一天多点时间。关于吴、化、廉起义前后的纲要基本谈过了，所差的是一些"肉"，即具体的材料。和他们谈了些什么呢？在这里简要地告诉你，有不对之处，望你纠正。

第一，谈了我们当时的工作地区，东起吴川龙头岑，西至廉江成安乡（两家滩）一线。这是日战区的边缘区。

第二，特委给我们的任务是放手发动群众，大力组织抗日武装，坚持抗日民族统一战线。

第三，我们采取的具体工作方针是：公开和秘密相结合，独立自主壮大自己力量。我们以抗日联防大队为形式团结争取了开明士绅，公开组织了各乡联防队。指派党员梁宏道打入吴川县任教育局局长，陈汉雄、马振英打入伪乡公所掌握武装，指派郑康惠等分别掌管各联防队，秘密把各校师生和其周围的先进贫下中农分子，如冯立钧等人加入秘密游击小组。

第四，积极创造条件打击日寇。两家滩战斗就是打击过河来我区收税的日伪军，是吴、化、廉抗日的序幕战。钩镰岭战斗是两家滩战斗的继续，日伪军是来"报仇"的。这两仗规模虽小，但打出了我党的威风，打出了吴、化、廉人民的志气，对尔后这地区武装力量的迅速壮大有其特殊意义。

第五，英勇地同国民党展开战斗，拔掉国民党军统特务站，清除了其头子邓易南，给国民党特务系统极大打击。攻打塘㙍（中途未打成）捉了邓侠。

第六，七略。

第八，对吴、化、廉起义我提出四条正面的经验：

（1）坚持抗日民族统一战线，在积极放手发动群众、壮大我党武装力量同时，大力做好团结上层民主人士工作。

（2）坚持独立自主、巩固自己的武装、防止给别人统去。

（3）坚持公开和秘密相结合的方针。

（4）敢于斗争、敢于胜利，积极组织抗击日伪军。

关于教训，我除了同意二叔公提出的对形势分析是主观片面、工作布置是处处点火、处处冒烟，连根拔过"左"的观点外，补充的一点是军事上缺乏经验，不懂得军事斗争和建立根据地的规律，不懂得要有一支有力量的军队才能创建根据地的重要道理，不懂得根据地扩大要波浪式发展的规律。我指出当时不只提出进军打高州是错误的，而且进军白石水也是错误的。

第九，关于如何写的问题，我认为：

（1）要严格坚持实事求是的方针。

（2）吴川起义改为"吴、化、廉起义"较为切合实际。

（3）对雷州半岛敌后的抗击日伪斗争和对吴、化、廉抗击日伪的斗争，要着重地写一笔。

（4）对营团以上的烈士和出众的战斗英雄应以专题来写。

（5）党史应以党的立场去写，着重写特委如何贯彻党的路线方针政策。

以上就是我对他们讲的关于吴、化、廉斗争的要点。此外，我还谈了高州对敌人的斗争，在此不赘述了。以上所述是否正确，请你纠正和批评。我遗漏的还有关于我们工作区的各个学校的名称、二支队各大队各中队的干部名单，这一点也希望你向他们补充说明。

李军同志最后还要我写西征的材料，对此，因为我现在许多事都忘了，以后再设法补上。他认为我讲的纲基本是可以的，但还缺乏专题的详细材料，对此希望你设法补充。

如何？此复并致敬礼！

黄景文

1982 年 12 月 28 日午

关于吴、化、廉党史事——给陈枫的信二

元瑛同志:

十月五日信敬悉。你要写《风起吴、化、廉》为题目的文章很好。当然,吴、化、廉武装斗争,更大规模、更英勇地取得更大的胜利,是日寇投降后在这个地区斗争,包括你在内的同志和广大人民群众所写下的史诗。但吴、化、廉燃起抗日烽火,吹起打倒那反对抗日的、反共反人民的国民党的号角,吴、化、廉武装起义发起、发生过程也有重要的历史价值。希望你把它写出来。

写历史最重要的一条,就是要尊重历史事实。共产党人是讲究实事求是的,我们不能伪造历史。然而,时间相隔太久了,有些事想不起来,有些事当时自己没有参加,只是听人转述的(像打塘墩、捉邓侠等事)而印象又很深,或者追记在日记上,因此,今天要复述起来难免会有出入。对这些都不足为怪,容许人们思索再思索,修正再修正。好在有许多当时亲自经历这一斗争的同志在,找他们多座谈几次,问题总是可以弄清楚的。

冯立钧同志还健在否?他是最有发言权的。邓侠就是他带的区队(排)捉的。捉的时间是天亮之前,不是陈任华同志说的在天黑之前。因为天黑,邓侠看不见我们后面

的部队和埋伏在路两边的部队,所以才进入我们的伏击圈。经过反复回忆,同意你们的意见。除邓侠外,当时捉到的还有一个科长和十名左右卫队。不是我前信说的几十人。请问冯立钧、冯大猷同志好。

我准备向温焯华同志再阐述这个观点。

专此敬复,有什么问题请告知。

敬礼!

黄景文

1982年10月12日

关于吴、化、廉党史事——给陈枫的信三

元瑛同志:

今早收读九月二十四日来信,敬悉一切。

关于打塘㙟捉拿邓侠的经过,你记得很详细。关于枪毙邓侠的地点,你说的是上圩,这是对的(我原以为是水埗,是我记错了)。不过,有一点还请你再回忆一下:我记得那天刚好上圩赶圩,很多群众,我们好像开了个群众会,审问过邓侠和跟随他的一个科长,然后才枪毙邓侠的,是不是?他的随员也不止几个人,我记得有几十人。这一点也记不清了,请你再弄清楚。

吴、化、廉地区的起义(吴川起义),捉邓侠是重要

的，但首先不能忘记两家滩战斗和钩镰岭（石门）战斗。因为这两次战斗是吴、化、廉地区人民在我党领导下对日寇汉奸抗战打的第一枪，是吴、化、廉人民武装的斗争序幕，是吴、化、廉人民抗日战争的最主要部分。战斗规模虽小，但政治与军事意义都十分重大。参加这两次战斗的白鸽港、东桥、两家滩乡公所、泮北、石门乡公所的我们党领导的抗日游击小组的全体同志，对尔后吴川起义所做出的贡献是巨大的。参加这两次战斗的好几位领导人：林林、陈汉雄、黄飞、高佬蔡等同志在对国民党反动派的作战中牺牲了。我们今天对他们怀有无限的敬意和悼念之情。对抚育和培养这些游击队的白鸽港、东桥、泮北地区的人民，我们今天仍怀有崇高的敬意。所以，写吴川起义的历史，我们要把这个地区的两次抗日胜利的战斗写进去。此外，还要把这两个地区的游击队准备战斗的组织训练——练射击、练夜间行军、放哨、摸步哨、袭击以及做手榴弹等活动，写进回忆录，以存史册。不知你以为然否？现在知道这两次战斗的除你之外，大概有忠桂、经昌、纬昌、肖正、殷豪、占德贞、志刚等同志。建议你就近请他们收集资料，尽可能写出来。

最好由你综合起来写一篇，不仅是写历史而且是写纪念烈士的悼文。此外，在打塘㙟以前，泮北游击队还做了一件震动国民党的事，即由郭芳同志带队去詹士邦的村子，杀了国民党军统特务头子、少将小组组长邓易南，这也是气坏了李汉魂的事。杀死国民党一个少将不是小事啊！在以后作战中也很少打死他们一个少将嘛！此次英勇行动，好像占德贞、殷豪、志刚参加了。这是一件武工队传奇式的游击行动，完全应该存之于南路人民斗争的史册内。请通知德贞他们好好写写。他们是有功之臣。

专此即致

敬礼！

黄景文

1982年9月28日

关于吴、化、廉党史事——给陈枫的信四

元瑛同志：

关于涉及南路党史问题，写了封信给你，收到否？

昨天收到原南路特委之一温焯华同志（你应该认识，他到过遗风小学）写的一份材料说及我们武装起义后打塘㙍活捉邓侠伪县长一事。材料说："于1944年11月5日，黄景文、王国强带领吴川人民武装五六百人与张炎、詹士邦的队伍800多人向塘㙍进军，包围国民党吴川县县政府……缴了五个中队的枪，活捉伪县长邓侠……，占领了塘㙍。……"

温焯华同志当时不在部队,他是听人转述的。

我记得抓邓侠的经过是这样的:①我们打塘塳并没有约张炎、詹士邦配合,因为当时我们怕詹士邦的部队靠不住。②我们在离塘塳五六里地的途中,侦察人员报告邓侠已于当晚上半夜带一个中队离开塘塳,我们分析认为敌人有所准备,为免中敌计,决心当天不打塘塳,把部队转向离塘塳二十里的水埗隐蔽待命。我们并没有向塘塳开一枪一炮,更没有占领。③往水埗途中与邓侠遭遇,我前卫连先敌展开埋伏路侧,邓侠中伏一下子就被捉住了。以后我们进驻水埗(?)* 开仓济贫,并没有进塘塳。是不是几天后张炎进驻塘塳,我们不知道,但邓侠是我们捉的,在水埗枪毙的,我们没有打进塘塳。

以上事实,是否这样?请你回忆后速告我。

请你写写起义那一段回忆录。有利于促进他们工作。

文洪、张＊(虎)二同志均此不另了。

专此,即致!

敬礼

黄景文

1982 年 9 月 20 日

---

* 字迹模糊,辨认不清。编者注。

关于吴、化、廉党史事——给陈枫的信五

元瑛同志:

久未通信,相信很好吧?

近接湛江地委党史研究室来信,要我写写南路党有关史实,我觉得很有意义。"十年浩劫"中,无限忠于党的南路党员和人民被蒙冤受曲*。虽然去年广东省党委为之平反了,但许多南路人民斗争的光辉史迹尚未为广大青年所知悉。我认为为了缅怀先烈和教育后代,我们有责任抽空写一些回忆录之类的材料送给湛江地委以编成册,实有必要。南路武装斗争从开始一直到最后,你都是出色的骨干,建议你应参与这一工作。盼长长久久!

揭开吴、化、廉地区武装斗争的序幕战是两家滩伏击伪军的战斗和石门钩镰岭的抗击日伪军的战斗。这是对敌作战的第一炮,打出了吴、化、廉和南路人民的威风,揭露了国民党和日伪军的丑态。战斗虽小,但它是震动敌胆的平地一声雷。应大书特书,写吴、化、廉武装不写这两次战斗是不行的。此外,夜袭并枪杀住在詹士邦村子的国民党少将特务组组长邓易南和活捉吴川县县长邓侠也是点燃吴、化、廉的烽火。因此,请你来写,并组织一些同志

---

* 此处编者有个别修改。

把上述几次战斗情况的一些素材给我。

如何？英豪、德贞等同志，请你组织他们给我一点材料。

我今年的身体不如去年了。岁月不饶人！只有争取有限的时光多做一点工作。家人都好吧，文红同志、张虎同志、何宛莹等同志均此问好。

敬礼！

黄景文
××××年9月7日

给高州*县委旭光书记的信

旭光书记转县常委及县党史办：

久违了。你们都好吧？

我现在给你们提供一点情况，供你们研究。我要说的是原住高州城南关的梁麟的政治历史问题。

十天前我收到廉江县党史办寄来的《中共廉江县党史大事记》（第三稿），其中抗日战争部分的第二面有这么一段："……当时廉江县……以县长梁麟（梁锡琼之父）为一方（包括国民党廉江县特派员张培椒、廉江县民众抗日统率委员会主任邹敏夫）是倾向于抗日的。这就大大有利

---

* 字迹模糊，辨认不清。

于工作组工作的开展。梁麟在党的争取团结下,任命梁锡琼为廉江县政警中队队长;让董世扬去主持有各乡、镇长参加的社会训练班,陈哲平参与县教育科工作……这样,党的抗日民族统一战线政策,在廉江县的影响下进一步扩大和深入了。"(顺便介绍一下,上边提到的梁锡琼、董世扬、陈哲平等人均是延安抗日军政大学毕业生。毛主席还专为梁锡琼同志到国民党区工作题词一幅。)此外,据我了解,就在1938年间廉江县国民党右派曾把林敬文同志(现在是广州粤剧院负责人之一)扣押了,梁麟顶住了反动派的压力,营救了林敬文同志。根据上述情况,梁麟在廉江县时期是个抗日民主派,他敢于任用从延安回来的进步青年,他支持我们党的抗日民族统一战线的工作,对廉江县我党工作有过贡献,这是无疑问的了。

梁麟是1938年冬或1939年1月间离开廉江的。他离职以后赋闲住在高州或城南关。从这时起到1940年夏张炎被撤职时止,由于梁锡琼和我是同学关系(黄埔海校),我经常和梁麟见面,有时也住在他家。从未听说他讲过我党的坏话,以及讲过张炎的坏话;对张炎镇压林绳武、许宝石等汉奸,他是赞赏的。他支持他儿子梁锡琼辞去廉江县政警中队队长职务,在梅菉乡工团搞抗日宣传工作。与他经常来往的绅士当中当然有国民党右派,但也有国民党进步民主人士黄茂权、陈任之等人。总之,没有发现他对我们有什么危害性的言论和行为。因此，在这一阶段，我认为他还是抗日民主派。

至于1940年夏以后，我离开高州了。而梁锡琼同志又因接受了南路特委命令打进邓龙光部队搞军运工作去了。从此我对梁麟的情况就不清楚了。现在我认为，1940年夏以前梁麟对我们党是有帮助的。如果他本人在1941年以后没有危害过我们党的事业，而仅仅是历史上当过国民党廉江县县长等职务和其本人成分是地主等，那么对他的政治历史应如何看待呢？当然，我们应实事求是地、历史地看问题。中央领导同志说过，我们共产党人不应该忘记对革命有过贡献的朋友。我很拥护中央领导同志的这句话。当然，如果他做过危害我党的坏事，那又必须具体分析、具体对待了。

谨向你们提供这一情况，请你们参考。至于梁锡琼同志本人，现在还在党领导下工作。你们如果要找他，可以通过温焯华同志。顺告。

不对之处，请指正。

此致

敬礼

黄景文

1982年7月20日

黄景文四弟黄山（黄振华）给黄景文夫人李夏湘的信

大嫂：

知您焦急，现将《南路风云》寄上，请查收。

彭中英确在南路特委当过书记，时间是1927年。

我为了父亲的事亲自到省参事室文史馆联系，找到彭廷玺老同志（因他是《彭中英传》作者，见《南路风云》第三卷），他老人家介绍了彭中英同志情况并把化州县志拿给我看，上边记载着1905年同盟会派往化州的特派员是黄伯群（相当于民国前的县长，那时是地下活动），现化州县志历任领导名册上便记载了父亲名字（因经济关系，我未能如愿往化州一行而已，不是说大话的），每件事都要核对，所以惠阳文史资料才确认的。

四弟

1984年6月

梁家给黄景文的信

高黄同志：

7月11日来信及致（宋）任穷同志信已收，我已写了一信给任穷同志并转去你给他的信，对你的情况简单介绍，并说按照历史情况及目前的政策原则，何止可以享受正军级待遇离休事，请他批示办理，我想他会根据党的政策原则处理的。勿念。

我从湛江返回云南后，就接着参加省的人大和政协会议，一直较忙。6月，又赴京参加六届全国政协会议。回来后，忙着贯彻全国六届政协会议及全国统战部部长座谈会的精神及有关工作。除此之外，省委还派我负责昆明市委机构改革指导小组的工作，两头忙，都没有把事情办好。但身体还可以。

上次在湛江，因为你正患病，医生不让多打扰你，所以未能畅叙，憾甚。

今年1月，我从中央党校学习回来，即向省委提出离休报告。按照规定，今年62岁的我，是应该退出第一线的，但省委领导同志找我谈了两次，仍让我过渡一段时间，后来我说不让离休就退二线当顾问。因为我感到退二线后，仍有一些我想做的工作可做。以后到了广州，从广东省委办公厅那里看到中央对云南班子的通告,已任我为省政协副主席(省委统战部部长),这样就已"临阵"了,只好打起精神,尽早完成这个"短途接力"的任务。

5月,廖华夫妇来过云南休养,杨江同志也从广西来云南参加滇黔边的党史座谈会。6月在京开会期间,余明炎同志(全国人大代表)和廖华又到西苑饭店来看我,谈了个把小时,老友们的情况一般都好。

回昆明后,林杰、李晓农同志都来家里坐过,他们俩说,已办离休手续,大概今明春就可搬家到广州离休。

你近来身体怎样?10月间能搬家到广州了吗?打算在哪个地方落脚?以后我们有机会回广州就可以到你们那里畅叙详谈了。望常来信。

在昆明,我和陈臻同志都好。

夏湘同志好,不另。

敬礼

梁　家

1983年7月22日

编者注:梁家曾任云南省政协主席。

唐才猷给黄景文的信

高黄同志：

握别已数天，想你病情会继续好转吧？祝愿你早日恢复健康，并向李夏湘同志致候。

我到广州拜访了庄老、二叔、陈恩等同志，他们对"老一团"的史稿提出了很好的修改意见，我已同黄其英同志商谈，按他们的意见再进行修改定稿。详情由黄其英同志向你汇报。

我的离休命令还未下来，拟本月9日回长沙了解一下情况，准备5月再到湛江看望你。

这次会议可惜你病了，真是心有余而力不足，史稿你精神好时就审阅一下，请不要花过多精力，只在重大问题上考虑一下就可以了。要以身体为重。

在会议期间，回顾过去的战斗历程，感想甚多。我写了一首诗只是以简单朴素的语言以表达内心的感情而已，不妥之处请多指正。

参加"老一团"党史座谈会有感

南路子弟"老一团"，西征桂滇斗志昂。

万古流芳征战史，今挥笔墨忆沙场。

吾辈残躯幸存者，英雄壮士永不忘。

喜看江山变颜色，红光普照万年长。

（作者自注："万古流芳"句拟改为"万古流传"如何？）

唐才猷

1983年4月

全明给黄景文的信

景文同志：

你的来信早已收到，经郑均同志转给我的信也已转到，因确实忙一点，未及时答复为歉。

一般以为学习可以轻松一点，我过去也有此错觉，其实不然。在机关里晚上一般我是不工作的，都在休息，看电视。来到党校后，每晚都要工作两三个小时，还忙不过来。到此两个多月，我一次电视也未看过，特别近一个月来，学习科学社会主义，总结30年来的经验教训，所遇到的问题就特别多。我们的党和国家正处在一个变动和改革时期，或者说变动后和改革时期还未过去，在这个时候思想问题就特别多。有的同志感到我们的前途光明，我们的党和国家在苦难中复苏，就无限高兴和兴奋；但也有一些同志，由于历史的负担或其他种种原因，就总有点不大习惯，生怕矫枉过正走过了头，而产生了无穷的忧虑。比如，一讲发扬民主，就怕犯错或否定党的领导，批判30年来的错误，有人以为给党抹黑，如此等等。中央党校是一个思想解放的单位，讨论研究无禁区，所以各自不同意见都可以自由发表，就是对外宣传要有纪律而已。处在这个环境中，对加深党的"三条路线"的认识是很有帮助的。很是思想紧张，来日稍缓而已。

你问林林大队的情况，仅就记忆所及，提供如下：

（1）大队长——林林。另有一位大队副，姓王，人们都叫他王大队副，好似跟随张炎部队起义过来的，非党员。同在三合战斗中负伤，伤好后回到哪里去，我就不知道了。大队部除了他们两个人外，还有几位小鬼通讯员，就无其他人了，行军时他们都跟随我所在的中队。

（2）我所在的中队为第一大队第二中队，我任中队长，陆英敏任中队副（陆为东桥小学教师，是否为党员，我就不得知了，问吴鸿信会比较清楚，也是在三合战斗中负伤，因被打断了颈椎神经，不几日便牺牲了）。第一分队队长为车之机（车系茂名人，非党进步青年），第二分队队长系吴鸿信。据柳居嵩（柳系我的通讯员，现在北京部队炮五师政治部任副主任，驻河北昌黎，代编号为52951部队，他对你的印象深刻，渴望和你通信）同志说，还有一个第三分队，可是其分队由何人负责，我已忘记了。此外，还有一位叫光头黄的，也是东桥小学教员，非党进步青年，遂溪黄略人,他在我中队任什么职,我记不清了。据说,他可能是文化教员。

(3) 在三合战斗中除我和陆英敏负伤外,还有全继昌,是我中队的一位班长,在作战中英勇牺牲。他是一位坚强的青年,牺牲时才十五六岁,是林林同志准备吸收入党的对象。此外,还有几位负伤的战士,后来都回家了,就不详述了。

(4) 三合战斗后,部队继续西征,听说在廉江的灯草附近被敌迫近,在突围中林林、车之机、光头黄都牺牲了,所以林林不是在三合战斗中牺牲,而是在灯草突围中牺牲的。

(5) 在1944年底起义前,东桥一带已经开展游击战争,由于当时处在地下状况,全面工作是林林同志负责,所以我有一些事情是不知道的,如你问:什么人在两家滩伪乡政府工作及伏击伪军的事,我都不知道。我所参加过的战斗行动是:袭击伪乡组织(听说是售鸦片烟的伪组织)和伏击廉江伪县长黄镇(因故未遂)。

(6) 李军等同志大概已经回去了,他们路过北京时并未来找我。廉江党史研究办公室也几次来信要我写一些资料,但是当前我确实无法完成此项任务。据廉江的来信说他们准备在春节前后出来,在此时间内我确实是无能为力的。因此,我希望你在写廉、吴一带的回忆录时,给林林大队的前身——东桥一带的武装斗争，写上*第一笔，以告慰已经牺牲的同志。

谨祝你

健康长寿！

全　明
1981 年 11 月 16 日

廖华给黄景文的信

景文同志：

我和李一鸣同志正集中精力编写一本《未来反侵略战争的游击战问题》，初稿计划 10 月搞出来，这是当前战备急需。11 月、12 月征求意见，明年一二月修改定稿，从战备到战术，内容完整的一份材料，可当书，也是教材，我打印好后一定寄给你，请提修改意见。把这材料写好，去见马克思、毛主席也问心无愧了。所以很忙，未及时抽时间给你复信，请谅。

我也接到湛江、遂溪、电白通知写南路斗争史、回忆录，均无精力写，计划把"游击战"搞好，在征求意见期间，有时间再写。打算在 10 月下旬去"三北"边沿省区做

---

* 编者疑为"写上"。

些调查研究，路过锦西时，争取去探望你，未知能实现否？

进军白石水与十万大山过程，我也只有粗略记忆，待有时间即写给你。

郭芳同志住在北京市海淀区北环西路17号38幢5门。去年秋他来看过我，后我病住院，出院后又忙，一直没有去看过他，那时组织叫他退休，他不想退休，工作又未分配，近况如何不详了。

祝全家健康愉快！

廖 华

1980年9月25日

李学英给黄景文的信

景文同志：

你好！

两次来信均收到了，廖华赶着编写未来游击战争材料，很忙。我由于眼睛睁开有困难，不想执笔，故一直未复，请谅。

关于你提出的几次战斗时间及参加人，细节我都忘记了，参加人好像是新民和遗风小学的老师和学生，石门陈汉雄领导的乡公所部分人员都参加了，至于具体时间记不清了。我记得打塘埑是11月底12月初，当时梁雄道在内里应外合，一下便抓到*伪县长，拉到半路才枪毙的。谢森、陈之瑛他们可能记得清楚，可写信问一下。我只知道谢在桂林，陈在广州，没有他们详细的地址。

李一鸣的信已转他，全明上月从昆明来中央党校学习。

老廖自五一前从总院出院后，现一直坚持工作。致敬礼！

请代问李夏湘同志好

李学英

1980 年 9 月 25 日

陈辛陶给黄景文的信

景文同志：

你好！

收读来信，知你近来身体健康，我很高兴！你近来准备写回忆录，写有关纪念林林同志的事迹，你这种精神，很值得我们学习！我原应早日准备些有关林林同志的材料给你，使你能早日动笔。由于我近来工作较忙，加上自己掌握的材料还不多，要向认识他的人找材料，因而延迟到现在才能写信给你，请原谅！

---

* 编者疑是"抓到"，因字迹模糊。

我和林林同志接触的时间不是很长，所了解的情况不多。我们东桥正奏小学的党组织，是1943年春才由林林同志直接领导的。1943年上半年他还在廉江附近的那良村教小学，到1943年的下半年才调到正奏小学来，我跟他在一起的时间仅仅一个学期。1944年春节后，组织就调我去詹式邦当县长的吴川县府任督学去了。武装斗争的准备工作和同敌伪顽进行尖锐斗争的阶段，我并没有跟他在一起，跟他在一起时间长的是全明同志。他是在梅菉时就在林林同志的领导下入党的，1943年到林林同志牺牲的前几天，他都同林林同志在一起。其次是吴鸿信和屈雪莹同志（注：屈为林林同志的夫人），屈雪莹在南路将武装起义时离开车桥去梅菉，吴鸿信则一直到林林同志牺牲时，仍在林林大队的马俊英中队任分队长。为了收集林林同志的有关材料供你写纪念文章，我已让吴鸿信同志写了一些素材，你看他给我的信也就清楚了。

　　我同林林同志接触的时间虽然不长，但他给我的印象很深。他是一个无产阶级觉悟很高、党性思想意识修养很好的一位领导同志。他是整个心都扑在党的工作上的，生活上很吃苦；工作上很认真，一丝不苟，处处以身作则，起带头作用；作风上平易近人，又注意发扬民主，有事与大家商量，因而深受党内外同志和当地群众的爱戴。自从他来东桥以后，良垌地区党的工作，包括团结良垌地区中小学进步师生工作、同东桥村上层人物的统一战线工作，特别是抗日武装斗争的准备工作和敌伪顽（两家滩乡长肖联均为代表）进行斗争的工作，都有新的进展，为东桥正奏小学短时间就收集到驳壳枪6支、长枪30多支（东桥村祖尝原有长枪20多支，后用祖尝的钱又购买了10多支），两家滩拱桥伏击战及以后到两家滩的竹仔山一带"扫荡"反奸，都是他带队的。到铜鼓圩伏击黄镇部队（伪廉江县县长黄镇想来"围剿"东桥我们部队，赤岭村听说东桥我们武装很活跃，不敢来了，没伏击上）和起义时抓肖联均（两家滩乡乡长）都是他带部队干的。

他平时生活很简朴，在东桥教书时，由于开展党的工作，经常来往廉江、梅菉等地，一天要跑五六十华里甚至上百华里。那时没有单车，他也不搭汽车，都是靠两条腿跑路的，虽然跑路很辛苦，但他却觉得很愉快。一次从梅菉返东桥跑了110华里，第二天照样给学生上课。他穿得很朴素，衣服都是很普通的灰斜和黄斜布，穿破了补好再穿。他也不买新衫，背心也很少买，内衣也是用白麻布或白竹布缝制的。

他对工作十分负责，凡是上级布置的工作，总是坚决去完成。他在工作中与同志同甘共苦。一次上级布置要学毛主席的整风文件，但只有一份油印本，为了翻印给同志们学习，他叫我刻蜡纸油印，书名叫《路灯》。这工作只能在师生睡觉后进行，他陪着我干了两三个通宵，第二天仍照常上课。

他阶级觉悟高，爱憎很分明。我和他住在楼上一间房，床对床的，一次我和他聊天，谈到他的父亲时，他说"他是反动的家伙，死了"。具体情况没有谈。新中国成立后，我才知道他父亲是做日寇的汉奸县长的。

他遵守党的纪律，保守党的秘密。我听屈雪莹同志说，在东桥时他什么事情（指个人经历、家庭情况和社会关系等）也没跟她谈，她知道他可能是共产党员，但他绝口不谈这个问题。他和屈雪莹谈恋爱时对屈说过，"我的事情你不能问我，你问我我也是不说的。你愿意和我谈恋爱就谈，不愿意就拉倒"。当时屈雪莹还是一个进步群众，未入党，还不是党员。所以，林林除教育她外，绝不把党内的事情向她泄漏半点，他不像有的人那样，什么党内秘密都给爱人说。

他对人和蔼可亲，总是笑盈盈的。平时生活中与教师、学生们打成一片，有说有笑，一起去打球游水，一起去同良垌区的中小学教师们或者良垌中学的学生们打篮球比赛，生活很群众化。*

他牺牲的地方在廉江县的木高山，是与正奏小学的老师王乔（王大川）、车之机等一起牺牲的。时间是1944年

---

* 编者有修改。

农历十二月二十四或二十五日，我记得他牺牲的当天晚上，周楠、温焯华、李筱峰、张世聪和你在古平的照镜山附近一个村子召开大队干部会议，决定进军合浦。第二天就向合浦出发，大约走了四天或五天到达白石水的金街钩刀水一带，刚好是农历除夕（农历年三十晚或农历十二月二十九日），这个时间我记得清楚，不会错。

由于时间过久，我想起的材料很不具体，恐怕对你写纪念文章不会有大的帮助。建议你写信让全明同志给你提供一些材料，他了解的情况比我多。

就写到这里吧。近来天气寒冷，望你善自保重身体，注意劳逸结合。祝你健康长寿！并问候李同志和你的孩子们好！

随函附上吴鸿信给我的信，请查阅！

陈辛陶

1981年12月11日

林林的夫人屈雪莹给黄景文的信

黄同志：

你寄我的信和林林同志的材料都早已收到，由于我外出工作去了，又因丢掉了你的地址，一时未能向同志们取得，以致复信就一延误再延误。未及时给你复信，很对不起。你本来身体就有病，还在百忙中给林林同志写了一份材料，我感到很过意不去，实在太有劳你了，谢谢。

林林同志生前做了一点点工作，这是应该的。但与你的领导是分不开的，成绩方面首先是你的，这才是合乎实际。

我对这份材料，由于不知他的工作情况，补充不出什么来，加上我们婚后的日子过的时间很短。不过，我对他只是个人方面的看法吧。林林同志的表现我同你都有一样的感觉，他的确是一位好同志，优秀的共产党员，也是我的好丈夫，他短暂的一生确实是光荣的一生。他牺牲30多年了，我仍无时不去想念他，他生前对我一切表现，我至今仍忘不了，我的一生也是痛苦至极的，每当回忆我们离别时他对我的嘱咐（想不到这就是遗嘱），我就更是难过，无法形容。

这次南返，本是久别重逢，真是无比高兴，也想和你多叙叙旧*，想留你和李同志一起在我家休息些日子，但由于见面时种种情况，更怕影响你休息，所以未能和你畅谈，感到遗憾。听闻你离休后不会返广州定居了，今后我们见面更困难了，希望你多回广东玩玩。

多谢你对我们的关怀，小林去广州治疗鼻炎，疗程还未结束。这次去广州治疗全靠陈醒亚和董惠珍等同志的关

---

* 编者有个别修改。

怀照料。小林的这种鼻炎,有些人说在茂名有些不利,我想过如能迁居去湛江工作可能会更好一些。陈炯东也曾想过一些办法调我去湛江,但看来有不少困难,至今未能顺利解决。总之,如今事情是很难办的。谨此顺告。望你珍重!并候

近好!

屈雪莹上

1982年1月2日

又及:依你的指示,材料给罗同志看过,他补充在原稿上了。同时也复写了一份,寄佛山陈辛陶同志,不知已复信未有?

(编者注:林林于1944年农历十二月二十四日牺牲。)

袁惠慈给黄景文的信

老景、老夏:

你们好。收到来信许久了,知道你们还住在锦州,未搬去大连。

现在一年之始,必然事情繁忙,省里也在搞机构改革,我们属北京系统的新闻单位,只有等待上面决定我们何时

离休吧。问题是还未有接班人。侨务工作荒废了十多年，真的后继的人一时不易找，要熟悉国外侨情，又要能写的人，不那么易找啊，只好再用一阵子我们这些"老马"。

我们的大儿子、女儿还在西安，小儿子在厦门，家庭琐事也少了，一日三餐吃在食堂，住在集体宿舍的一间房，办公室也是会客室，也省了不少事，比不上老夏种花种菜那么闲情逸致了。

路遥是我的女婿，去年发表《人生》，获得一些好评，最近的英文《中国日报》有介绍他的报道。他是经过一番奋斗的，路程也很曲折。我的女儿在陕北插队时，他是回乡知青，家庭很贫困，属农村户口。你如读《当代》第5期中他写的《在困难的日子里》（1961年纪事），就能了解从农村到城镇上学的学生的心情了，这也是他所经历的。当我的女儿和他相好时，北京的同学和北京的干部（带队的）都劝过我女儿，认为生活距离太大了（他那时正受到了冤屈，受隔离审查——这是当地的派系斗争所造成的。"文革"时期，他正是中学生，为了保县委书记，当了一派的头头，以后又有武斗，后来埋头写诗、写剧本——写陕北第九支队游击队的剧本。我女儿是在知青参加县的写作组时认识了他）。那时，我们的问题挂着，1972年底被从干校调到闽北山区。女儿每年回来探亲，我们的工资大都用在儿女身上了（探亲路费、农村生活费），我的女儿把钱和衣物都给了路遥一家了。后来，由于他写了几篇短篇在《陕西文艺》上发表，受到柳青、杜鹏程的重视，推荐他延安大学中文系（工农兵学员），上学时的一切装备、床单、被褥是我女儿安排的。毕业后，西安《陕西文艺》杂志社调他去当编辑。我的女儿因能写些报道，在陕北延川县宣传部当干事。1978年他们结婚时她还在陕北，后她被调去北京中国青年报通讯员训练班学习，当时该报要留她在北京当编辑，因路遥在西安，她不想留在北京，才调到陕西省团委宣传部工作。她因怀孕当了母亲（现在青年人当父母很困难，福利工作不如50年代，孩子没法入托儿所），请保姆带花钱多，孩子又容易生病，又要保证路遥有写作的时间，……一个家庭只好保证重点了。路遥写作时都跑到延安去。

现在，我的女儿没有上大学，是25级干部而已。这几年来她受她的女儿的拖累不少。今年孩子三岁了，希望能够找到托儿所，她才有办法读电大，这几年来她没下去采访，在团委做些秘书工作而已。

保证重点，这是对的，人的才能有大小，应该保证路遥的创作时间，林达做好他的后勤，也是有一点功劳的吧！

最近，《上海文学》1983年第1期有篇文章谈论《人生》的人物，写得较有深度。文艺作品是时代的反映，"源于生活而高于生活"。

路遥在改写《惊心动魄的一幕》时住在人民文学出版社，遇到黄秋云。路遥认为黄是属于过去的知识分子，爱的是罗曼蒂克的作品。而他自己热爱高尔基、托尔斯泰的作品，以现实主义的写作态度反映时代的面貌。因而他认为黄秋云的一些散文有点像"无病呻吟"，对这些作品兴趣不大。

这里，我向你介绍秦兆阳对路遥的看法。去年，我遇到秦兆阳（是他在字纸筐里发现《惊心动魄的一幕》，以下简称《一幕》），然后他约路遥到北京改写《惊心动魄的一幕》，发表在《当代》上的。《一幕》早在十一届三中全会前写好了，里面有对"文革"的看法，有人劝路遥不要拿出去，怕有问题，路遥认为应该反映这《一幕》，应该重新评价"文革"，他寄给了《收获》和《十月》，被退回来了。有人提出要改寄（那是十一届三中全会以后了），要把人物的认识拔高些。路遥不同意改，认为反映的是客观实际的思想状态，要用现实主义的写作态度，不能用今天的眼光来写主角的水平，不愿改。然后投给《当代》又压了一年，才被秦兆阳发现。原稿末尾还加上一章，是武斗后的场面，这样把"文革"写得灰暗些。当时，有人对《当代》的《人到中年》有异议，认为其调子低沉，不能鼓舞人心。为了发表《一幕》，就删去了后面的一章，以免引起麻烦和误解，这是黄秋云告诉我的。

后来，在评选《一幕》时，有过争论。有人要把遇罗锦写的第一篇小说选上,《一幕》和她的小说都属《当代》期刊的作品。最后,《一幕》获选。原因是它反映了延安老干部的坚强意志（应有这类的题材）。在一起获奖的 15 篇中放在了最后一名。

之后,秦兆阳在《中国青年报》上写了一篇文章《致路遥同志》,谈到《一幕》,评价很高,认为这是个重大题材,但没被评论家注意。

秦兆阳在去年到我这时,同我说,胡乔木同志后来看了《一幕》,认为是篇好作品,评价很好,还问到为什么被放在最后。他是根据胡乔木同志的看法才写那篇文章的。秦兆阳认为路遥的写作态度踏踏实实,不投机取巧,不赶时髦,获奖后不去发表什么"经验谈"。我说路遥那时不敢在西安了,跑到延安了。怕人家找他谈创作经验。路遥曾对我说"我刚学走路,何来经验"。当我向秦兆阳谈及我的女儿时,他说："你这个母亲算开通的,当时你没有去反对他们的恋爱,这是难得的了。"

路遥给《当代》投稿了一篇小说《在饥饿的日子里》（1961 年纪事）,开始说要发表,已排好版了,删去许多。后又有人说他写的是反映饥饿的文学,被压了下来。当时,我问秦兆阳《当代》没发表的原因是否因此。他说："我很忙,又病,没过问这些事,怎么能说是反映饥饿的文学呢？'饥饿'是存在过,是客观事实,回避不了,这个题目不好，要改。"他认为，这篇小说正是反映了一个人的骨气，在饿的时候并不屈服，正是今天要提倡的。中国穷，就要有穷的志气。这篇小说有它的意义，要发表的。后来在去年《当代》第5期（或第6期）发表了，题目改为《在困难的日子里》。你不妨找来一读，写的情节没有《人生》曲折，并未受到人们的注意。

路遥写作有他的局限性，他生活在农村时间多些，对城市青年的了解还浅，写不出流行的爱情小说，但他有自己的想法，创作态度是严肃的。他爱读苏联文学，设法学写什么"意识流"的新的印象派的创作方法；他受柳青的影响较深。他说在中学时代因穷，把时间都用在看书上了。"文革"时能在县里中学的图书馆找到的书就看，因此，自己爱上文学，受苏联的、西欧的小说影响。同时，他爱思索人生，在城乡的交叉地带，有许多事物值得探索，值得去写，《人生》就是反映这方面的作品。

他们夫妇都是低工资，有一个女儿，路遥在农村里还有四位老人要负担。他的父母在清涧，因子女多，把他送给延川的叔父养，他在叔父母家长大的。现有点名气，有点稿费，但开支也大。主要是他太溺爱小女儿了。出差到北京，就要给女儿买巧克力。……我说不能溺爱孩子。他说："我小时候很穷，什么都没有享受过，我现有能力就给女儿买吧！"他自己倒很节省。我曾把这个观点告诉秦兆阳，秦说："这是农民意识，你写信告诉路遥，现在一些老干部，就因为这点农民意识，为子女后代走后门的，……这就是老子过去吃过苦，要后代享点福。"你看这个问题，秦兆阳看得很透彻。

我们都年老了，留给后代的是什么？历史是向前进的，但不能忘记过去。

今天是星期天，想给你写封信，因你来信提到路遥，我一口气写了这些。想到你是爱读文艺作品的，也应从作品中看到我们这个时代的各种反映啊！

希望今后多来信。祝你们新年好。

惠　慈
1983 年 1 月 16 日

附：纪念黄主任诗一首

祝黄景文首长九十诞辰

赵子立

创建军工五十年，

我随首长觅英贤，

筹委签发明文令，

专差赴申求助援。

调来名士雪中炭，

> 奠定院容基础坚,
>
> 教授专家齐献策,
>
> 丰功伟绩耀山川。

原黄埔海校校友张昌中(梁锡琼)先生给黄晓夏的信

——回答关于黄埔海校的询问

晓夏世侄:

9月22日本信收到。范先生到港并通过电话。

关于"黄埔海校"问题:我知道黄埔这个小沙洲从清朝年代起就建成海军基地,有造船厂、修理厂、仓库及黄埔海军学校。在民国时期,可能因战乱经费无着而弃置,学校也停办。则1925—1927年大革命时期,孙中山要建军,就利用该址办起陆军军官学校,即一般人所称的黄埔军官学校。在两三年间一共办了约六期(当时因为是短期训练,每期只有三几个月就算毕业,就立刻调去作战)。后来蒋介石进入南京以后,把该校迁到南京,改名中央陆军军校。

大概到1930年,海军又再在黄埔恢复续办黄埔海军学校。从第18期起办到第22期毕业时,因发生抗日战争,于是又停办。由于海军训练时间很长,要求素质颇高,每学期学生一般不超过 20 人,所以复办后毕业的学生大概只有 100 人。到今天为止,除死亡外,其他学生均是 70 岁以上老人,均离开工作岗位而且分散世界各地,不大过问世事了。

你的爸爸是海军学校第 19 期毕业的(原名亦是黄景文)。

此外,李镇靖同志也是你爸爸的同学和同志,他现在在广州,你如有什么不了解的地方,不妨找他谈谈。他的地址:广州东山区达道路保宁路九号三楼 302 室,电话 765058。

专此作复,顺问候你妈妈好!

张昌中致复
1988 年 10 月 1 日

注:张昌中——中共党员,原名梁锡琼,系父亲黄埔海军学校进步读书会的校友。在读书会原组织者陈黄光(共产党员)牺牲后,父亲苦于无法与党取得联系,已任黄埔海校教官的他分批资助了几名学员北上延安找党。张昌中是父亲第一批资助的校友,他于 1936 年到达延安,入抗大学习。毛主席在延安曾给他作过题词。现已病逝。

李镇靖——中共党员,也是父亲黄埔海军学校进步读书会的校友,亦是父亲资助上延安找党的学员之一。"文革"前曾任广东省石化厅副厅长等职,"文革"后退居二线。父亲去世后,母亲返回广东,虽和母亲不熟,仍设法给母亲多方关照。现已病逝。——黄晓夏注。

蒋如龙、陈丙福给黄景文的信

黄主任老首长：

您好！

我院的院庆活动已结束了。这次院庆，气氛很热烈，很多老首长、老校友都来了。大家欢聚一堂，回顾以往，感到十分高兴。您因身体不适，不能莅临学院给我们做指示，让我们更加想念。3号那天，原在三系工作过的老首长接见原三系的同志，邓易飞政委、张景华政委、雷立德副主任等都讲了话，在院的同志也有好几个发了言。大家回顾三系的创建和发展的历史，怀念老首长们为建系、为培养人才、为海军建设立下的功劳。今天，在系的毕业生中有相当多的同志已成为国家各方面的领导和技术骨干。我们这些机关干部、工作人员在老首长们的直接领导和培养下，也都成长起来，很多同志已成为船院的中层骨干。听到这些，我想您一定会高兴的。您虽未能前来，但我们在好多场合都听到老首长、老校友和在院的同志谈起您当年为创建海军系日夜辛劳、呕心沥血的工作情景。特别是您深入细致、艰苦奋斗的工作作风，给我们大家留下了极为深刻的印象，使我们学到了许多宝贵的经验。

值此校庆之际，我们座谈，回顾以往，很有意义。我们要把这些史实和传统加以记载、发扬，并一代代传下去，从而使其成为宝贵的精神财富。

  院史的初稿已出版，三系作为船院的建院基础。我们听取了老首长们的意见，加重了这一阶段——第一章的分量。虽然经过五六次的修改、审核，但为慎重起见，还是定为初稿。现敬送一份，请老首长审阅，再次提出宝贵的意见和指示，以便修订时补充修改。

  张晓明同志已被任命为统战部副部长，他干得挺出色，曾到省市介绍经验，并去北京参加了统战、侨务工作座谈会。我到工作部任副书记。已报到工作了。

  祝 健康！

  并向夏湘同志问好！

蒋如龙 陈丙福
1983 年 9 月 7 日

张炎将军之女张莹写给李夏湘的信

李姨：

  不知不觉1984 年元旦又临近了。这过去的一年里，我们失去了父亲早年的战友，一向关心我们成长的景文叔叔。哀悼之余，我们将永远不忘他为正确评价我父亲在中国人民革命斗争中所起的作用而做出的努力。当前，国家正需要老同志将革命斗争史和革命传统传授给后辈，你们都是国家的宝贵财富，万望注意保重身体。

随着国家对外工作的大力开展，我们的工作也越来越忙。月前叶信芳叔叔来京，我们未能陪他游玩，深感内疚。近接组织通知，我们夫妇被调驻菲律宾使馆工作，现已开始准备，估计春节后成行。一去四年，两年后可回来休假一次。我们20年来出国工作，这一来安家、交托小孩，深感烦恼，过去单身简单多了。工作需要，只能服从安排。

日前送发贺年片，我因事被打断，将几张未写完的放在一起，我爱人也未检查就一起拿去寄了，大概也有给您的一张。如收到望对我们的"马大哈"行为见谅。

祝

身体健康

张莹

1983年12月22日

赠老景

老景头颅硬如铁，日法美帝视等闲。

横扫千军似落叶，长驱万里比风捷。

峥嵘岁月别高城，重逢今日鬓带雪。

观山同吊故人魂，西岸红花漫山越。

1981年6月6日，我陪同黄景文、李夏湘、沈汉英、周明四战友重访高城，吊罢烈士，老景头碰车边，摸之曰"老景头颅硬如铁"，谈笑有所触而成诗以留念。

叶信芳
1981年6月6日

赠黄景文同志

郑　云

漫漫长夜盼天明，壮寨瑶山喜救兵。
十万大山多雨露，羊肠鸟道马蹄轻。
一任顽军潮水来，铜墙铁壁筑亭台。
滇黔粤桂群山翠，几树先春报信梅。

悼黄景文同志

王国强

江声呜咽黯云天，痛失英才泪似泉。
渝水风云①怀壮志，尖山雷雨②负雄肩。
钩镰③激战惊倭胆，滇桂④西征扫敌烟。
望断天涯君不见，丹心永在照山川。

注：①淦水风云，指在广东南路高州张炎学生队时期的革命活动。②尖山雷雨，指吴、廉、化、梅武装起义。③钩镰：指吴、廉边钩镰岭一战，抗击日寇取得胜利。④滇桂，指广东南路人民抗日解放军第一团西征滇桂黔边区。

多情尽是延安月——痛悼景文同志

林敬文

高城红庙育红芽，

抗战歌声动万家。

南路风云开局面，

西征金鼓壮中华。

顶风劈浪三杯酒，

霜树丹枫二月花。

尽是多情延水月，①

音留人逝哭天涯。②

注：①党的十一届三中全会后，我及家人完聚。1982年8月，景文同志特来函并赋诗祝贺，有"多情尽是延安月"之句，迹其取喻有三：一是十一届三中全会以来，弘扬延安精神，党的实事求是的传统思想作风得以发扬；二是景文同志刚参加了廉江党史座谈会，了解到1938年廉江党组织的恢复是从当时延安抗大南下的同志开始的，我加入了中国共产党；三是1939年我们在高州初次会面，常同阮明、林林等同志一起唱"月色映照着河边的流萤"的《延安颂》，我也算是一个流萤吧，用意深

矣，再将景文同志原诗录下（个别字做了平仄改动）：

> 十载云山啼暮鸦，
> 林深越秀锁寒霞。
> 多情尽是延安月，
> 照送离人新聚家。

②今年（1983年）春，景文同志带病返湛江，参加滇桂黔边纵军史座谈会，曾在南宁会一面，他返湛江生病入院抢救，稍愈，路过广州，在东方宾馆又得会面，我讲了一些老同志的心意，请他南返疗养，气候适应性可能好一些，他临别嘱咐我三件事：（一）要我写好张炎将军的回忆录，我谈了拟用《悲歌慷慨的张炎将军》，打算在许可时动手；（二）梁某一案的平反；（三）注意身体。他关心祖国大业和同志们的健康比自己还重，不料数月，竟成永别，痛哉！

景文同志永远活在我们心中！

安息吧，景文！

第五部分 子女回忆

我心目中的父亲[①]

提起父亲,我眼前立刻浮现起他那挺拔的英姿。无论是在办公室还是在家里;无论是年富力强还是老年多病,他终生都保持那种站如松、坐如钟的军人姿态。他那和英姿一样挺拔的高山景行的品行,更令我难忘,让我终生敬仰。

一、他是一个勇敢的人

有一年,我陪母亲去湛江,湛江市林业局原局长李钦同志讲了一件他亲身经历的往事:1944年吴川起义后,父亲任粤西抗日"老一团"团长。有一次,南路特委书记周楠同志与其他特委领导到父亲的部队,在一个祠堂里开会研究工作。突然日伪军从祠堂的正面包抄过来,距离仅150米左右。密集的子弹把祠堂大门一下子打了无数个洞,大门完全被火力封锁了。李钦说:"当时我只见黄景文立即一手拔出枪,一手抓住周楠的手臂,一面指挥警卫班行动,一面一脚踢开了祠堂的侧门,拉着周楠冒着枪弹跑了十多米空旷地到了一堵墙的后面,安排特委的同志们沿后山路

[①] 作者黄晓夏。

撤退，他自己则领着警卫班抢占制高点，打掩护，直到增援部队赶到，日伪军无功而退。"60多年过去了，李钦同志谈起这事，还以十分钦佩的口气说："那时我是一个十几岁的小游击队战士，我没有想到，平日里温文尔雅、高高瘦瘦的黄景文，在危急的关头，能那么临危不惧、当机立断、指挥若定、身先士卒。"

1950年，我刚从香港到昆明，父亲也刚打完边界战役回来。他们参战人员被安排在昆明郊区一处温泉宾馆休假。我还是个婴儿时父亲就因抗日斗争与我们母子别离了，我与父亲的陌生程度可想而知。那一次父亲竟"违规"带我享受了国家的优待（所有人没一个带家属）。他们刚从战场下来，人人屁股上还都带有一把手枪。有一次他们上西山游玩，面对滇池，他们比试枪法。我见到只要父亲枪声一响，绝对百发百中。

但是我对他的英勇、他的善战却知之甚少，因为他从来都缄口不提。我曾好奇地问父亲："在打过的仗中，哪一仗最危险？"他说："那是边界战役（陈赓带队的越南之战），我们围住了近万名法军，战役打得极为艰苦，法国人集中火力突围，我的掩体都被炸塌了。"就是这么简单的一句话，没有任何渲染和感叹，淡然置之。

在战争年代如此，在和平年代，在人民和国家需要的时候，他也一样做到了置自身安危于不顾，鞠躬尽瘁，死而后已。

父亲去世后,他的战友、部属很多人到我家悼念父亲,追忆父亲的往事。其中有一段故事给我的印象十分深刻。众所周知,20世纪六七十年代,鱼雷快艇还是海军重要的作战力量。一位同志在进行鱼雷实验时出现了鱼雷发射后会"反跳"的现象,即鱼雷向前冲一下就跳起来反转前进,有时甚至会炸到发射艇。这自然是一个亟待解决的问题,这位同志说:"要解决问题就必须出海试验,那自然是一件十分危险的工作。黄副司令亲自上艇带领我们出海,大大增强了我们的勇气和信心。有一次发生了鱼雷反跳,幸好鱼雷在艇后20米处爆炸。第二天黄副司令照旧坐艇出海试验,他的勇气和镇静成为一种坚持试验的无形力量。经过多次反复试验,很快就解决了反跳的问题。"母亲听了这个故事,不无感慨地说:"这件事他竟从来没有告诉过我。"

1970年,上级任命父亲负责一项重大试验的总体工作。当时他已经57岁了,还有高血压。但他仍然毅然接受了任务,在病中随艇出海,指挥调度在第一线上,上岸后还组织参试人员分析、研究问题,经常到深夜。最后试验成功了,他也住进了医院,血压高压240mmHg,最终导致第一次心肌梗死。

有位学者在电视上说:"提大公无私是不科学的,实际上没有大公无私,只有先公后私。"我觉得他说得不对。无论在战争时代还是在和平时代，正是有这样的一大群人，在人民和国家需要的时候，随时准备献出自己的一切甚至生命。我们今天的一切美好生活源自他们的奉献。他们有什么"私"字可言呢？他们无私而无畏，父亲就是他们中的一员。

二、他是一个睿智的人

父亲毕业于黄埔海军学校舰长指挥系，并在国共合作开办的黄埔军校赣南游击干训班受过训。在战争中，他成长为一个善战的指挥员。

20世纪80年代回广东后，我有幸看到钩镰岭战役的回忆录，那次战斗是父亲指挥的，是粤西人民打响的反抗日寇的第一枪。

那是1944年10月，父亲时任我党廉、吴边区工委特派员，负责组织当地民众进行抗日活动。当时组织起来的村民武器很少，绝对是敌强我弱。

父亲和林林同志（烈士）组织了一次抗击下乡扰民的日伪军的活动之后，他估计敌人会疯狂反扑，及时开会布置各村联防小组务必要严密监视敌情，准备随时一呼百应，否则会势单力孤。

果不出所料，没隔几天，于1944年农历十月初七夜，占驻遂溪乌蛇九间屋据点的日军，组成一支以日军中村分队长率领的四五十人的队伍（番号不详）袭击我湍流村（廉江县属），企图消灭我联防抗日小组。初八日凌晨，当日军包围湍流村时，由于游击小组早有防备，撤出了村子，日伪扑了个空。于是，他们便四处开枪打牲畜、抢东西、抓村民，后向石门方向窜犯。清晨，父亲在泮北村遗风小学对战斗做了全面部署：决定诱敌进入山地，兵分三路围堵敌人。一路搜索中路迎敌，一路堵住敌人退路，并警戒廉江、遂溪方日伪军动态，第三路前往石门、南蛹村一带从右截击敌人。他亲自带领遗风小学的游击小组和部分师生，以及泮北村的抗日联防队员，共四五十人，中路搜索。到岭尾和鸭窝村附近的钩镰岭时，正好碰上敌人，开始对敌射击。当时我方被敌以轻机枪火力压住，无法前进，他即命令后撤占领了钩镰岭北面的制高点。日军训练有素，且武器精良，而我方人员却是刚组织的农民、学生，差距之大可想而知。因此，他要大家远远地围住敌人，围而不攻，消耗他们的弹药。敌人曾一度企图向石门方向突围，但被我方事先埋伏的游击小组截住，他们的阵地在低洼沙滩上，完全暴露在我方火力点面前，敌人终于无法逃窜，被迫用刺刀挖掩蔽体负隅顽抗。

敌人被我方三面包围，四周附近村民也跑来，挥动锄头、禾叉、大刀，在四周大声高呼助阵。日伪军只见四周山头全是人，不知我方有多少队伍，不敢前进半步，只好龟缩死守。战斗从早上8时许在钩镰岭打响，一直打到下午2时许，敌人伤亡数人，我方联防村民与师生尚无一人伤亡。

下午，爱国将领詹式邦少将率领警备大队前来支援。

晚上9时左右，月儿西沉后，广州湾方面的日军开来一艘电船，运来援兵。在照明弹的照耀下，敌方的残兵败将抬着尸体、伤员，乘电船连夜逃回广州湾。

翌晨，我们打扫战场，发现日军丢下刺刀5把、钢盔几顶，其中还有日本分队长的一把军刀，大家都说根据日军人不离刀刀不离人的规定，估计其主人已经没命了。

这是粤西人民打响的武装抗日的第一枪，是至今还被传颂的钩镰岭战役大捷。父亲在战斗中表现出了高超的指挥艺术。

记得20世纪50年代我上中学时，有一本多集的回忆录叫《红旗飘飘》，里面全是战争年代成功的战例，十分精彩。有一次，我从一本《红旗飘飘》中翻出了一张信纸，原来是《红旗飘飘》编辑部写给父亲的约稿信，约他写云南观音庙伏击战。我兴奋了，因为只有战术上十分出彩精妙的战例才能被收集在《红旗飘飘》中。我恳求父亲应邀写稿，父亲说："那个战斗打得不错，全歼了敌人，部队因此也得到了急需的给养。但我现在有很多事等着要做，太忙了，没空啊！"

经过多年实践，父亲在解放战争末期已任滇桂黔纵队参谋长，说明父亲那时已具有指挥大部队协同作战的能力了。

从越南党中央胡志明主席和陈赓大将重用父亲的事上，亦可佐证父亲的才干。

1945年，部队曾按上级党的指示精神，退到越南休整。休整期间部队和越南劳动党（即越南共产党）、人民军一起工作战斗。父亲去世20多年后，我们家收到一本名为《芳草》的自传，那是当时与父亲一起在越南的朱日成老前辈写的，这本书是在朱日成老前辈逝世后，他的子女辗转打听，找到广州交给我们。这份情感让人无以言表。朱日成老前辈细腻地描写了他们工作战斗的经历，给我们留下了弥足珍贵的史料。

1950年，边纵与陈谢兵团合并后，父亲曾随兵团陈赓司令员到越南参与军事顾问团的工作，并参加了指挥越南人民军著名的抗法边界战役。当时越南分两个军区，因此顾问团就分成两个小组，父亲任第二顾问小组组长，和第二军区的阮志清司令员、黄文欢政委一起在主战场战斗，边界战役大获全胜。

边界战役后，胡志明向陈赓司令员请求让我父亲留下，陈赓司令以"他回国另有任用"回绝了。

记得1956年，胡志明主席途经哈尔滨到莫斯科，我父亲有机会在哈尔滨机场与他见面，胡志明主席埋怨我父亲没带夫人、孩子去。不久，武元甲率军事代表团到哈尔滨，父亲特地领着我作为家人代表陪同代表团一天，我惊讶地听到父亲与越南人用越南话流利地对话。

父亲去世后，时在北京的原越南共产党老革命家黄文欢同志为此给我母亲发了唁电，表示他缅怀过去和父亲一起战斗的岁月。

边界战役后，陈赓司令又受命赴朝鲜任志愿军副总司令。他先一个人前往，部队后进。父亲当时的工作单位是云南军政大学，不是作战部队，本来不赴朝鲜参战的。在送陈赓司令上飞机时，陈赓司令在送行的人群中看到父亲，问他："老黄，想不想跟我到朝鲜打仗啊？"父亲回答说："当然想了。"陈赓司令说"那就跟我上飞机吧！"就这样，父亲随陈赓司令先乘飞机走了。警卫员回家收拾行李，随后赶去。这时，我和母亲才知道刚与我们见面不久的父亲又奔赴了战场。

1952年，陈赓司令又受命创办军工，时任志愿军三兵团军务处处长的父亲拟被提拔任命为下面一线作战部队领导，父亲说陈赓司令也已经与他谈了话，让他打完当前正在进行的战役就去报到。但是，后来陈赓司令受命回国建军工，他立即撤掉父亲的任职命令，改让父亲坐军机速赶回国内。父亲曾对我说，当时飞机里只有他一人，不知是什么情况。回到北京后父亲立刻就参加了筹建军工的工作。

1980年，父亲离休后，我和他聊起军工，讲军工的特点。他说："军工的强项是计算机专业，强于清华、北大这些老牌学校。计算机是三系最先搞起的。三年困难时期，中央要求凡晶体管项目一律下马，但我们认为计算机太重要了，国家这方面又太落后了，我们想尽了各种办法，保留了有关的项目。"这是他一生中唯一一次对我讲起他的工作成就，样子十分欣慰。在20世纪五六十年代，人们的眼光都聚焦于"两弹"上，而父亲能紧紧抓住被人忽略了的方向性学科，先行一步并坚持下来，他实在是一个睿智的人。

三、他是一个淡泊名利的人

关于名利，父亲一生有四次选择个人命运的机会。

1931年7月，父亲从香港一所英文中学毕业，年仅18岁。以他的话来说，当时他认为最适合自己的工作是教书。但由于当时日本侵略中国的野心已暴露无遗，出于忧国忧民的动机，他毅然投笔从戎报考了黄埔海军学校，毫不犹豫地选择了军人抗日救国的职业。这是他人生的第一次选择。

1932年，他秘密参加了由党员陈黄光（烈士）组织的黄埔海军学校同学地下读书会，读革命进步书籍，接受了马列主义。在陈黄光遇害后,他继续参加并最终领导这个读书会的活动。1936年,他已留校任少校教官,为了寻找党,他分批资助几名学生北上延安。1938年,父亲的这些革命活动被国民党发现,在要被抓捕的前夕,他只身逃离了黄埔海军学校。在高官厚禄与荆棘丛生、生死未卜的革命道路的抉择中,父亲更是毫不犹豫地选择了后者,因为他坚信只有共产党才能救中国。这是一次信仰的选择,救国救民道路的选择,更是改变父亲一生命运的最重大抉择。

云南解放后,陈谢兵团与滇桂黔纵队合并,纵队的正职干部合并到兵团任副职。据父亲说组织上本打算让他到某军担任军参谋长(副军级),但父亲表示解放了,他想去干教书育人的工作,国家需要教育,需要培养人才。当时,昆明只有一所军政大学,是师级单位,他居然选择到那所学校任教育长(副师级)。这是一次地位与工作性质相比较的选择,父亲显然是轻地位而重专业的。

1965年,军工要转成地方院校,上级觉得父亲在抓海军武器装备的科研工作方面有一定的成绩与经验,向院党委提出要调父亲到××部队。刘居英院长多年后在广州对我母亲说,他当时明确地向基地表示:"你们要是调黄景文同志任××部队副司令员,我放人。若平调,我不给。"后来××部队回答是现在只能平调,升副司令员的事以后再说。院里征求父亲本人意见,他同意了。我理解他太留恋部队，也太重视为部队建设出力了。这是他第四次选择。

我以前总以为父亲太"傻"了。有一次，我憋在心中的话终于忍不住冒了出来，我说："爸爸，援越边界战役中的顾问小组成员现在都是大军区的干部了，而你现在才是个师级干部。当初你如果不去那个军校当教育长，做个副师，他们现在还能这样对待你吗？"父亲却说："傻孩子，你不要嫌这个部长的职位低，其实有很多内容，做好了就不简单了。"

父亲去世后，我反复地想过父亲这种淡泊名利的做法给他带来的利与弊。确实，解放战争时他已任滇桂黔边纵队参谋长，是一名军级干部，可是经过30多年后离休前依然还是副军级职务，按世俗的眼光来看他太亏了。但是，如果他不是一个淡泊名利的人，他也不会走上武装抗日救国的道路，更不会成为一名中共党员，在党的领导下做那么多有益于人民、有益于国家的工作。有人说人生最大的乐趣是从事适合自己并感兴趣的工作，父亲一生都是如此度过的。他从不处心积虑地为自己争取些什么，以"宁静"的心态而"致远"，在"淡泊"中实现自己的人生追求。

四、他是一个先人后己、处处为他人着想的人

我的祖母非常勤劳和善良，常救济穷人，因为人长得白，村里人都叫她"活观音"。父亲是祖母的独子，耳濡目

染深得祖母影响，从小就养成了谦虚、善良的品德。父亲这种善良的本性在参加革命后就进一步升华，拥有先人后己、待人谦和的宽阔胸怀。父亲那吸引人、团结人、影响人的人格魅力无处不在，至今仍被父亲的战友和部下怀念着。

当年游击队远离中央，没有根据地，吃饭往往就成了能否把游击战坚持下去的大问题。抗日"老一团"的同志向我讲起过父亲刮锅底的故事。"当时，经常因为缺粮而只能喝粥，饭做好后，团长亲自掌勺，他自己永远是最后一碗。往往到最后分光了，团长就会倒一碗水来洗锅底，用涮锅水来充饥。每当我们在外听到厨房里又响起刮锅底的声音时，我们的眼泪就不由自主地涌出来。"

父亲善待部下的行为，还曾使自己避过一劫。在边纵时，部队曾分给他一个小通讯员，才十几岁。对"小鬼"格外关爱，是父亲一贯的作风。几个月后，这位小通讯员向组织交代了自己的特务身份，他的任务是来暗杀纵队首长的。事后，父亲大吃一惊，因为在野外作战环境中生活，吃饭都是由这位小通讯员操持；洗澡时，衣服、枪支全都是交由通讯员保管，这个小特务实在有太多的机会下手然后从容离去。然而，他被父亲的人格感化了。

1983年10月，我们按照父亲的遗嘱，将他的部分骨灰撒入大海。当时陪我们家人出海的是基地王秋科副司令员，我和他素未谋面。在船舷边，他开诚布公地对我说："我过去不了解你父亲，'文革'中曾错误地反对过你父亲。我绝没想到你父亲离休时竟推荐我接替他的职位。他是一位胸襟十分宽广的人，是党的优秀干部。我十分敬重他。今天，我无论如何要来送他。"

关于父亲平时工作中关心爱护干部、培养干部的事迹，杨士莪院士在1995年曾专门写过一篇文章。杨士莪同志于1952年调入军工任教，改行搞天文测量。用他的话来说，当时他对天文测量一无所知，也没兴趣，但他表示自己会努力工作。父亲听了他的心里话后，没有责怪他，而是用"兴趣不是天生的""兴趣是对革命工作需要的认识"这些道理来开导他。事后，父亲又积极地联系了一个天文测量站，安排杨士莪同志去进行短时期实习，使他能尽快由不知到知。杨士莪院士在文章中写道："类似的情况系里其他教师还可以举出更多更生动的例子。"

杨士莪院士到苏联进修期间曾回国和中国科学院搞了几个月的协作，和中国科学院的同志比较熟悉。有人怕科学院挖走人才，就建议父亲就此留下杨士莪，不要再让他返苏联进修了。父亲没有采取这种不利于人才成长的本位主义的做法。文章中还说："六十年代，黄景文主任不止一次派我单独一个人代表他参加海军副司令领导的专业组活动，或到有关单位协作，给予了极大的信任。在各项教学、科研工作中，他也仅仅指点出对海军建设急需的关键，并协助解决人员编制与经费等方面的重大问题，其他方面则放手让大家自由发挥积极性与创造性，不加干涉，反映出他高水平的领导艺术。"

最后，我还是用杨士莪院士的文章来总结这一段："他（指我父亲）曾经说过：'过去的经验表明一个同志在革命队伍中工作了一段时间以后，就会对所在的单位产生深厚的感情。在任何艰难困苦的情况下，都将紧跟不舍而决不动摇。'我想正是因为有像黄景文同志这样的领导者，所以能带出那样坚强的队伍。"

五、他是一个坚持原则的人

军工初建时，苏联顾问团团长是个空军中将，父亲所在的三系的苏联顾问是个海军少将。三系报上去的专业设置方案在会议上被空军中将砍去了一大半。苏军是一个等级森严的部队，海军少将顾问虽然是一个参加过十月革命的老红军，但一句反对的话也不敢说。父亲认为这位空军中将因专业不同因而不了解海军在国防中的重要地位，更不懂得舰艇的复杂性。父亲在会议上据理力争，争论中激动得站了起来。当时陈赓院长一言不发地在桌边来回地走来走去，他踱到父亲跟前站住，说："快坐下，那么激动干什么？"事后，陈赓院长按三系原来上报的方案批准了专业设置。我是在父亲退休后，与父亲闲谈陈赓院长工作作风时，才听父亲说起这事，让我认识到父亲原来也有"拍案而起"的时候。

林彪自取灭亡后，我因出差路过锦西暂住，看到父亲刚开完会回来，沉着脸，面色很不好，我怕父亲心绞痛复发，就漫无边际地劝父亲看开些。他说："孩子，这不是小问题，现在一些错打成反革命的同志回来要求平反，在事实与政策面前，他们也不得不承认错整了人，但居然不想给别人落实政策，还说什么：'干部嘛，应该能上能下才是。'我在会上说他：'你也是干部，你自己能这样下吗？你这话完全歪曲了党的干部政策。'"

后来，我几次回家，有时还遇到一些要求平反落实政策的同志，他们都说："我们了解你父亲，到你家我们不是谈要求平反的事的，是来看看你父亲的。"

六、他是一个对己学而不厌、对人诲而不倦的人

父亲在家里，大部分时间不是看书就是伏案工作，他学毛主席著作，读历史、学科学，有时我夜里醒来，看见父亲房中台灯还亮着。正是由于他这种爱读书的习惯，他才能不断地"与时俱进""不断创新"。

至于父亲诲人不倦的作风，作为子女，我有最深切的

体会，有太多太多的例子，太多太多的感触，在此，我仅举一例。

1952年，父亲从朝鲜回来后，他用一本袖珍字典在学习新颁布的汉语拼音，由于当时拼音还没列入学校课程，因此我也没学过。父亲不仅自己学，还教我。那时的拼音字母是注音符号而不是现在类似英文字母的写法，很难记。比如说，ㄊ（特），他说这一横一拐指（ㄊ），像一架敌机，而一点就是正在跳伞的"特"务，这个字母是辅音"特"；又比如说，ㄉ（得），他说上面一撇是老师的一只手，中间一横是卷成一卷的奖状，下面的一撇一勾就像好学生的两双手，好学生"得"到了奖状，这个字母是辅音"得"。

能有这样善于育人的父亲，实在是我人生的一大幸事。

七、他不愧于党员的称号

父亲去世前在医院躺了三个多月，其间父亲曾对母亲说："我这一生无愧于党员这一称号。"母亲在父亲去世后，将这句话告诉了我。我想，那是他在病床上将自己的一生，别人知道的和不知道的全部在脑中回忆、过滤、思考后，给自己下的结论。父亲走了，就这样自豪地走了，没有留下一点点遗憾！他留下了一个真正的党员的形象，这个形象永远地留在了我的心里。

父亲在军工的日子[①]

我的父亲黄景文从 1952 年 8 月至 1966 年 3 月在军工工作了近 14 年。1952 年从朝鲜回来后，他就参加了军工的筹建，当时他是 10 名筹委会委员之一，6 名临时党委委员之一。筹委会工作结束后，历任海军工程系代主任、主任，并在较长一段时间内兼任系党委书记，直到 1966 年离开军工。父亲在军工的日子，正是中国人民历经百年屈辱后刚站起来自立于民族之林的日子。父亲历经抗日战争、解放战争、援越抗法的边界战役、抗美援朝，身经百战，出生入死，在终于可以安定下来、圆了几代父辈人的富国强兵之梦的年代，又以满腔的热诚、极端负责的精神投入到军工的工作中。

一、南下请调教员

1952 年 10 月初，父亲奉命出差南下请调教员。最近，为了了解这段历史，我和当年与我父亲一起出差的赵子立老教授多次通信，了解了一些真实的情况。请调教员对军工这样一个新建学院的意义是不言自明的。新中国成立之

[①] 作者黄晓夏。

初，当时有真才实学的学者寥若晨星。在中央和各级领导的支持下，经过父亲等人的努力，他们这一路调来的人员有：德国柏林大学的空气动力学博士、时任上海交大的教务长曹鹤荪教授，在柏林大学和莱比锡大学学习过的博士、时任同济大学化学系系主任的曾石虞教授，从美国学成回国的数学教授卢庆骏，麻省理工学院的硕士梁守槃教授，还有刘景伊、顾懋祥、陈含奎、张良起等教授、专家以及一批教员。正如赵子立教授的诗中写的："调来名士雪中炭，奠定辽容基础坚。"

据赵子立教授说，当年军工虽有周总理的签字、高教部的批文，但是如果本人思想不通、不愿意去军工，是不能强迫的，赵子立教授说这是当年工作的底线。因此，请调教员的难点主要是要做通人的思想工作。拟调对象的顾虑很多，如根据我国过去的历史，认为军队办不好一所综合性的工程大学；不愿参军，认为在军队自由度小；不愿出关，认为关外被日本人占领多年社会环境不好；等等。当时只有少数人是自己找上门来了解情况，大多数人都是父亲等人登门拜访，摸底调查，有针对性地做了艰苦细致的说服动员工作的。回京后父亲曾向母亲讲过开始工作时的困难程度，他说有一次他拜访一位教授，人家一看是他，立即就把门关上了。经过谈话，大多数人了解了中央办军工的决心，通过父亲等人不断地做工作，逐渐打消了顾虑。

现在看来，父亲的风度和为人确实是完成这个任务的恰当人选了，陈赓院长选对了人。父亲在多年极端艰苦的南方游击战的战斗生活中，磨炼出了坚定的意志和处事决断的能力。早年他曾做过教员，很善于用循循善诱的方法去说服人；他天性温和，同人极易相处，能认真听取各种不同意见，他的性格和他的经历使他成为一个很有人格魅力的人。赵子立教授在信上说："他（指我父亲）的作风明快、和气，有时也带点幽默感，批评别人会在谈话中进行，会让人在不经意中接受。""他没有架子，思考周详，坚持原则，又很有灵活性，从我们的汇报信中便可以看到这一点。"

关于汇报信，是指当年我父亲和赵子立教授联名为调卢庆骏教授向筹委会写的信。当时卢庆骏教授本人同意调到军工，但由于复旦大学的几位老教授的反对，复旦大学党委提出卢教授走后无人代课的问题。父亲认为军工需要一位懂得高深应用数学的专家，而卢教授正是一位水平高、有朝气、有组织力的难得人才，建议军工不要放弃调卢教授。在汇报信中，父亲和赵教授他们不主张试图用中央的命令强行调人，而是审时度势地提出了当时能为双方接受的方案，即缓半年调卢教授给复旦大学以时间"培养替代人"的方案。后来，卢教授也是1953年3月才去军工报到的。所以，赵教授说，从这一件事中可以看出我父亲的原则性和灵活性。

这封汇报信正是在写《哈军工传》的校友——滕叙兖先生从尘封的档案里找到的。滕先生告诉我，他曾采访过一位现在在国防科技大学的教授，当年他是一位年轻的助教，说起军工的过程，这位教授说："黄主任给我的印象真是太好了，我希望能在这样的首长的领导下工作，所以就同意去军工了。"

二、海军工程系的创建

我曾经和父亲聊起过陈院长的工作作风，我说："我曾看过写陈院长打仗的报告文学，里面说打仗前讨论方案，在部属们议论时陈院长往往默不作声地围着桌子转着走，一边听一边想，等到大家意见发表完之后，他才讲出自己的意见，不仅集思广益而且往往棋高一着。"我父亲以崇敬的口吻说："是的，陈院长非常善于听取不同意见，善于集思广益。"我好奇地请父亲举例以明之，父亲想了想，就讲了军工初建时期在审批海军工程系上报的专业设置方案时发生的一件事。事后，陈院长按海军工程系原方案批准了海军工程系的专业设置计划，他语重心长地对我父亲说："我们国家有几千公里的海岸线，军队还肩负收复台湾的重任，我们一定要建立一支强大的海军！"为了这个目标，父亲付出了后半生的全部精力。

三、在海军工程系工作的日子

从一个儿辈的角度，我觉得父亲在这个时期的工作有两个特点。

第一个特点是他与上级、同级、下级的关系融洽，因此在工作上他得到了上上下下的支持，如鱼得水。

首先，讲上级的支持，除了上面讲的陈院长批准了海军工程系专业设置方案外，工作中父亲的建议和要求，诸如：父亲提出凡由海军调到军工的干部，希望能分到海军工程系；要求建设工程规模和耗资颇大的中口径舰炮射击运动模拟系统；全院进口的声学仪器集中到水声实验室统一管理使用；三年困难时期，中央要求晶体管项目一律下马，海军工程系提出计算机指挥仪项目坚持下去，等等，这些建议和要求都得到了院领导的支持。

其次，海军工程系党委是一个十分团结而坚强的领导班子。我经常看见海军工程系的领导们在我家研究工作，促膝谈心，相处甚洽。在这样一个班子的领导下，海军工程系的工作始终做得有声有色：教学方面，截至1960年，全系已有8个专科17个专业，连同准备分出去的5个专业和2个停办专业，共有24个专业了。科研方面，军工有两次科研成果到北京参展，一次是1958年8月，36项展品中海军工程系的成果最多；第二次是同年11月，20项成果全部是海军工程系的，周总理参观了这次展览。这些成果针对海军装备的实际问题，有很强的实用性，大多数甚至填补了国家该领域的空白。参展后，海军工程系的科研进一步向国内高、精、尖的水平冲击，尤其是计算机领域在国内处于领先的地位，超过清华大学、北京大学，成为军工的特色。通过教学和科研，海军工程系为国家培养了一批优秀人才。很多年轻人到海军工程系时，连专业都不对口。为了他们的成长，海军工程系尽力创造条件，再加上他们自身的刻苦努力，最后都成为国家出类拔萃的院士、专家、教授；海军工程系不仅在教学与科研方面走在前头，甚至在内务、队列、体育运动方面，只要有评比都会名列前茅。如果没有一个好的领导班子，是不可能创造这样的局面的。

这些成绩的取得，和海军工程系全体教职员工的努力也是分不开的。我经常听到父亲在家里赞扬他们系里教员们的刻苦发奋的事迹，以此来激励我们这些子女。为了带领海军工程系的人，父亲非常注意了解下级的思想，关心他们的生活。他除了通过工作了解部属之外，还经常到他们的家中谈话，节假日里他主要的事情就是到各家走走。我上小学时曾随他串过门，记得有一位张稼益老教授，到军工没多久就因病瘫痪了，父亲每次拜年都没有忽略他。父亲在系里的干部、教员中有很高的威信。滕叙兖先生为写《哈军工传》采访过400多名哈军工的干部、教员，他告诉我:"黄主任的口碑极好,我所采访到的人中,只要提到黄主任都是赞扬他。"父亲去世已近20年了,还能听到对父亲这样的评价,让我更感受到父亲品格的高尚。

第二个特点是父亲工作忙。当时校级以上军官每年有一个月的休假,我看见有的伯伯、叔叔还到外地疗养,但父亲在军工近14年一共休过3天假。据说那还是在海军工程系党委叔叔们的一致劝说下,他才决定"在家休息",但到了第四天,他一早就穿戴整齐上班去了。父亲对母亲说:"系里有太多的事等着去做,心静不下来。"我认为"太多的事"都源于他总是给自己提出比较困难的目标所致。在学院开办之初,专业课大都处于"三无"状态——无教员、无教材、无实验室,在那个国外对中国实行禁运和封锁的年代,一切全靠自力更生,其难度可想而知,但他和海军工程系的同事们却提出了门类较多的学科和专业的规划。为了培养出一流的学生,他一方面强调教学的内容要和实践相结合,另一方面强调要研究摸索出一套好的教学方法。为此,他经常到海军、到教学第一线搞调查研究,他写的教学情况调研报告还被学校教务部认为有普遍的指导意义。在教学上了一个台阶之后,他又大力推动海军工程系的科研工作,海军工程系的船、机、电、水、声的科研项目全面开花。他常对母亲说:"在科研方面,我不可能去精通,但我一定要懂,不懂怎么能下决心,不懂怎么能去组织、去协调。"为了这个"懂"字,我经常看到他看各种资料。我有时夜里醒来,看见他房间中的台灯还亮着。在科研实验中,有时他和海军工程系其他领导人去现场观察,往往到下半夜才回家,但他一早又去上班了。他自己是这样工作的,对我也是这样要求。大炼钢铁时期,我有时也是下半夜才回来,早上7点他就叫我起床,他说不够睡,中午再睡,不能养成睡懒觉的习惯。由于他以身作则,我也只能不睡懒觉。

在军工,他就是这样不断为自己提出一个又一个新的目标,带领和团结海军工程系全体教职员工向这些目标冲击。他像是小跑一样从不停歇,忙碌地度过了自己的中年。

最后,父亲一生从不计较级别、军衔。从新中国成立后直到离休前不久,他一直是一名师级干部,在家里我从没有听过他对自己的级别高低有任何想法。相反,他常说自己和那些牺牲的战友相比,能参加新中国的建设,是十分幸运和幸福的了!离休后,有一次他说起往事,我才知道其实在解放战争时期,时任滇桂黔边纵参谋长的父亲已经是军职干部了。后来按照文件精神,解放战争时期他已是副军级干部且多年未提拔的,一律提为正军级,父亲离休后1983年被定为正军。他一心追求的是建设一支现代化的海军,这个追求使他成为哈军工最有朝气的干部之一。父亲以自己出色的工作成绩来表达对党、对祖国的无限忠诚。在纪念哈军工创建 50 周年之际，我写下这篇文章以纪念父亲，同时希望后来者能通过我父亲和他的工作，了解哈军工人和哈军工走过的历程。

后　　记

2020年5月20日，广东海洋大学准备为庆祝中国共产党建党100周年献礼，特立项支持出版广东海洋大学人文社会科学研究"建党100周年献礼红色著作专项"成果，这是学校历史上对人文社科项目支持规模最大、经费最多的一次。本人申报的"广东南路红色文化教育资源开发研究（C20111）"有幸被列为学校人文社科重点项目，本书是该项目的成果之一。

对于黄景文革命史料的收集，笔者曾于2019年前往他生前工作过的中国人民解放军军事工程学院（以下简称"哈军工"，现为哈尔滨工程大学），得到相关部门的热情帮助，获得了一批可观的史料。在对大量史料进行审核和校正的过程中，笔者得到了华南师范大学博士生导师陈金龙教授的指导与帮助，以及中共湛江市委原党史研究室副研究员陈充、科长屈康慧和广东海洋大学南路革命研究所特聘研究员陈东的帮助。

从勘正、编撰文稿到出版，经历了许多波折，笔者甚至曾想放弃，但每每从史料整理校勘中看到中国共产党人不屈不挠的革命精神，又信心倍增。本书以黄景文的革命生涯为主线，通过史料展述其艰难曲折的革命征程。作为编者，我也从黄景文不平凡的人生中明白了"天若有情天亦老，人间正道是沧桑"的深刻道理。作为长期从事南路革命研究的一名教师，在教学之余，我将大量的时间和精力投入这一研究领域。经过本人持续多年的努力，在唐才猷将军的长子唐舒明、小女儿唐翠波的鼎力支持下，前后共收编了5本南路革命史料，为广东海洋大学庆祝建党百年献礼专项项目提供了有力的决策依据。在成功为这5本史料申请项目出版经费及在编写史料的过程中，我遇到了许多人生中从未遇到的曲折，经历了许多内心煎熬的时刻，克服了许多难以想象的困难。如今，本书终于要付梓了，心中五味杂陈、感慨万千。

在本书出版的整个过程中，广东海洋大学、南路革命子弟和许多朋友给予了我宝贵的支持。感谢学校党委的正确决策和主管科研领导敏锐的学术视觉，抓住了建党百年的契机，成就了红色著作献礼项目。感谢学校党委书记曹俊明，副书记、校长潘新祥，副书记、纪委书记、广东省监委驻广东海洋大学监察专员彭权群，学校党委常委、副校长、党委宣传部部长刘东超，学校党委常委、副校长谭北平等领导的悉心指导和大力支持。感谢学校领导（科技处领导）为我们普通教师提供了一个广阔的科研平台。感谢陈超中将（原兰州军区副司令员）、黄振位教授（广东省社会科学院原历史研究所副所长、《广东社会科学》杂志社原主编）、周建华教授（中共广东省委党校）的鼓励和支持！感谢黄景文的后人黄晓夏、黄晓光、黄晓非、黄冰华为我们提供了大量十分珍贵的史料，尤其是黄晓非及其爱人刘泽让、黄冰华他们在前期做了大量的史料整理与收集工作，坚持不懈地为本书的出版做准备。感谢本课题组全体成员的大力支持。感谢所在学院的领导和同事们的帮助。最后，还要特别感谢广东海洋大学科技处鲁义善、杨原志、陈关怡的悉心帮助。感谢研究生处、校长办公室、财务处、审计处、招标中心等机构的热情帮助。感谢殷汉贤、杨燕、陈丹等人的大量后勤工作。感谢中山大学出版社的领导和编辑为此书的出版所付出的艰辛劳动。感谢山东大学的殷梓淇从精神上给予了我莫大的鼓舞。感谢杨奕、郑慧娟、杨莹莹在后期的热情帮助。

高良坚

2021 年 6 月 11 日于广东海洋大学